L'ENSEIGNEMENT DE MÂ ANANDA MOYÎ

« *Spiritualités vivantes* »

Mâ Ananda Moyî

MÂ ANANDA MOYÎ

L'ENSEIGNEMENT DE MÂ ANANDA MOYÎ

Traduit par Josette Herbert
Préface de Jean et Josette Herbert

Albin Michel

Albin Michel
■ *Spiritualités* ■

Collection « Spiritualités vivantes »
dirigée par Jean Mouttapa et Marc de Smedt

22, rue Huyghens, 75014 Paris
www.albin-michel.fr
ISBN : 2-226-15178-8
ISSN : 0755-1835

Le Soi, contenu en Soi,
Faisant appel à Soi pour la révélation du Soi,
C'est cela le bonheur.

Pour l'individu, il y a un voile de l'ignorance,
Mais il y a aussi une porte qui conduit à la connaissance.

PRÉFACE

La femme que toute l'Inde connaît maintenant sous le nom de Mâ Ananda Moyî, ou plus simplement de « Mâ » ou « Mâtaji », naquit à Kheora dans le district de Tripura (Tipperah), petit village qui fait actuellement partie du Bangladesh. La population y était en majorité musulmane; une plante de tulsî *(basilic) y indiquait les maisons des hindous et un* nârâyana-shîla, *petite pierre symbole de la divinité, les maisons des brahmanes.*

Ses parents, Shrî Bipin Bihari Bhattâchârya et Srimatî Mokshadâ Sundarî Devî, étaient de grands adorateurs de Vishnou. Mokshadâ était le modèle de toutes les femmes hindoues, digne, patiente, incapable de colère; elle écrivait des poèmes et composait de la musique pour les accompagner. Après la naissance d'une première fille, son mari était parti pour mener une vie d'ascète, mais l'enfant étant mort, il vint reprendre la vie de famille.

Le 30 avril 1896, douze minutes avant le lever du soleil, une deuxième fille leur naquit. Avant de mettre l'enfant au monde, Mokshadâ avait constamment rêvé que Dieux et Déesses entraient dans son humble demeure et l'illuminaient. Au moment de la naissance, elle ne ressentit aucune douleur. On donna à l'enfant le nom de Nirmalâ Sundarî Devî.

Jamais l'enfant n'exprima de désir pour elle-même. C'était une fillette joyeuse, ce qui lui valut les surnoms de Hâsi (sourire) et Khushir (la joyeuse). Serviable, elle était l'amie de tous, hindous et musulmans. Elle obéissait sans sourciller à toutes les injonctions des grandes personnes — ce qui avait parfois des conséquences imprévues. Ainsi un jour sa mère, voyant Nirmalâ tenir un bol de travers, lui dit : « Tu vas le laisser tomber. » Et à l'instant l'enfant lâche le bol...

Nirmalâ aida sa mère à s'occuper de plusieurs enfants nés après elle et ne consacra que peu de temps aux études — deux ans d'école primaire. Son instruction religieuse fut rudimentaire, mais elle accompagnait son père aux cérémonies religieuses et chantait avec lui les chants sacrés.

On ne se souvient pas que Nirmalâ ait jamais pleuré, si ce n'est à la mort de ses trois frères, et seulement lorsqu'elle se rendit compte que sa mère allait sombrer dans son chagrin. Les sanglots de l'enfant firent oublier à la mère sa propre douleur. Mâ aura parfois recours à cette même « technique » plus tard dans sa vie.

Ses moments d'absence, de distraction, font craindre à ses parents qu'elle soit simple d'esprit; en effet, au milieu d'un travail ou d'un jeu, l'enfant devient parfois inerte, le regard fixe, et quand elle reprend ses sens, elle semble revenir de très loin. Tout le monde la laisse faire, car personne ne peut la tirer de ce qui semble bien être des méditations. Elle est toujours placide, indifférente à sa nourriture comme à ses vêtements.

Elle a douze ans et dix mois lorsqu'on la marie à Ramani Mohan Chakravarty, qui appartient à une grande famille brahmane; après la cérémonie, comme il est de coutume, elle retourne vivre chez ses parents et ne rejoint la famille de son mari qu'un an plus tard.

Nirmalâ étonne sa nouvelle famille par la précision et la rapidité de tous ses gestes et par le travail énorme qu'elle parvient à abattre. Elle tisse, apprend le cannage et les travaux à l'aiguille. Jamais elle ne se plaint et, comme dans son enfance, elle obéit scrupuleusement à tous les ordres de ses aînés — ce qui semble parfois un peu ridicule à son entourage.

Son mari, qu'elle sert comme son père, a en elle une foi totale et considère que tout ce qu'elle fait est bien fait. Bholanâth—c'est le nom sous lequel il sera connu — sera le premier à voir se dérouler une ascèse extraordinaire, qu'il ne cherchera jamais à entraver, car il considérera vite sa femme comme son gourou. Une sorte d'aura entourait Nirmalâ et enlevait à son mari tout désir humain. Aussi la belle-famille se rendit-elle compte qu'il ne pourrait jamais avoir d'enfant, et elle pensa même un moment lui faire épouser une autre femme. Mais en même temps Bhola-

nâth acceptait d'elle le service et la dévotion que dans l'Inde une femme doit à son mari.

A dix-huit ans, lorsqu'ils s'installent à Ashtagram, elle est mince, un peu plus grande que la moyenne des femmes de sa race, fine, merveilleusement belle. Ses apparitions éblouissent, au point qu'un jour où elle porte une sârî rouge (la couleur du vêtement de l'épouse de Shiva), un voisin voit en elle Dourgâ et se prosterne devant elle.

En 1918, Bholanâth est transféré à Bajitpur, où Nirmalâ le rejoint. C'est là qu'elle s'engage définitivement et totalement dans la voie des ascèses. Elle raconte : « Un jour, à Bajitpur, j'allais me baigner dans l'étang près de la maison. Au moment où je m'aspergeais d'eau, le kheyâla [1] *me suggéra : " Comment serait-ce si je jouais le rôle d'une* sâdhikâ [2]*? " Et c'est ainsi que le jeu commença. »*

Jusqu'en 1923, elle jouera ce rôle, passant rapidement par toutes sortes de sâdhanâs *prescrites par les Écritures hindoues, et aussi par celles d'autres religions. « Je puis vous le dire, déclara-t-elle plus tard, ce que je suis, je l'ai toujours été, dès ma première enfance. Mais lorsque les différentes étapes de l'ascèse se déroulèrent dans ce corps-ci, il se produisit une sorte d'*ajnâna *(ignorance). Mais quelle sorte d'*ajnâna*? C'était de la connaissance qui s'était déguisée en ignorance. » « En général, dit-elle aussi, un voile sépare l'homme de son propre Soi, et ce voile doit être progressivement usé par la* sâdhanâ, *mais dans ce cas-ci aucun voile ne s'interposait; c'est par jeu qu'il avait été amené pour ensuite être retiré. »*

Or, Nirmalâ n'avait jamais acquis aucune connaissance des Écritures sacrées et aucune pratique spirituelle ne lui avait jamais été enseignée. Elle s'engagea donc dans sa sâdhanâ *comme elle avait vu sa mère et sa grand-mère le faire. Le soir, son travail terminé, elle balayait et nettoyait soigneusement sa chambre, allumait de l'encens, s'asseyait dans un coin de la pièce et répétait*

1. « Acte intérieur de la Réalité suprême qui se manifeste extérieurement » (Mahâmahopadhyâya Gopînâth Kavirâj).
2. Féminin de *sâdhu.* Femme qui se consacre totalement à la vie spirituelle.

les noms du Seigneur. Comme elle employait le nom de Hari (Vishnou) entendu dans son enfance, Bholanâth lui fit remarquer qu'ils étaient shivaïtes et que le nom qu'elle devait répéter était celui de Shiva. Ce qu'elle fit sans difficulté, car pour elle, déjà à cette époque, tous les noms du Seigneur se valaient.

Peu à peu, ses membres prenaient spontanément les postures yoguiques correspondant à son état, postures dont elle ignorait évidemment jusqu'au nom. Comme des phénomènes étranges se manifestaient de plus en plus souvent, évanouissements, pertes de conscience, Bholanâth finit tout de même par s'inquiéter; il consulta exorciseurs et médecins. L'un d'eux, qui essaya de chasser d'elle le « mauvais esprit », fut pris de douleurs effroyables et se roula par terre jusqu'à ce que Nirmalâ elle-même intervienne. Il se prosterna alors devant elle en déclarant : « J'étais vraiment fou de prétendre exercer mes pouvoirs sur elle. C'est une Déesse. »

Le 3 août 1922, Nirmalâ se donna à elle-même l'initiation. « Vous désirez appeler quelqu'un que vous voyez, déclara-t-elle plus tard, mais vous ignorez son nom. Vous essayez donc d'attirer son attention en lui faisant des signes et en l'appelant par les mots qui vous viennent à l'esprit. Il s'approche alors et vous demande : " Était-ce moi que vous appeliez? Voici mon nom. " De même Dieu, dans Son rôle de guide spirituel, révèle Son nom au pèlerin en quête d'un maître. Après l'initiation, finis les tâtonnements pour le disciple! Il a trouvé le fil conducteur qui le mènera au but. En fin de compte, le disciple comprend qu'il ne fait qu'un avec le Nom et avec le gourou. Comment pourrait-il en être autrement? Lui seul peut donner Son nom et nul autre que Lui ne peut supporter de Le connaître. »

Aussi Ananda Moyî n'a-t-elle jamais eu de gourou au sens habituel du terme. La nuit de son initiation elle s'assit comme à l'ordinaire après que la famille se fut retirée. Au bout d'un moment, ses doigts dessinèrent un signe mystique (yantra) *sur le sol; un* bîjâ-mantra [1] *lui était venu du plus profond d'elle-même. Elle l'inscrivit à l'intérieur du dessin tracé sur le sol.*

1. « *Mantra*-semence », monosyllabe sacrée qui correspond à l'un des noms du Seigneur.

Cependant, elle restait shishya *(disciple) et, acceptant le* mantra *(formule sacrée), elle commença de le répéter. Elle avait compris que le* mantra *n'était pas distinct d'elle et que gourou,* mantra *et Ishta (Divinité) ne faisaient qu'un.*

Après cette initiation, les fonctions normales de son corps s'arrêtèrent, elle n'avait besoin ni de dormir ni de manger, et elle n'éprouvait aucun mal. « A certains moments, raconte un de ses biographes[1]*, on pouvait observer des phénomènes rares.* Stotras *(invocations) et* mantras *tombaient de ses lèvres avec une rapidité telle qu'il était impossible de les noter. Ce n'était pas à proprement parler du sanskrit ou même des langues modernes de l'Inde, encore que l'on y retrouvât ici et là quelques mots sanskrits; d'autres étaient inusités, et même les mots apparemment sanskrits n'étaient peut-être pas pris dans leur sens habituel. »*

Elle chantait d'une voix tour à tour acérée et perçante comme une épée ou douce comme la brise du soir. Parfois ses chants s'accompagnaient de rires ou de pleurs. Ces chants terminés, elle restait longtemps silencieuse ou allongée sur le sol, absorbée dans un monde intérieur.

Lorsque Mâ entrait en samâdhi, *ses yeux s'ouvraient tout grands, mais son regard devenait fixe et toute expression s'évanouissait peu à peu. Son corps devenait froid comme de la glace. Toute vie semblait s'être éloignée d'elle mais son visage et peu à peu son corps tout entier resplendissaient d'un éclat divin. Parfois dix ou douze heures s'écoulaient ainsi et nul ne parvenait à la faire sortir de son* samâdhi *tant que le moment n'était pas venu. Progressivement sa respiration devenait plus profonde et lorsqu'elle revenait à son état normal, son être tout entier semblait submergé de joie.*

Parfois en dehors même du samâdhi, *« une lumière si brillante jaillissait de son corps que tout l'espace autour de lui en était illuminé ». En pareil cas, elle s'enroulait dans une pièce de tissu et s'isolait dans un coin de la maison. Pendant cette période, son corps émanait un pouvoir divin. Ceux qui voulaient toucher*

1. Mahâmahopadhyâya Gopînâth Kavirâj, l'un des plus grands connaisseurs des traditions et textes sacrés hindous.

ses pieds restaient parfois inconscients. La place où elle s'était assise était parfois brûlante.

Cinq mois après son initiation, ce sera celle de Bholanâth, qu'elle lui donna au jour et à l'heure qu'elle avait prévus.

Pendant trois années, depuis la fin de 1922, Mâ observa le silence, ne le rompant que rarement pour prononcer un mantra *sanskrit ou dire quelques mots aux gens de plus en plus nombreux qui venaient la voir. Pendant ces silences, son visage devenait de pierre et nul ne savait si Mâ le reconnaissait. Elle assura alors : « Attendez, vous verrez! Le jour viendra où je semblerai si semblable à tout le monde que vous en serez tout étonnés. »*

En décembre 1924, elle partit pour Dacca avec Bholanâth, nommé intendant des jardins du Nawabzadi Pyari Banu. Ses occupations journalières sont souvent interrompues par des états extatiques qui la prennent subitement : un jour, alors qu'elle nettoie de la vaisselle dans la pièce d'eau, l'extase la prend et elle tombe à l'eau où elle reste plusieurs heures...

On commence à parler de Nirmalâ et les gens viennent de plus en plus nombreux voir cette femme qui exerce un attrait extraordinaire sur jeunes et vieux, sans même prononcer un mot; elle ne répond aux questions des hommes que si Bholanâth lui dit de le faire. Habile cuisinière, elle apprête avec beaucoup d'imagination tout ce qu'on lui apporte mais sans jamais déroger aux règles très strictes des brahmanes. Et chaque fois ce qu'elle prépare est exactement suffisant pour le nombre précis des convives — précision qui caractérise encore Mâ de nos jours.

Mâ se considère à la fois chrétienne, musulmane, hindoue, « tout ce que vous voudrez ». Elle a récité deux ou trois fois des versets du Coran, prononce des invocations musulmanes pour ceux qui en ont besoin. Un jour, elle s'approche d'un musulman qui la regarde de loin et, en chantant Allah ho Akbar, l'emmène faire des offrandes devant le mausolée de deux saints d'Arabie dont elle a eu la vision longtemps auparavant, puis elle accepte qu'il la nourrisse.

En 1924, la sœur cadette de Nirmalâ meurt; comme le constate Bholanâth, qui sait combien Nirmalâ l'aimait, pour Mâ Ananda Moyî santé ou maladie, vie ou mort ont la même signification.

Dès lors, les parents de Nirmalâ viennent vivre à Dacca. Sa mère est appelée par tous Didimâ (grand-mère) et son père Dadamasai (grand-père).

Toutes les actions de Mâ sont aussi valables les unes que les autres; elles se déroulent selon les besoins des gens qui se trouvent auprès d'elle — attitude qu'expriment si bien les mots fréquemment répétés par Mâ : Jo ho jâye[1]. *Elle incite chaque être humain à tirer le maximum de ses capacités et de ce qui s'offre à lui. En sa présence, nulle apathie, nul désespoir ne peut se produire. La vie spirituelle lui semble la voie normale, mais cela n'implique en aucune façon qu'il faille tourner le dos au monde et en faire abstraction.*

En 1924, Mâ et Bholanâth vont à Siddhesvari, dans un très ancien temple de Kâlî, abandonné, où des ascètes se seraient livrés à de dures austérités. Mâ y retournera plus tard passer plusieurs jours en méditation, accompagnée de son mari ou de son père. En avril 1925, elle suggère à Bholanâth de construire un toit sur ce temple et une semaine plus tard elle y revient avec lui et de nombreux disciples; elle demande que l'on y célèbre la Vâsanti pûjâ *(fête du printemps en l'honneur de Dourgâ). Le lieu n'était déjà plus solitaire car plusieurs disciples y avaient construit une maison près du temple, que l'on restaurait. Le jour de la cérémonie, un violent orage éclate. L'attitude de Mâ change soudain; elle semble s'identifier à l'orage. Sa nièce se précipite vers elle et la touche. Ce simple contact déclenche chez l'enfant une extase dont elle ne sort presque pas pendant trois jours. Elle déclare en montrant la statue de Dourgâ : « Regardez! C'est ma tante. — Mais ta tante n'a pas dix bras. — Si, mais Elle ne Se révèle pas ainsi à tout le monde, et c'est pour cela que les gens ne La voient pas comme Elle est en réalité. » Le* prasâd *qui avait été préparé selon les instructions de Mâ suffit pour une foule bien plus nombreuse que prévu.*

Plus tard, Mâ accepte que l'on édifie là un bâtiment en dur, à condition que l'on recouvre d'une plate-forme l'emplacement sacré, « afin que personne ne puisse y poser le pied par inadvertance ».

1. Voir p. 26.

Jyotish Chandra Ray, qu'on appelle Bhaïji (frère aîné), assistant du directeur de l'Agriculture à Dacca est depuis 1924 un de ses disciples les plus fervents. Un jour où justement il attendait son chef hiérarchique, elle le fait appeler. Sans hésiter il la rejoint et elle l'emmène avec Bholanâth à Siddhesvari. Là elle s'installe dans un creux où se trouve un lingam *et son visage irradie tant de joie que Bhaïji s'exclame : « Dorénavant, nous vous appellerons Ananda Moyî. » Puis comme il s'étonne qu'elle l'ait ainsi convoqué abruptement, elle répond : « J'ai voulu vous mettre à l'épreuve. Si vous n'étiez pas venu, qui d'autre m'aurait donné ce nom? »*

Un autre jour, c'est lui qui la met à l'épreuve; il voudrait savoir quelles seraient ses réactions à une brûlure. Elle pose une braise sur son pied et regarde s'étendre la plaie qui ne s'arrête que lorsque Bhaïji l'en supplie. Elle lui dit alors : « Votre désir très ardent a été réalisé. La force d'une pensée pure et concentrée rend toute chose possible, tandis que la plus infime pointe de sens de l'ego retarde le progrès spirituel. » Un autre jour, il lui dit : « Même une pierre se serait transformée en or à un contact aussi saint que le vôtre, et pourtant ma vie s'est révélée n'être qu'un triste échec. » Elle répond : « Ce qui prend très longtemps à naître mûrit en une beauté durable après un temps de développement également long. Pourquoi tant vous inquiéter? Accrochez-vous très fort à la main qui vous guide, comme un enfant confiant. »

C'est Bhaïji qui est en grande partie responsable de la fondation du premier âshram, le Ramna âshram, à Dacca. (Vingt autres devaient se créer au cours des ans dans le nord et le centre de l'Inde.) Lorsqu'il avait dit à Mâ : « Nous aurions besoin d'un âshram pour nous réunir », elle avait répondu : « L'univers tout entier est un âshram. » L'âshram ne fut construit que bien plus tard, en 1929.

En 1925, à la fin de sa période de silence, Mâ entreprit un jeûne de longue durée — ne prenant que trois cuillères de nourriture, y compris l'eau, deux fois par jour, d'autres fois neuf grains de riz. Elle raconte elle-même : « Pendant quatre ou cinq mois, ce corps a vécu de quelques grains de riz par jour. Or, personne ne peut vivre si longtemps de si peu. Cela semble un miracle, et pourtant ce fut le cas pour ce corps. La raison en est que nous n'avons pas besoin de tout ce que nous mangeons. Le corps n'assimile que la quintessence de la nourriture, le reste est rejeté. Le résultat de l'ascèse fut que ce corps, au lieu de nourriture, se mit à imbiber dans l'entourage tout ce qui lui était nécessaire... Il peut aussi se nourrir d'air, et nous obtenons alors l'essence des choses, ou même de rien du tout et le corps se trouve en état de samâdhi. *Vous voyez qu'avec l'ascèse tout est possible. »*

En d'autres occasions, elle jeûna pendant treize jours et vingt-trois jours, sans même se rincer la bouche. Quelquefois, après n'avoir touché aucune céréale pendant six mois, elle mangeait ce qui correspondait à un repas pour six ou sept personnes. Un jour que Bholanâth lui avait demandé de prendre la nourriture préparée par sa sœur, elle mangea tant que pour l'arrêter on dut prononcer un mantra. *Une autre fois un disciple apporte une grosse réserve de farine pour que pendant plusieurs jours l'on prépare des* puris *(grosses galettes) pour Mâ. Mais Mâ, qui interdit que l'on stocke de la nourriture, fait préparer tout en même temps et mange tout au même repas en déclarant : « Si je me mets à manger, aucun de vous ne sera assez riche pour parvenir à me nourrir. Je vous le dis, ne faites pas de tels arrangements pour moi. »*

Mâ a peu à peu perdu l'habitude de porter de la nourriture à sa bouche, et depuis 1926 c'est l'une de ses disciples qui doit la nourrir. Ceux qui le font doivent observer très strictement les règles de pureté, aussi bien en ce qui les concerne que pour les aliments. Pour Mâ : « Il n'y a aucune différence entre ce corps et une masse d'argile et je pourrais manger de la nourriture sur le sol ou n'importe où, mais le respect de la propreté et d'autres règles et obligations sociales est nécessaire pour votre éducation, et de ce fait mon corps suit automatiquement ces lois. » Elle dit aussi : « Je considère toutes les mains comme les miennes ; en réalité je mange toujours de ma propre main. »

En 1925, Ananda Moyî paraît en public pour la première fois et accepte de célébrer la Kâlî-pûjâ. Or, à l'étonnement de tous, pendant la cérémonie, Mâ dépose sur sa propre tête fleurs et santal qui normalement devaient être déposés sur la statue de

Kâlî. Un changement se produit, son teint devient noir, ses yeux s'agrandissent immensément, toutes les personnes présentes la voient sous les traits de Kâlî.

L'année suivante, Mâ accepte aussi de célébrer la Kâlî-pûjâ. Une fois encore elle déroge aux habitudes, refuse les sacrifices d'animaux qu'elle remplace par un feu sacrificatoire[1] *qui, contrairement au rituel, ne sera pas éteint à la fin du culte mais conservé pour un* mahâyajna *(sacrifice célébré au profit du monde entier) qui serait célébré plus tard (il le sera vingt ans plus tard). Ce feu sera tour à tour conservé dans un petit temple construit spécialement à cet effet à l'*âshram *de Vindhyachal puis transporté à Varanasi, à Kankhal et à Naïmisharanga. Au cours de cette Kâli-pûjâ de 1926, Mâ — contrairement aux règles du rituel — refuse également que la statue qui a servi à la célébration ne soit immergée après le culte; elle sera conservée et vénérée jusqu'en 1938; c'est aussi l'année de la mort de Bholanâth.*

Au cours de cette cérémonie et de plusieurs autres une transfiguration s'opère. Mâ paraît soit sous les traits glorieux de Dourgâ, soit sous ceux terribles de Kâlî, le visage noir, la langue pendante, les yeux fulgurants. Ce fut le cas en particulier le 26 janvier 1926 lorsque tout un groupe de fidèles avait décidé d'organiser un kâli-pûja. *Les chants déclenchent tant de ferveur que l'on décide de recommencer chaque soir, ce qui se fait depuis lors. La même année à Siddhesvari, après être restée un moment assise, Mâ se leva et, aux dires d'un témoin, son corps sembla grandir, devenir de feu, mais d'un feu « qui irradiait la béatitude ». Son visage éclatait de gloire. Une disciple, prosternée, entonna l'hymne à Dourgâ.*

Le jour de Janmashtami (anniversaire de Krishna) elle apparaît comme Krishna lui-même, et non pas sous un déguisement. Ses traits sont complètement transformés.

1. On prétend qu'aucun rite du feu de la qualité de ceux de Mâ n'ont été célébrés depuis les temps védiques. Une fois où on laissa le feu s'éteindre, Agni lui-même apparut à Mâ.

A cette époque, comme encore maintenant, les avis étaient partagés sur ce qu'est Mâ. Bhaïji le lui demanda un jour. Elle rit très fort et répondit affectueusement : « Comment des questions aussi enfantines surgissent-elles dans votre cœur? La vision de dieux ou de déesses apparaît conformément aux dispositions que l'on a héritées (samskâras). *Je suis ce que j'étais et ce que je serai. Je suis tout ce que vous imaginez, pensez ou dites. Mais le fait suprême, c'est que ce corps n'a pas pris forme pour recueillir les fruits d'un karma passé. Pourquoi ne pas vous rendre compte que ce corps est la manifestation matérielle de toutes vos aspirations et de toutes vos idées? Vous l'avez tous désiré et maintenant vous l'avez. Alors jouez quelque temps avec cette poupée. De nouvelles questions seraient vaines. » Bhaïji ne se satisfait pas de cette réponse, Mâ réagit avec quelque véhémence : « Que désirez-vous de plus? » et un flot de lumière céleste aveuglant brilla sur son visage. Quelques jours plus tard elle lui apparut sous les traits étincelants d'une déesse. « Elle est non seulement ma " mère ", mais la Mère de l'univers. »*

Pour certains, elle est une incarnation de la déesse Kâlî qui préside aux destinées du Bengale; on l'appelait parfois Mânusha Kâlî (Kâlî sous forme humaine). Pour d'autres une sâdhikâ *dotée de pouvoirs spirituels très grands, ou encore un être parvenu à la réalisation du Soi et qui ne reste dans le monde que pour aider les autres pèlerins.*

Quant à Mâ, au milieu de toutes ces suppositions, elle continuait tranquillement à tenir sa maison, à cuisiner et à s'occuper de sa famille et, comme dans son enfance, à obéir et à accepter tous les arrangements faits pour elle, toutes les décisions prises. Elle demande l'avis des aînés, se rallie à l'opinion générale — dans la mesure évidemment où son kheyâla *ne la pousse pas à agir différemment.*

A partir de 1926 cependant, les miracles se multiplient. Il lui arrive un jour d'arrêter une inondation. Nous parlerons plus loin du pouvoir qu'elle a de guérir les malades et de la façon dont elle l'emploie. Mâ parle de cette période en disant : « J'avais le kheyâla *d'être comme un* sâdhak; *il n'était donc que naturel que les caractéristiques propres à une ascèse intense se manifestent spontanément. Le* sâdhak *authentique n'attache aucune importance à ces pouvoirs qui se développent en lui, et il peut n'en faire aucun usage délibéré. Cependant, les gens peuvent tirer grand profit de cette abondance qui déborde ses efforts conscients. »*

En 1926 arrive une femme qui deviendra une des disciples les plus fidèles : Didi, fille d'un chirurgien de Dacca, que Mâ accueille en disant : « Où étiez-vous donc pendant tout ce temps? » comme s'il s'agissait d'une vieille connaissance. Depuis cette rencontre et jusqu'en 1950, c'est Didi qui assurera l'administration de tous les âshrams qui se créent autour de Mâ.

En décembre 1926, Mâ abandonne la vie sédentaire; depuis lors, elle voyage sans cesse entre le nord et le centre de l'Inde, parfois le sud aussi selon son kheyâla. *Elle passe quelques jours au même endroit, parfois quelques semaines ou quelques mois. Partout sa présence déclenche d'intenses activités spirituelles, prières, méditations, entretiens, questions. Personnellement elle n'a besoin d'aucune cérémonie, mais elle reconnaît l'importance des pratiques religieuses. Il s'en célèbre un peu partout et certaines revêtent une importance et un faste tout particuliers, comme pour les cultes à Dourgâ célébrés à Calcutta. C'est alors qu'elle consacre un* mahâyajna *au monde entier pour bien prouver que son message ne s'adresse pas seulement au Bengale ou à l'Inde. Elle ajoute : « Selon votre point de vue humain, ce corps appartient au Bengale Oriental et à la caste brahmane; mais si vous écartez ces distinctions artificielles, vous comprendrez que ce corps est un des membres de la grande famille humaine. »*

Au cours de ses voyages, Mâ emmène l'un ou l'autre de ses parents qui ont toujours rêvé visiter des lieux saints, mais qui n'auraient jamais eu l'occasion de le faire sans elle. Sa mère, Didimâ, pure image d'un être sans ego, vit toujours auprès d'elle et joue dans l'âshram un rôle important; elle donne parfois l'initiation à des gens qui la lui demandent. Elle meurt en 1970.

Jusqu'à sa mort Bholanâth est toujours à ses côtés, prenant soin d'elle, accueillant tous les gens avec chaleur, affection, mettant tout le monde à l'aise. Parfois pourtant il lui arrive de se mettre en colère; alors Mâ prend une expression terrifiante qui immédiatement le calme! Il lui demande un jour : « Je sais que vous aimez tous les êtres, mais ne me préférez-vous pas aux autres? » Avec une grande tendresse, Mâ répond : « Non. »

En septembre 1928, Mâ est à Bénarès. Toute une série de réunions et de cérémonies y ont été organisées. Pour la première fois, tout un auditoire se presse autour d'elle pour lui poser des questions, auxquelles elle répond de cette façon qui lui est propre : jamais elle ne s'accorde un instant de réflexion, les réponses semblent jaillir spontanément. C'est alors que Gopînâth Kavirâj la rencontre pour la première fois, écoute ses réponses et observe : « Merveilleux! Tout cela dépasse de loin ce que j'ai jamais pu entendre. » Un flot ininterrompu de visiteurs entre et sort. Mâ n'a le temps ni de se laver ni de manger; jour et nuit la foule augmente. Bholanâth essaie d'endiguer le flot, il essaie de persuader Mâ de ne pas donner ainsi sans discernement son temps et ses forces. Mais Mâ de répondre : « Maintenant vous n'avez rien à me dire. Je vous avais prévenu quand il en était temps encore, mais vous n'avez pas écouté mes avertissements. Vous ne pouvez plus remonter le courant. »

Un beau jour, Mâ décide de partir pour Tarapeeth, lieu désolé, recherché des ascètes; son terrain de crémation est connu pour sa grande sainteté, mais ce n'est pas un endroit où les gens vont vivre, à moins qu'ils ne se livrent à une rigoureuse sâdhanâ *tantrique. Mâ n'emporte qu'une ou deux couvertures et quelques vêtements, pas même le mince matelas que les voyageurs transportent habituellement, car elle dort en général à même le sol, enroulée dans un drap. Tout l'entourage de Mâ est terriblement inquiet. Qui s'occupera d'elle? Qui la nourrira? Mais quand plus tard Didi la rejoint, elle s'aperçoit que toutes ses craintes étaient injustifiées. Déjà une foule venant de Calcutta se presse autour de Mâ et toutes les femmes du village l'entourent de mille prévenances. Elles lui diront quand elle partira : « Nous sommes du peuple de Tarapeeth qui est un* siddhasthâna *: nous savons reconnaître les gens et voir ce qu'ils sont en réalité. Vous êtes une Incarnation de la Mère divine. Pourquoi essayez-vous de nous le cacher? »*

Entre-temps, le terrain à Dacca a pu être acheté et une petite hutte de terre y a été construite. Mâ avait exprimé le kheyâla *de ne pas vivre dans une maison de brique. On décida d'y célébrer son anniversaire de 1929 et au milieu d'une grande joie Mâ entra dans l'enceinte de l'âshram.* Kîrtans *et cérémonies se succèdent jour et nuit, mais Mâ n'entre toujours pas dans la hutte; tout à coup elle déclare : « Il faut que je parte, ne m'en empêchez pas »; et à Bholanâth : « Donnez-moi l'autorisation de partir, sinon j'abandonne mon corps à vos pieds. » Jamais encore elle n'avait imposé son* kheyâla *d'une manière aussi vigoureuse. Mâ n'emporte rien avec elle, pas même un vêtement de rechange.*

Les pèlerinages de lieux saints en lieux saints se succèdent. Plusieurs personnes essaient de se joindre à elle mais Mâ les dissuade pour la plupart. D'ailleurs chaque fois qu'ils arrivent à l'une de ses étapes, c'est pour apprendre qu'elle en est repartie.

Cependant, Bholanâth tombe malade et Mâ le rejoint. Quand ils retournent à Siddhesvari elle essaie, pour obéir aux désirs de son mari, de reprendre le rôle de maîtresse de maison, de faire à nouveau la cuisine, etc., mais tout a changé en elle, et ses mains ne peuvent plus rien tenir. « Bien sûr, explique-t-elle plus tard, personne ne peut renoncer à travailler par la force de sa volonté, mais lorsque le karma est épuisé, tous travaux cessent automatiquement. » Une ambiance pénible s'instaure. La maladie de Bholanâth s'aggrave. Mâ le soigne, ne le quitte pas un instant, mais à son tour elle tombe malade, a des accès de fièvre, est prise d'une sorte de paralysie, mais elle a retrouvé sa joie et son rire. Didi la supplie de guérir, puis Bholanâth se fâche : « La maladie n'est pas une plaisanterie. Maintenant guérissez! » et Mâ de lui répondre : « Je ne vous ai pas dit de vous en aller, alors pourquoi le dirais-je à la maladie? elle me quittera le moment venu. » Et la maladie dure encore un certain temps avant de s'en aller. Bholanâth guérit aussi.

La réputation de Mâ grandit sans cesse. Tous les membres d'un congrès de philosophie indienne viennent rendre visite à Mâ et la questionnent sur des points très ardus. Elle répond avec sérénité, précision, libre de toute technique métaphysique.

En août 1930, Mâ et Bholanâth entreprennent un voyage dans le sud de l'Inde. Mâ voit tout, remarque tout, les caractéristiques de chaque région, architecturales, folkloriques. Partout elle est chez elle.

La Dourgâ-pûjâ de 1930 se déroule sur la colline désolée de Vindhyachal où une petite maison a été achetée. Toute la colline sainte prend vie. Dans un village où les gens s'intéressent peu aux questions religieuses et où ils n'ont jamais entendu chanter de kîrtan, *Mâ arrive et quelques jours après tout le village organise des soirées de chant sacré.*

A Calcutta, les disciples sont innombrables. Chacun organise une réunion, consacre une partie de sa maison à des pûjâs *ou des* kîrtans.

A l'âshram de Ramna en 1931, Mâ décide que ce ne seront pas seulement les hommes mais aussi les femmes qui chanteront le kîrtan. *N'étant pas libres pendant le jour, cent cinquante femmes se réunissent la nuit; Mâ renvoie les hommes, charge quelques vieillards de servir de gardes pour cette cérémonie qui se déroule en plein air. Ce trait caractérise Mâ : si elle organise quelque chose, elle prend toutes les précautions nécessaires pour prévenir le moindre incident. En d'autres temps, il eût été inconcevable que des femmes restent seules ainsi la nuit, mais Mâ rend tout possible. L'exemple fut d'ailleurs suivi dans d'autres villes. Le jour de son départ, des grappes de femmes s'accrochent à la voiture qui va l'emmener.*

Les pérégrinations continuent. Tout le monde désire que Mâ sanctifie sa maison de sa présence. Elle va de maison en maison et, dans chacune, les disciples lui offrent fruits et rafraîchissements. Un soir Mâ demande à Didi : « Ne m'avez-vous pas donné à manger beaucoup plus qu'à l'ordinaire? » Didi lui répond : « Mâ, les gens ne peuvent pas croire que vous mangiez si peu. Ils pensent que je ne vous donne pas assez à manger ou que je ne désire pas que vous mangiez partout où vous êtes invitée. Aussi ai-je essayé de répartir également entre les différentes maisons. » Mâ réplique : « Vous devez remplir votre tâche sans vous préoccuper de ce que les gens peuvent penser de vous. Si vous vous laissez influencer par les compliments et les critiques, comment pouvez-vous concentrer votre esprit sur votre tâche? »

Mâ se décrit parfois comme un oiseau sur la branche. Pendant cette période, elle se déplace librement. Avec Bholanâth et Bhaïji elle arrive à Raipur, petit village près de Dehra Dun. Ils s'ins-

tallent dans un temple à Shiva très délabré, complètement abandonné depuis de nombreuses années. Serpents et scorpions en avaient fait leur demeure. Là ils passeront plusieurs mois, solitaires au début mais, comme partout où elle arrive totalement inconnue, les habitants du pays s'aperçoivent vite de ce qu'elle représente et ils se pressent autour d'elle.

Après 1932, ses visites au Bengale oriental s'espacent, et elles cessent naturellement après la partition.

Depuis lors, c'est toute une foule de pèlerins et de disciples qui cherchent constamment à la rejoindre, tâche difficile, car elle continue à se déplacer. Chefs d'État, puissants de ce monde, hommes de science, sanskritistes, artistes, moines, hommes et femmes, de toutes les couches de la société, de toutes races et de toutes religions viennent des quatre coins du monde lui demander conseil. Autour d'elle, quelques Européens ont tout abandonné pour venir recueillir son enseignement. Comme nous le verrons plus loin, elle donne à chacun ce dont il a besoin et qu'il est capable de recevoir.

⁂

Au milieu du tourbillon, Mâ est là, présente, tranquille, paisible et pourtant toujours parfaitement consciente de tout ce qui se passe autour d'elle. Rien ne peut troubler sa paix. Les cris de deux femmes dans la rue qui se disputent leur tour pour puiser de l'eau, viennent interrompre le silence qui règne autour d'elle. Avec un sourire malicieux à l'intention d'un étranger qui se trouve là, elle commente : « Un peu de couleur locale!. »

Pour elle, insécurité, malheurs, tensions actuelles dans son pays ou dans le monde sont des phénomènes annonciateurs de « cet ordre nouveau inévitable projeté par le Créateur ».

Elle irradie non seulement la joie, mais aussi parfois une « lumière invisible » qui peut atteindre une intensité telle que, pour éviter de devoir parler, elle demande à un assistant de chanter. Ses intimes disent qu'un « parfum divin » émane de son corps, de son haleine, de ses vêtements et même de sa literie.

Elle peut se passer de sommeil plusieurs jours de suite, mais en tout cas deux ou trois heures lui suffisent chaque nuit, et pendant ces heures elle conserve toute son activité. Lorsqu'elle se retire pour dormir, elle dit volontiers : « Je vais continuer à travailler, comme vous à votre bureau, mais dans d'autres sphères, où je converse avec des êtres situés à des niveaux plus élevés. » Et elle reste prête à répondre à tout appel.

Une liberté absolue marque tous ses mouvements. Elle possède une démarche royale, une grande majesté de geste; elle ne se regarde jamais dans une glace.

Mâ n'accepte ni ne demande aucun argent pour elle-même. Son seul bijou, c'est le bracelet que portent au Bengale les femmes mariées. Quant aux vêtements, à l'époque elle n'a jamais possédé plus de deux sâris, et encore en donne-t-elle souvent une — mais à peine l'a-t-elle donnée qu'une autre lui est offerte.

Mâ Ananda Moyî mène la vie errante des moines hindous et sauf exceptions ne reste guère plus de quelques jours au même endroit. A ceux qui se désolent de la voir constamment partir, elle dit : « Je ne vais nulle part; je suis toujours ici. Il n'y a ni aller ni venir, tout est l'Atman », ou encore : « Je découvre un jardin qui couvre l'univers tout entier. Toutes les plantes, tous les animaux, tous les êtres humains, tous les grands esprits désincarnés jouent dans ce jardin de toutes sortes de manières; chacun possède son caractère unique et sa beauté propre. Leur présence et leur variété me procurent une grande joie. Les traits particuliers de chacun de vous ajoutent à la gloire de ce jardin. Je me déplace d'un coin à l'autre de ce même jardin. Cette absence qui vous attriste lorsque je quitte la partie du jardin où vous êtes permet à vos frères là-bas de se réjouir. » Aussi peut-elle dire : « Où que vous soyez, je suis toujours avec chacun de vous, mais vous vous laissez absorber par les choses matérielles, et il ne vous reste guère de temps pour vous tourner vers ce corps-ci dans vos pensées et actions. Que puis-je y faire? Mais sachez-le bien, quoi que vous disiez ou fassiez, que vous soyez près ou loin de moi, rien ne m'échappe. De même qu'à la lueur d'une torche votre silhouette peut brusquement jaillir de l'ombre, toutes les expressions de vos visages m'apparaissent lorsque vous méditez sur moi, parlez de moi ou m'invoquez. »

Mâ n'a aucune volonté propre. Son seul mobile d'action est ce qu'elle appelle son kheyâla[1]. *Une expression qu'elle emploie très fréquemment,* Jo ho jâye, *contient en réalité toute une philosophie de la vie. Elle signifie que tout ce qui arrive est conforme à la Volonté divine — et donc également bienvenu pour Mâ elle-même; elle exprime également l'absence totale de désir personnel, un abandon sans réserve à la Providence et la conviction que rien ne peut se produire qui ne soit en fin de compte l'acte du Créateur.*

Jamais Mâ ne s'oppose à ces manifestations spontanées de la Volonté divine qui rend tout possible — même pour elle de grimper sur le dos d'un éléphant sans l'aide de personne, comme elle le fit un jour! Aussi n'accepte-t-elle sauf exceptions aucun engagement, ne fait-elle aucun plan, car elle sait qu'elle doit être disponible à tout instant pour obéir à son kheyâla. *Jamais elle ne se sent aussi bien que lorsque les choses arrivent de façon inattendue, et nul ne peut prévoir ce qu'elle fera dans l'heure qui suit. Cette obéissance absolue n'exclut pas, bien au contraire, une personnalité très forte, ni la fascination qu'elle exerce sur tous ceux qui l'approchent. Elle l'explique en disant : « N'est-il pas naturel et spontané d'aimer son propre Soi? »*

Ce même Soi qui est à la fois en elle et en autrui, et dans lequel elle est constamment plongée, même quand elle est en commerce direct et intense avec un monde qui, à nos yeux, est extérieur à elle. Ce n'est même pas ce qu'on appelle d'ordinaire une méditation, pour laquelle elle devrait se retirer du monde extérieur. « On ne peut parler de méditation, dit-elle, que là où il y a méditant et objet de méditation. Mais cette petite fille (c'est ainsi qu'elle se désigne volontiers elle-même) ne connaît ni japa, *ni* âchamana, *ni méditation, rien de tout cela. Par conséquent tout ce que ses pères, mères et amis font dans leur méditation lui est aussi destiné. » Et lorsqu'on lui demande ce qu'alors elle « contemple », elle répond : « Tout ce que chacun peut imaginer qu'elle contemple, que ce soit une personne ou un objet. Il n'y a que l'Un. »*

Pourtant, Mâ semble parfois rester de longues périodes en

1. Voir note p. 11.

samâdhi, *dans des poses qui n'ont rien de rigide, et cela à des moments où rien ne le laissait prévoir. Maintenant cela ne se produit que le jour de son anniversaire. On lui a naturellement posé beaucoup de questions sur cet état. Elle répondit un jour : « Tout comme ce corps est vu dans diverses attitudes, riant, parlant, se déplaçant, etc., de même, selon votre façon de voir, il peut aussi vous apparaître en* samâdhi. *Conformément au rythme de la respiration, il prend diverses positions ou attitudes. Ici, que ce soit changement ou immobilité, concentration ou suspension d'activité, il n'en est tout simplement pas question. Pour ce corps, il ne peut pas être question d'essayer d'entrer en* samâdhi. *Il n'y a ni allées ni venues. Ce corps ne recherche ni la position ni l'état d'âme qui correspondent au* samâdhi, *et le* samâdhi *n'est pas non plus pour lui un état permanent. En ce qui concerne ce corps, bouger, être assis, parler, etc., sont exactement ce qu'est également le* samâdhi. »

« Ce corps-ci, dit-elle aussi, est toujours dans le même état et aucun changement n'intervient. Seule votre attitude vous amène à croire que tel ou tel état particulier est ordinaire ou extraordinaire. L'Univers est un jeu divin et vous avez envie de jouer. De ce fait vous interprétez selon vos propres lumières toutes les activités de ce corps dans son jeu, tous ses sourires et ses fantaisies. S'il s'était immobilisé, vous ne seriez pas venus me trouver. Apprenez à vous immerger dans la Joie divine dans toutes ses manifestations et vous atteindrez le but final de tout ce jeu. Me comprenez-vous? »

Une autre fois, elle donna une réponse plus directe : « C'est un état au-delà de tous les plans de conscience; c'est un état d'immobilisation complète de toutes les pensées, émotions et activités, à la fois physiques et mentales, un état qui va au-delà de toutes les phases de la vie d'ici-bas. Ce que vous appelez savikalpa samâdhi *n'est qu'un moyen de parvenir au but final; dans l'ascèse, ce n'est qu'une étape qui ne dure pas. »*

Les nombreux yogins qui l'ont observée décrivent évidemment ces samâdhis *en termes plus techniques. Pour les uns, Mâ est tout simplement, en permanence, dans cet état de* mahâyoga *qui est le point culminant de toute une série de* sâdhanâs. *Pour* *d'autres, c'est « un état d'auto-éveil intégral qui ne tolère pas la moindre idée de séparation ou de différenciation dans l'Être central intégral », « un état où est réalisée l'unité du Brahman et de l'*âtman, *et qui comporte aussi l'omniscience de Brahman ». Ce qui explique que Mâ peut connaître immédiatement et complètement tout ce qu'elle veut connaître, en particulier les Écritures sacrées qu'elle n'a jamais lues, et encore moins étudiées.*

Selon Gopînâth Kavirâj, « sa vision de la Vérité suprême la place au-dessus de toute distinction entre le Brahman statique et le Brahman dynamique, et d'ailleurs cette expérience de sarvâtmabhâva *— tant attendue des mystiques lorsqu'ils parviennent à la réalisation du Soi — a été pour elle une expérience normale dès sa première enfance ».*

D'innombrables états se manifestent dans le corps de Mâ. Ses actes, ses gestes, ses expressions se modifient à une rapidité incroyable. Autrefois son corps se mettait à l'unisson de ce qui l'entourait. Si un orage se préparait, son corps était secoué comme une feuille, le bruit des vagues l'entraînait dans le rythme des flots. Parfois elle devenait rigide comme une statue et la vie semblait s'être retirée d'elle, de l'avis même des médecins.

Comme nous l'avons vu, Mâ Ananda Moyî n'a jamais eu de gourou ni reçu d'initiation. Un jour on lui demanda à quel âge et par quelle sâdhanâ *elle avait eu l'Illumination; elle se mit à rire de son rire d'enfant et déclara qu'elle ignore tout de la date ou du temps où elle y serait parvenue, qu'elle ne sait rien d'aucune* sâdhanâ *qu'elle aurait accomplie délibérément, ni d'une illumination subite qui aurait délimité sa vie d'avant et d'après. Elle est maintenant « ce qu'elle a toujours été ». A nous d'en tirer les conclusions.*

Lorsqu'on insiste pour savoir si elle n'a vraiment pas eu de gourou, elle répond : « Dans mes premières années, mes parents furent mes guides; dans ma vie de femme mariée, ce fut mon mari; maintenant, dans toutes les situations de la vie, tous les hommes et toutes les choses de ce monde sont mon gourou. Mais une chose est certaine : l'Être unique suprême est le seul guide de tous. »

Parfaitement paisible aussi lorsqu'elle n'est pas en samâdhi, *rien ne l'affecte. « Je n'ai besoin, dit-elle, ni de faire ni de dire quoi que ce soit. Il n'y a jamais eu en moi aucun besoin, il n'y en a pas et il n'y en aura jamais. Et si vous vous obstinez à croire que quelque chose m'appartient en propre, je dois vous dire que l'univers tout entier est à moi. » Elle dit d'ailleurs : « Ce que vous avez vu se manifester dans le passé, ce que vous voyez maintenant et ce que vous verrez plus tard ne se produit que pour le bien de tous. » Un autre jour elle précise : « Vous avez attiré ce corps sur le plan matériel pour que vous puissiez vous-même faire ce que vous avez à y faire, c'est-à-dire évoluer spirituellement. »*

Néanmoins, son expression est d'une mobilité telle que, paraît-il, aucun peintre n'a jamais réussi à faire son portrait. Le rire et les pleurs chez elle n'étaient pas rares, et quand ils commençaient, ils duraient parfois longtemps. Un jour qu'elle joue avec des enfants, elle commence à rire et ne peut s'arrêter qu'au bout d'une heure. Elle demande alors : « Où est le centre de vos rires et de vos pleurs? » et continue : « Quand un sentiment vrai est à l'origine de pleurs et de rires, il se manifeste par toutes les fibres de votre corps. » Le disciple ne comprend pas très bien, mais quelques jours plus tard il rend visite à Mâ et lui demande comment elle va. « Très, très bien. » Et le corps du disciple est secoué de la tête aux pieds par les vibrations qui émanent du corps de Mâ. Elle conclut alors : « Comprenez-vous maintenant où se trouve le centre de vos rires et de vos pleurs? Lorsqu'un sentiment ou une pensée ne s'exprime que par une partie de votre corps, sa force totale n'entre pas en jeu. »

« Le rire, déclare-t-elle un autre jour, éclate dans ce corps sans cause apparente. N'importe quoi peut l'y déclencher. Et toute tentative d'enrayer le fou rire ne fait que verser de l'huile sur le feu. Ce n'est pas que ce corps rie uniquement à quelque chose de drôle. Le rire le secoue même si la raison est minime ou inexistante. Souvent ce corps-ci éclate de rire à la vue de la douleur d'autrui. Ceux qui ne connaissent pas les extravagances de ce corps pourraient fort bien s'en offenser. Ils pourraient penser que je ris d'eux, ce qui est fort éloigné de la réalité. Il

arrive que l'incident qui semble provoquer le rire n'en est pas du tout la vraie cause. Il se présente parfois devant moi certains incidents passés ou futurs qui me font rire. »

Si étrange que cela puisse paraître chez un être aussi évolué, elle accepte à l'occasion la maladie chez elle comme chez autrui. Et elle en donne de curieuses explications. Parlant d'une grave maladie dont elle a été victime, elle raconte : « *Ce corps se meut en harmonie avec la Nature; il a dû être détourné de son cours normal d'une façon ou d'une autre, et cela a rompu son fonctionnement normal. Cela s'est fait pour que vous compreniez les conséquences malheureuses d'une obstruction mise à l'évolution naturelle. Sans cette maladie réelle, ce corps ou bien aurait disparu ou bien serait resté infirme. Pendant que j'étais au lit, je n'étais consciente ni d'inconfort ni de gêne. Je me sentais comme si j'avais été en bonne santé. Au milieu de vos va-et-vient anxieux et des changements qui se produisaient dans ce corps, j'entendais une symphonie et j'éprouvais un sentiment de délice.* »

Bien qu'elle conseille parfois à des malades de consulter un médecin et de se soumettre à un traitement médical, elle refuse pour elle-même tout médicament. Un jour qu'elle était souffrante et que quelqu'un lui en conseillait, elle répondit : « *Aucun lien d'aucune sorte n'existe pour ce corps-ci. "Ne faites pas ceci", "Vous devriez faire cela" n'a aucun sens. Vous le savez bien, ce qui doit arriver est bien. Décider de quelque chose ne convient pas à la nature de ce corps. Rien ne peut lui apporter inconvénients ou inconfort. Cette maladie fait aussi partie du jeu.* »

Un autre jour, elle explique à Gopînâth Kavirâj : « *Un* sâdhak *aspire à un but. Mais ici (se montrant elle-même) il n'est pas question de but ou d'absence de but, de dessein ou d'absence de dessein. Chaque artère, chaque veine, chaque nerf, leur fonctionnement et leur vibration sont vus très clairement, exactement comme si quelqu'un, à l'intérieur d'une pièce sombre, tenait une lampe et éclairait l'un après l'autre tous les objets. C'est exactement ce qui se passe. Mais pour le* sâdhak *qui est encore sur la route, il est impossible de voir les choses ainsi. Pour avancer, il doit franchir toutes sortes d'obstacles. Ici, il n'en est absolument pas question; les artères sont moi, les veines sont moi, le fonctionnement des organes c'est moi, et l'observateur aussi. Naturellement, quand je dis " moi " c'est qu'il faut bien utiliser un mot. »*

On a pu cependant constater plusieurs fois qu'elle a elle-même voulu sa maladie pour attiser la ferveur de tout l'âshram et provoquer ainsi la répétition continue d'une prière ou de l'un des noms de Dieu. Ce résultat obtenu, sa fièvre tombe.

Une maladie peut provenir chez elle de ce qu'elle a assumé les souffrances d'autrui, comme elle en a le pouvoir. Elle raconte : « En ce qui me concerne, tout m'est venu spontanément. J'ai constaté que ce corps avait pris sur lui les souffrances des autres, non pas intentionnellement mais sans effort, involontairement. Un jour je rendis visite à un malade atteint d'une grave crise de dysenterie. A mon retour, j'en étais victime moi aussi, et cela a duré douze heures. Puis tout est redevenu normal. Pendant quelque temps une sorte de tempête a secoué ce corps, puis tout s'est calmé. La maladie avait quitté le malade dès qu'elle s'était portée sur moi.

« Une autre fois, ce corps-ci prit sur lui la fièvre d'un malade et subit tous les trois ou quatre jours des accès de fièvre allant jusqu'à 40° qui duraient trois heures. D. B. et Bholanâth crurent alors à une attaque de malaria et insistèrent pour m'administrer de la quinine, ce que je refusai catégoriquement. Je m'adressais toujours à D. B. comme à un père et lui-même me témoignait une affection paternelle; devant les attaques répétées de la fièvre, il perdit patience et déclara : " Ces disciples de ma fille veulent la tuer. Je n'écouterai personne et je lui ferai prendre de la quinine cette nuit même, de force s'il le faut ". J'entendais tout mais ne répondais rien. L'après-midi ce corps était comme en transe. D. B. tint parole et arriva le soir avec la quinine. Me voyant dans un état d'inconscience il me secoua violemment; mes yeux s'ouvrirent mais restèrent fixes. Cela piqua sa curiosité. A l'aide d'une lampe de poche, il examina mes yeux et mit même son doigt dans mon œil pour voir s'il clignerait. Toutes ces tentatives pour me faire reprendre conscience ayant échoué, D. B. renonça pour cette nuit-là à me donner de la quinine — sans toutefois abandonner son idée. Je savais naturellement combien

de temps durerait la fièvre et je lui déclarai donc être disposée à prendre le médicament si la fièvre persistait au-delà de ce laps de temps. Je ne pris évidemment pas la quinine, car à la date indiquée j'étais parfaitement bien. »

Mâ n'aimant pas ce qui est spectaculaire opère discrètement. Pour n'en citer que quelques exemples, on voit encore sur sa main la marque d'une profonde égratignure qu'elle se fit volontairement il y a plus de quarante ans, alors qu'un bébé de huit mois risquait de mourir d'un abcès à l'oreille; à l'instant même l'abcès éclata et l'enfant fut sauvé. Jadis elle guérissait les malades en leur remettant simplement un objet qu'elle tenait à la main, mais elle eut plus tard le kheyâla *de renoncer à cette méthode. A un jeune homme adonné à la boisson, elle ne demande pas de renoncer brutalement à cette habitude, mais simplement de ne pas boire en sa présence; et chaque fois qu'il voulait boire, il croyait voir Mâ devant lui. Une autre fois, alors qu'elle se promenait avec des amis à Vindhyachal, elle s'arrête brusquement et demande aux autres de s'arrêter aussi; elle vient d'être mordue par un cobra; l'un des enfants s'exclame : « Mâ, il était dit dans l'horoscope de mon frère qu'il mourrait d'une morsure de serpent. Vous vous êtes fait mordre à sa place! » A un enfant paralysé, elle jette une noix de bétel et lui dit : « Attrape! », et peu à peu l'enfant retrouve l'usage de ses membres.*

Elle déclare d'ailleurs : « Ne me demandez pas de vous guérir. Chacun doit suivre son propre destin, et aucune obstruction sur cette voie ne peut être bénéfique. » Une femme lui demande alors : « A quoi bon s'adresser à un médecin ou prendre des remèdes si les maladies sont la conséquence des actions passées? » Mâ répond qu'il est juste de faire tout en son pouvoir pour maintenir le corps sain et alerte, car il est fort difficile de suivre une ascèse lorsqu'on est malade. La plupart du temps, elle conseille à la famille du malade de le soigner, de consulter un médecin et de s'en remettre à Dieu. En même temps, elle estime nécessaire d'apprendre à endurer la souffrance, qui ne peut pas toujours être évitée. En pareil cas, il faut l'accepter comme l'une des façons qu'a Dieu de Se manifester. Il arrive aussi qu'elle prophétise : « il (ou elle) ne guérira pas », ou qu'elle sache que le malade doit mourir à plus ou moins brève échéance, et alors elle ne s'y oppose pas — ce qui ne l'empêche pas d'exaucer certains vœux du malade avant que celui-ci ne meure.

Elle affirme d'ailleurs que ce pouvoir de guérison existe normalement chez ceux qui sont parvenus à un certain niveau d'évolution spirituelle : « Les sages peuvent adoucir les souffrances d'autrui de trois façons : ils peuvent prendre sur eux la souffrance des autres et ainsi les en soulager, ou bien, sans la prendre sur eux, ils peuvent la répartir proportionnellement sur d'autres. Tout ceci explique dans une certaine mesure l'intensité et l'acuité de la souffrance. Il peut arriver aussi que par la grâce divine les sages puissent délivrer un individu de toutes les conséquences de ses actions et le rendre à la vie divine qui est son vrai Soi. Mais de tels incidents sont rares et c'est pourquoi l'on dit que la purification s'opère par la souffrance. »

Son corps ne réagit pas seulement à la maladie physique, mais plus encore peut-être, comme c'était déjà le cas de Shrî Râmakrishna, aux contacts physiques humains. Elle raconte : « Lorsque ce corps-ci était engagé dans le jeu d'une ascèse, il arrivait que si quelqu'un s'approchait, animé d'une foi profonde, ce corps semblait suffoquer. Si quelqu'un venait toucher mes pieds, je touchais les siens. Et pourtant, plus tard, lorsque quelqu'un posait sa main sur ma tête ou mes pieds, cela ne me faisait absolument rien. Une fois, mes pieds m'ont fait mal à force d'avoir été touchés. Il arrivait aussi que, lorsque je me promenais, quelqu'un essayât de m'arrêter de force pour se prosterner devant moi. D'autres fois, alors que je jouais le rôle de sâdhikâ *et que des gens déposaient à mes pieds des fleurs et mettaient des guirlandes autour de mon cou, ce corps-ci devenait comme paralysé. D'autres fois, si un* bhakta *posait sa tête sur mes pieds, ce corps ressentait une secousse électrique. Un jour la sensation a été que tout ce corps brûlait. Parfois, le fait qu'on me pose la main sur un pied me coupait le souffle. En d'autres occasions, les gens pouvaient me toucher les pieds ou me prendre les mains sans que cela ait aucun effet. »*

Les disciples s'étonnent parfois que Mâ accepte sans protester que des foules s'assemblent autour d'elle et que tant de gens viennent lui raconter leurs ennuis et leurs soucis domestiques. A cela, elle répond : « Si vous pensez que cela m'est désagréable, c'est uniquement parce que vous faites une distinction entre votre corps et le leur. Vous ne ressentez pas comme un lourd fardeau de porter votre tête, vos mains et vos pieds, vos doigts, vos membres, parce que vous les considérez comme parties intrinsèques de votre propre corps; de même je sens que toutes ces personnes sont des membres organiques de ce corps-ci. Elles ne me pèsent donc pas, pas plus que leurs soucis. Leurs joies et leurs peines, leurs problèmes et leurs solutions sont une partie vitale de moi-même. Je n'ai aucun sens de l'ego ni de la séparation. En moi, chacun de vous a dans une égale mesure la hauteur et la profondeur de l'éternité. »

Certains Occidentaux, peu habitués aux marques de vénération que dans l'Inde on témoigne normalement à son gourou, sont quelque peu choqués de voir des gens se prosterner devant Mâ, célébrer devant elle des pûjâs *ou des âratîs. Quand on le lui dit, elle répond : « Il n'existe que l'Unique. Alors, quel mal y a-t-il à laisser les gens faire ce qu'ils désirent? Mais lorsqu'un individu est dans la dualité et ne perçoit pas l'Un en tout et en tous, il n'a pas le droit de se laisser adorer. »*

Certaines de ses interventions font penser à la multiplication des pains et des poissons. Un jour, en été 1942, lors d'une grande fête, on a préparé de la nourriture pour 400 personnes, mais il en arrive 600, à qui il faut servir un repas. Mâ ne permet pas qu'on aille se réapprovisionner au marché, qui est loin. « Non, ils doivent manger immédiatement. Préparez-vous à les servir et que tout soit terminé dans une heure. Personne ne doit partir sans avoir mangé. Laissez-moi et ne revenez que s'il manque quelque chose. Ne soyez donc pas tristes, le service de Dieu doit se faire d'un cœur joyeux. » Quand tout le monde est rassasié, il reste encore de quoi nourrir 200 personnes. « Très bien, dit Mâ gravement. Mais tout doit être consommé aujourd'hui même, et pas une miette ne doit être perdue. Que ceux qui restent ici mangent ce soir. Et s'il reste quelque chose, donnez-le à ceux qui ont faim. »

« Je vois souvent, dit-elle, ce qui se passera ou ne se passera pas

dans l'avenir mais les mots ne viennent pas toujours pour l'exprimer. » Lorsqu'on lui demande avec quels yeux elle peut avoir des visions du passé et de l'avenir, elle répond : « Comment je les vois? Mais il y a des yeux dans tout le corps. Ignorez-vous que chaque chose a en soi toutes les autres? Les mains, les jambes, les cheveux, en fait toutes les parties du corps peuvent être transformées en organes de la vision. Bien sûr, l'on peut voir avec les deux yeux que chacun possède, mais il est également vrai qu'existe ce troisième œil dont on parle. Cela peut vous surprendre, mais c'est exact. » Elle ne se laisse cependant pas aller à prédire l'avenir, et lorsque quelqu'un lui demande ce qui va arriver, elle répond : « Dieu vous le dira quand Il le jugera bon. »

On lui demanda un jour : « Connaissez-vous toujours la pensée des autres? » Elle répondit : « Pas toujours. Je vois clairement les choses qui se trouvent dans le champ de mon attention. Vous connaissez les lettres de l'alphabet, mais sans les avoir constamment à l'esprit vous pouvez lire quand vous voulez. C'est un aspect de la question. En réalité, même lorsqu'une personne possède la connaissance qui embrasse tout, il existe un certain comportement qui montre qu'elle a une compréhension ordinaire. »

Les rapports de Mâ avec le ciel, la terre, l'eau, le soleil, les étoiles sont différents des nôtres et témoignent d'une compréhension, ou plutôt d'un amour « cosmique » différent des nôtres. Pour elle, la nature n'est pas, comme pour nous, « une autre vie »; c'est la même, qui prend ses racines dans le Soi; la distinction entre nature et esprit s'annule dans le Soi où elle vit.

Cette communion totale explique sans doute que Mâ puisse dominer et maîtriser les forces de la nature. Au feu en particulier, Mâ ordonne d'obéir lorsque les circonstances le justifient. Ainsi, un jour qu'on avait apporté de Vrindâvan des braises pour allumer le foyer d'un nouveau temple, deux prêtres essaient en vain de les attiser, alors Mâ se lève, va vers le feu, fait un geste, et aussitôt, avec un grondement sourd, des flammes énormes jaillissent, pour vite redevenir normales. Une autre fois, elle fait cesser la pluie pour que se déroule une cérémonie religieuse.

Lorsqu'elle veut être tranquille, les éléments autour d'elle se calment. Si la chaleur est insupportable, une brise se lève et des nuages viennent cacher le soleil; s'il pleut, la pluie cesse sans raison apparente. Animaux et végétaux semblent se plier docilement à ses désirs. Si elle coupe une branche d'un arbre mort et la met en terre, elle pousse; à son passage des arbres fleurissent hors de saison. Lors d'une visite de Mâ à Vrindâvan, elle est obéie des vaches et des taureaux.

Sur un plan moins spectaculaire, Mâ manifeste sa communion avec le cosmos dans le domaine, si important dans l'Inde, de la musique. Elle ne l'a jamais étudiée, mais elle chante souvent, assise, debout, en marchant, et même, paraît-il, quand elle dort. A ceux qui s'étonnent de l'harmonie extraordinaire de son chant, elle dit : « Ce corps est comme un instrument de musique. Ce que vous entendez dépend de votre façon de jouer. » Ou encore « C'est la même mélodie qui emporte l'univers tout entier. » Et lorsqu'un visiteur, la prenant à la lettre, lui demande si les sons qu'elle émet ressemblent alors à ceux d'un instrument de musique, elle répond candidement : « Cela dépend de votre oreille. C'est à vous de juger. Ici, la question ne se pose pas de savoir si l'on plaque ou non un accord. C'est à vous de décider si votre Mâ n'est bonne à rien ou si elle sert à quelque chose, car elle est votre fille aussi bien que votre mère. C'est au père de dire si elle est inutile ou si elle peut rendre des services. »

Pour les disciples qui vivent avec elle, « la musique éternelle que chante Mâ, son accord parfait avec le Son primordial (le shabda-brahman, *qui est à l'origine de toute la création) révèlent en elle un exemple vivant de la divinité de l'âme qui se manifeste par sons et rythmes, la danse de la nature n'étant que les vagues synchronisées dans une pulsation de la Vérité ».*

La vie quotidienne de Mâ est marquée par un goût de la perfection qui se porte jusque dans les plus petits détails. Cette femme qui défie le temps est partout, surveille tout. Elle dirige la maison où elle se trouve, s'occupe de la correspondance, répond aux questions, reçoit des visiteurs. Elle aide chacun, parle, rit, donne des conseils sur la cuisine, sur la manière d'arranger une pièce, de recevoir les hôtes de façon appropriée et courtoise, de décorer une salle de cérémonie. Elle met une vigilance toute par-

ticulière à surveiller la préparation de certains cultes et insiste sur la précision dans l'exécution des rites.

Jusqu'à une époque toute récente ses portes étaient toujours ouvertes à tous, jeunes et vieux, riches et pauvres, princes et hors-caste, hindous et étrangers. Mais si elle reçoit des gens de toutes castes, religions, races, elle autorise l'observation dans ses âshrams des règles de caste les plus strictes, et l'orthodoxie des âshrams ne va pas sans attirer de nombreuses critiques et rendre parfois la vie difficile aux étrangers. Mâ est pourtant capable de passer outre elle-même à toutes les prescriptions de l'orthodoxie brahmanique si une raison particulière le justifie à ses yeux; elle a accepté d'être nourrie par un musulman, comme nous l'avons vu, ou par une femme qui le désire ardemment et qui mourra quelques jours plus tard alors que rien ne le laissait présager.

Elle ne s'intéresse guère aux progrès de la science occidentale moderne, mais concède que certains progrès techniques peuvent aider à accomplir une ascèse. Ainsi elle bénit l'hôpital de Bénarès équipé des facilités les plus modernes, mais elle continue d'attacher une grande valeur aux conceptions hindoues traditionnelles, et en particulier aux quatre âshramas[1], *qui doivent être maintenus. D'autre part, cette vie moderne ne favorisant guère la recherche spirituelle, Mâ insiste pour qu'au moins 15 minutes par jour soient consacrées à Dieu et elle a institué la* samyam saptah mahâvrat, *une semaine de jeûne, de prière et de pratique régulière de méditation qui a lieu une fois par année et qui réunit un très grand nombre de disciples.*

L'attitude de Mâ Ananda Moyî envers ses disciples et visiteurs varie d'un extrême à l'autre selon les circonstances. Elle apparaît tantôt sous l'aspect d'une petite fille et tantôt comme l'incarnation de la sévérité, comme la mère ou comme la sainte paisible et radieuse. Sa compassion et son amour sont incommensurables et absolument dépourvus de fausse pitié. Une mère qui vient de perdre son fils arrive vers elle en sanglotant, et Mâ, elle aussi, se met à pleurer tant et tant que la femme en oublie son chagrin et supplie : « Mâ, ne pleurez plus, moi non plus je ne pleurerai plus la mort de mon fils. »

1. Voir glossaire.

Mais elle peut aussi être terriblement dure si c'est nécessaire. Un de ses fidèles écrit : « On dit de Mâ qu'elle est plus dure que le tonnerre, plus douce qu'une fleur, plus belle et plus tendre que ce qu'il y a de plus beau et de plus tendre au monde, et pourtant elle est plus terrible et plus enragée que la mort elle-même, tranchante et dure comme la sévérité elle-même, généreuse et cruelle. »

Très rarement elle donne des ordres, et seulement à ceux qui ont en elle une foi totale, mais alors ses ordres doivent être exécutés à la lettre, sans poser de questions. Un de ses plus anciens et plus fidèles disciples lui ayant un jour désobéi, elle lui lance : « Disparaissez de ma vue! » et pendant plusieurs jours elle garde le silence. Mais si après avoir fait quelque chose de mal le coupable se repent sincèrement, Mâ redevient immédiatement une mère tendre et consolatrice et le coupable est rempli de paix. En revanche, si l'on réagit à ses paroles avec orgueil et colère, une angoisse terrible vous étreint, qui ne lâche prise que lorsqu'on se repent.

Cette dureté, constatait un autre disciple qui l'avait subie, « vous donne l'amour de la Vérité », et ceux qui la connaissent disent qu'elle est « comme le Gange, son contact purifie ».

En même temps qu'elle impose une tâche, Mâ donne le pouvoir de l'accomplir. L'expérience de certains disciples veut qu'en lui obéissant on aiguise son intelligence et que l'on développe son sens des initiatives. On s'aperçoit également que si l'on fait ce qu'elle veut, tout se termine très bien, alors que si l'on veut contrecarrer ses projets, elle laisse faire, mais régulièrement les choses tournent mal. S'en remettre à Mâ, c'est se libérer peu à peu de toute dépendance, de toute crainte, de tout sentiment d'insécurité, de la peur de l'échec.

Jamais Mâ ne conserve cadeau ou offrande. Elle possède d'ailleurs l'art de les répartir immédiatement et, au milieu d'une foule, elle ne redonne jamais à la même personne le don reçu d'elle, sauf intentionnellement, en disant alors : « Maintenant ceci m'appartient. S'il vous plaît, gardez-le pour moi. » Pour elle, la valeur monétaire d'une offrande importe peu; ce qui compte, c'est l'effort physique ou spirituel auquel elle correspond. Parfois elle accepte avec une joie enfantine des douceurs appor-

tées par un fidèle, bat des mains de joie et mange tout; d'autres fois elle ne jette même pas un regard sur ce qui lui a été apporté.

Sa compréhension de tous les problèmes étonne autant que son pouvoir de panser les plaies. « Vos chagrins, pensées et souffrances sont miens. Ce corps-ci comprend tout. » Mais ses réactions laissent parfois perplexe : nous avons vu qu'aux pleurs et aux lamentations Mâ répond souvent par le rire. Quelquefois aussi elle caresse en silence la personne désespérée ou lui parle avec une grande douceur.

Une mémoire et une vision extraordinaires lui permettent de reconnaître et de situer immédiatement les gens qu'elle a déjà vus ou même qu'elle n'a jamais vus. Quelques années avant la guerre, un Français disciple de Shrî Aurobindo l'avait interrogé sur cette femme dont il avait entendu parler, et Shrî Aurobindo lui avait répondu : « Elle est sur le plan de Sat-chit-ânanda. » Il part donc à sa recherche, mais partout où il arrive on lui dit : « Elle est partie et on ne sait pas où elle est allée. » Quelque temps plus tard, à Bénarès, alors que personne ne lui avait sans doute jamais signalé son existence, elle l'envoie chercher. Il devisait un soir avec de vieux moines de l'Ordre de Râmakrishna quand un inconnu vient droit à lui : « Mâ vous demande de venir la voir. — Quelle Mâ? (car dans l'Inde on appelle Mâ toutes les femmes). — Mâ Ananda Moyî. » Les vieux moines sont scandalisés : une femme qui envoie chercher un homme en pleine nuit ne peut être qu'une mauvaise femme et sous aucun prétexte il ne faut aller la voir! Il insiste et finalement les moines se résignent, mais l'un des plus anciens va l'accompagner pour le protéger. Tous deux trouvent une jeune femme merveilleusement belle et souriante, assise avec quelques disciples dans un coin d'une petite chambre nue dans une dharmashâla *pour pèlerins pauvres. Ils s'assoient en silence, et bientôt le vieux moine décide de mettre cette femme à l'épreuve. Il lui pose des questions difficiles sur la discipline spirituelle et sur les textes sacrés hindous les plus hermétiques, et chaque fois elle répond en riant, avec la voix d'une fillette de dix ans. Puis c'est un très long silence, une heure peut-être. Alors le moine se lève, se prosterne devant Mâ et prend la poussière de ses pieds. « Vous pouvez suivre cette femme », dit-il au Français soulagé.*

On trouve un jour un petit médaillon devant la porte de la maison de Mâ. Tandis que l'on se questionne pour savoir si l'image qu'il contient représente Shiva ou Krishna, Mâ demande que dès que son propriétaire aura été découvert on le lui amène. Or, le médaillon appartenait à une enfant âgée de dix ans, servante d'une femme qui se rendait tous les jours chez Mâ. La fillette avait été très peinée que sa maîtresse ne lui permette pas de l'accompagner. Finalement, elle reçut l'autorisation d'aller jusqu'à la porte de l'âshram mais avec interdiction d'y entrer, ce qui ne l'empêcha pas un jour de s'y glisser dans l'espoir d'apercevoir Mâ, et c'est alors qu'elle avait perdu son médaillon. L'idée d'être conduite dans la chambre de Mâ la rendit folle de joie, mais sa timidité était bien grande. Mâ lui parla très doucement en l'appelant son amie, et lui demanda : « As-tu fait des études? », à quoi l'enfant répondit : « Non. » Mâ éclata alors de rire en disant : « Mais alors nous sommes égales, ton amie ici n'a rien étudié non plus. » La maîtresse de la jeune servante remarqua que malgré toutes les pûjâs *et toutes les tentatives qu'elle avait faites pour plaire à Mâ, celle-ci ne lui avait jamais prêté la moindre attention.*

Mâ Ananda Moyî surveille de très près la vie dans ses âshrams. Lors de la création du premier, elle l'a ainsi défini : « Ashram signifie un lieu saint qui éveille en l'homme des pensées divines. Tous les habitants de l'âshram doivent s'efforcer, par des prières continuelles, par la sâdhanâ, *par des pensées nobles, des méditations et des discours religieux, d'y maintenir une atmosphère très pure. Dans un tel endroit, quelques huttes doivent suffire pour permettre aux gens d'y vivre. » Dans un âshram que l'on a créé pour elle aux États-Unis, certains prétendent avoir vu Mâ apparaître; lorsqu'on lui demande d'y aller, Mâ répond : « J'y suis toujours. »*

Mâ a elle-même édicté en 1968 les règles suivantes pour les habitants de l'âshram :

« 1. *Lorsqu'une personne plus âgée ou un supérieur parle, ne l'interrompez pas pour commenter ce qui vient d'être dit. Ne donnez votre avis que si on vous le demande. Si vous avez quelque chose à dire sur la question, vous pouvez plus tard, en privé, dire à votre aîné : " Telle ou telle idée m'est venue à ce sujet ".*

2. *Si un aîné ou un supérieur parle à quelqu'un d'autre, il ne faut le déranger ni en intervenant ni en bavardant. Si vous avez quelque chose d'important à ajouter, attendez que votre aîné ait fini de parler.*

3. *Dans une conversation avec un compagnon, il ne faut ni se moquer de quelqu'un ni critiquer les autres.*

4. *Il ne faut parler ni en bien ni en mal de quelqu'un envers qui l'on éprouve un certain antagonisme.*

5. *Ne jugez pas vos compagnons et n'en discutez pas avec les autres.*

6. *Si quelqu'un vous insulte, ou vous accuse injustement, pensez : " Seigneur, Vous venez de me donner une leçon. Puissé-je de nouveau Vous donner satisfaction ". Ne haïssez pas la personne qui vous a blessé.*

7. *Ne pensez ni ne dites rien de désagréable sur autrui.*

8. *Soyez véridique, en paroles et en actions.*

9. *Parlez peu, et seulement lorsque c'est nécessaire.*

10. *Soyez toujours de bonne humeur.*

11. *Restez calme, serein, ferme et sérieux.*

12. *Parlez avec calme, fermeté, sérénité et avec une considération égale pour tous.*

13. *Ne chérissez que ce qui touche à la Quête suprême* (paramârtha).

14. *Votre conduite doit être courtoise et exemplaire.*

15. *Dans tout ce que vous dites, soyez honnête et franc.*

16. *La recherche de la vérité doit se poursuivre à chaque instant. Lorsque les forces accumulées par la pratique continuelle de la discrimination entre le réel et l'irréel, par le* japa, *la méditation, l'assistance aux cérémonies religieuses, l'étude des textes sacrés, les hymnes de louange au Seigneur — selon la*

ligne d'approche de chaque être — amènent le sâdhak *à être obsédé par la Quête suprême, alors il devient impossible de ne pas se souvenir de Dieu; en conséquence, sottise, connaissances erronées et souffrances disparaissent. La qualification d'être humain signifie aspirer à la réalisation de Dieu. La vocation de l'homme est de trouver Dieu. »*

D'autre part, la vie communautaire d'un âshram ne va pas sans présenter de grands problèmes. Souvent les disciples se sentent encore plus violents, plus égoïstes. Mâ leur dit alors : « C'est au moment où l'on essaie de nettoyer une mare que celle-ci exhale ses odeurs les plus putrides »; ou encore : « Il est très salutaire que vos impulsions mauvaises montent à la surface. Il faut qu'elles sortent. Alors seulement vous pourrez vous en débarrasser. Mais je ne peux pas vous voir mauvais! Je n'aperçois que votre Soi divin. »

Et à la question : « Est-ce que toutes les conditions difficiles de la vie dans l'âshram sont de quelque utilité pour la sâdhanâ? *», elle répond : « Vous devriez comprendre que la façon — aimable ou désagréable — dont les gens se comporteront envers vous est la conséquence de votre karma. L'homme est né dans ce monde pour récolter les fruits de ce qu'il a fait dans ses vies antérieures. Ses joies et ses chagrins sont dus au karma qu'il a accumulé et doivent être acceptés comme tels. D'ailleurs, dans la vie du monde tout autant que dans la vie spirituelle il faut essayer de faire face aux problèmes avec équanimité. Bien sûr, tout pèlerinage comporte des difficultés, mais celles-ci offrent une possibilité de développer patience, humilité, générosité, amitié envers tous. Tenez présent à l'esprit que, si vous suivez ce chemin, les obstacles s'évanouiront peu à peu.*

« Quel sort enviable que celui des personnes qui vivent à l'âshram, exemptes des innombrables chagrins, soucis, problèmes qui tourmentent le chef de famille! Quelle chance merveilleuse leur est offerte de se perfectionner, d'atteindre la beauté intérieure, de se préparer à la Quête suprême! Celui qui endure les difficultés créées par la réunion de gens d'origines, de conditions, de caractères différents verra sa patience se raffermir et sa capacité d'en-

durance se développer. Ne vous occupez pas des imperfections des autres, mais essayez de découvrir leurs qualités positives en vous rappelant que c'est votre façon de voir les choses, quand vous critiquez autrui, qui vous fait souffrir. Toutes ces difficultés sont dues à votre propre karma. Dans la création de Dieu, les résultats de nos actions doivent être savourés ou subis dans le moindre détail. Tout vient de Lui. Il vous faut trouver la Vérité. N'oubliez jamais que vous devez épuiser toutes sortes de karma et qu'Il est là pour vous purifier et vous rendre dignes d'être uni à Lui. En tout temps et pour tous Il est. Plus vous vous approchez de Celui qui est la source du pardon et de la compassion, plus vous ressentirez sa présence. Passez votre temps à faire du japa, *à méditer, à étudier les Écritures, etc. Soyez véridique en pensées, en paroles et en actions. Laissez faire aux autres ce que bon leur semble, selon leur nature. Le monde apparaît bon à celui qui est bon. Soyez droit et sincère envers ceux avec qui vous devez travailler. Votre exemple transformera les autres. L'homme doit être plein de générosité et large d'esprit dans sa vision et dans son comportement. Dans un foyer, entre mari et femme, parents et enfants, l'harmonie repose sur une attirance et une affection qui sont de ce monde. Mais pour vivre en harmonie avec beaucoup de gens il faut une réelle grandeur d'âme. Quelle que soit la situation où Dieu vous place à un moment ou à un autre, chassez toute distraction et cherchez constamment à faire naître une atmosphère spirituelle. Pour cela il faut la véracité dans les paroles et dans la façon d'être, la patience et l'indulgence. Remettez-vous-en totalement à Dieu en toutes choses. Toutes sortes de choses peuvent arriver au cours d'un pèlerinage; c'est tout naturel, c'est la loi du monde.* »

A de jeunes gens qui vivent dans l'âshram, elle dit : « En empruntant ce chemin, vous avez triomphé du monde. Il n'y a qu'un Brahman sans second, un seul Atman vers lequel vous devez vous efforcer d'aller. Qu'il n'y ait entre vous aucun mauvais sentiment, aucune colère ou discussion orageuse; qu'aucune querelle ni rien ne vous sépare. Plus vous serez amis entre vous, plus vous serez tolérants et courtois envers les autres. Chaque fois que vous vous sentirez blessé par quelque chose qu'on vous a dit, crachez ce sentiment comme un poison. Vous êtes tous très bons. Alors que votre bonté attise la flamme intérieure. »

Pour Mâ, nous voyons dans les autres ce que nous sommes nous-mêmes. S'ils nous semblent faibles, c'est notre faiblesse qui se reflète en eux.

Un événement auquel on attache une grande importance est l'anniversaire de Mâ, qui est célébré chaque année avec beaucoup de solennité, et pendant lequel elle reste longtemps en samâdhi. *Une année, elle apparut, ce jour-là, à 3 heures du matin, éblouissante, irradiante de lumière, à toute une foule de* sannyâsins, *de* pandits, *d'enfants, d'hommes d'affaires, d'artistes, de mendiants, de pèlerins. Elle s'allonge sur une couche et on la couvre de fleurs. Une cérémonie religieuse se déroule deux heures durant, pendant laquelle elle repose, inscrutable, « tel Vishnou endormi sur l'Océan des béatitudes, entre création et dissolution, naissance et renaissance ». Au petit jour, elle revient à elle. Il semble à chacun la voir pour la première fois, si délicate, pâle, merveilleuse, son regard lointain et serein semblant tout embrasser, non seulement les gens, mais tout ce qui est au-delà.*

Mâ Ananda Moyî ne se pose pas en gourou. Elle ne donne pas d'initiation à proprement parler. « Parfois, dit-elle, un mantra *sort tout à coup de cette bouche. Il arrive que quelqu'un l'entende et l'utilise, adopte ce* mantra *et le considère comme une initiation, bien que rien de semblable n'ait été voulu ou donné. » Toutefois, il lui arrive, dans de très rares occasions, de donner un nom qui a tout le caractère d'un* mantra. *On dit aussi que beaucoup de gens ont l'impression d'avoir reçu d'elle une initiation « intérieure ». D'autres encore, tandis qu'ils sont auprès d'elle, retrouvent des* mantras *qui leur avaient été donnés longtemps auparavant. Elle n'a pas de disciples au sens propre du terme, mais si quelqu'un lui dit : « Je vois en vous mon gourou », elle ne le contredit pas. Elle n'aime pas que les gens comptent trop sur sa présence physique. Elle disait un jour : « Il n'y a que les mouches qui peuvent suivre ce corps partout où il va, mais elles n'en recevront pas l'illumination pour autant. »*

Elle n'aime naturellement pas qu'on lui dicte ce que l'on voudrait obtenir d'elle. « La mère donne à l'enfant selon ses besoins;

elle sait exactement ce qu'il faut donner. » Et à des villageois qui précisent trop ce qu'ils attendent d'elle, elle dit en riant : « Quels enfants astucieux que voilà! Vous faites appel à la mère, vous vous présentez comme son enfant et ensuite vous lui donnez de bons conseils! »

Mâ ne se rattache à aucune doctrine, tout en en recommandant volontiers l'une ou l'autre selon les besoins qu'elle perçoit chez son interlocuteur. Elle sait que « dans la maison de mon Père il y a beaucoup de demeures », mais elle n'oublie pas que toutes ces demeures sont dans une seule et même maison.

Elle explique que tous les enseignements de tous les maîtres authentiques puisés à des sources authentiques sont exacts et valables pour ceux à qui ils sont destinés. Le fait qu'ils peuvent paraître contradictoires ne retire à aucun d'eux la valeur qui lui est propre en tant que l'un des chemins.

Mais chaque doctrine et chaque discipline ne peuvent conduire qu'à une réalisation imparfaite. « S'il y a doctrine, ne cesse-t-elle de répéter, il ne peut y avoir compréhension totale. »

En sa présence, groupes et sectes, croyances et philosophies intolérantes se dissolvent d'eux-mêmes. Ses vues sont tellement catholiques que des gens de toutes races, de toutes croyances ou religions qui viennent recueillir son enseignement repartent satisfaits et même renforcés dans leurs convictions épurées et élargies. Si Mâ parle à un védântiste, celui-ci part convaincu qu'elle est une pure advaïtiste; le shakta *voit en elle une incarnation de la Mère divine, le vishnouïte trouve en elle la plus grande des* bhaktas. *Un jour elle surprend ceux qui l'entourent par sa façon de répondre à deux visiteurs; si l'essentiel de ses réponses est le même que d'habitude, sa méthode d'approche, sa langue et sa terminologie sont différentes. On apprend ensuite qu'il s'agissait de deux bouddhistes particulièrement ravis qu'elle ait employé leurs propres termes, et ils partent convaincus que Mâ a une connaissance approfondie de leurs Écritures. A deux* sâdhus *jaïns, elle expose certains détails de la* sâdhanâ *jaïn, qu'elle avait suivie pendant six ans au cours de sa période d'ascèse. A des visiteurs chrétiens elle montre comment approfondir leur vision et en tirer meilleur profit.*

Pour elle tous les actes et toutes les attitudes sont valables à un certain niveau, dans une certaine situation et à un moment précis.

Dans le cadre de chaque religion ou tradition, elle souligne que les gens ont des tempéraments différents et des préparations intellectuelles différentes et que par conséquent il faut les guider sur des chemins différents. Et c'est pourquoi, aussi bien aux moines qu'à ceux qui vivent dans le monde et ont la charge d'une famille, elle donne des réponses souvent contradictoires.

« Le monde du bon Dieu, dit-elle, se compose à la fois d'hommes qui comprennent Sa nature et d'autres qui ne la comprennent pas. Il faut les satisfaire en leur donnant le jouet qu'ils désirent. »

Bien que ses réponses soient basées essentiellement sur la sagesse indienne des rishis et des munis [1]*, il est impossible d'en tirer un système philosophique. Elle n'impose jamais une solution à un problème mais indique plusieurs façons de le considérer. Un étudiant rapporte : « Elle m'a demandé de travailler très fort et de terminer mes études avant de penser à quoi que ce soit d'autre. » A un autre elle a dit : « Cette éducation ne vous servira à rien qu'à gagner des biens matériels; or, c'est pour les richesses spirituelles que vous devez lutter. »*

Trois chefs de famille lui demandent s'ils doivent tout abandonner pour se consacrer à la recherche spirituelle. A l'un elle dit : « Puisque vous vous posez la question, c'est que le moment pour vous n'est pas encore venu. » Le second raconte qu'elle s'est opposée fermement à ce qu'il quitte sa famille. Il ne lui servirait à rien, lui a-t-elle dit, de prétendre résoudre ses difficultés en s'en allant. Mais au troisième elle répond : « Aucun devoir ne peut retenir celui qui entreprend la quête de Dieu. » Et une autre fois, elle dit : « L'appel de Dieu doit être accueilli comme un ordre. L'homme qui l'entend laisse tout derrière lui, comme la feuille morte qui tombe de l'arbre. »

Si une question est superficielle, trop académique, peut blesser les sentiments de quelqu'un ou n'est pas sincère, Mâ élude la

1. Selon la tradition hindoue, Ananda Moyî fait souvent usage d'étymologies fantaisistes en sanskrit ou en bengali et en tire des jeux de mots qui perdraient tout sens à être traduits. Il n'en a donc pas été rapporté dans les pages qui suivent.

question ou répond par deux ou trois mots... la conversation prend fin avant même d'avoir commencé. Une étudiante vient la voir un jour, lui pose d'innombrables questions et essaie de discuter. Finalement Mâ lui répond : « Commencez par écouter tout ce que j'ai à vous dire et pour le moment n'essayez pas de me contredire. Réfléchissez-y tranquillement et si demain il vous reste encore des questions à poser, nous en reparlerons. » Le lendemain la jeune fille revient et déclare que tous ses doutes se sont dissipés.

Comme pour toutes les actions de la vie, Mâ ne répond que poussée par son kheyâla. *Il peut aussi se produire que ce* kheyâla *ne se trouve pas là pour répondre, et en pareil cas elle s'arrête de parler au beau milieu d'une discussion. Une autre fois où l'on voulait la faire parler dans un micro alors que ses réponses ne s'adressent chaque fois qu'à une personne en particulier et pas à une foule, elle répondit par monosyllabes et d'une façon parfaitement inaudible. D'autres fois encore, elle se plonge dans un silence d'une sérénité que rien ne peut troubler.*

Quand elle répond, ce n'est d'ailleurs pas son intellect qui le fait; elle s'exprime avec des mots excessivement simples qui ne peuvent être compris par le mental, et si les paroles qui tombent de ses lèvres sont lourdes de sens — et de bon sens — elles ne sont jamais dépourvues d'humour. Elle dit d'elle-même : « Je ne suis qu'une petite fille qui n'est pas capable de faire de grands exposés. L'enfant qui trouve quelque chose de bon et doux l'apporte à ses parents; je fais la même chose, je place devant vous ce qui est bon et doux. Prenez-en ce que vous voulez. Tout ceci n'est qu'un bavardage enfantin, car c'est vous seul qui questionnez et qui répondez. C'est vous qui battez le tambour et qui en entendez le son. » Ou encore : « Ce corps-ci ignore comment on instruit. Il converse simplement avec ses père et mère et n'en ressent aucune timidité. Vous tous êtes père et mère de ce corps-ci. Les enfants sont tous mes amis. Et tout demeure l'Un qui contient tout. Ainsi ce corps ne va dans la maison de personne, ne mange la nourriture de personne; il ne donne ni ordre ni enseignement. Tirez de ce que vous dit ce corps ce qui vous conduira au bonheur ultime, et pas seulement ce qui vous plaît. »

Parvenue à l'état de sat-chit-ânanda, *elle « dissout » les pro-*

blèmes que les gens viennent lui demander de résoudre. Pour celui qui voit Mâ et s'ouvre complètement à Sa grâce, tout désir disparaît. Aussi ses réponses situées à des niveaux si différents nous donnent-elles un aperçu, difficile à saisir et à discerner certes, de la route à suivre encore.

« Ce corps-ci répond strictement dans la ligne de pensée et dans l'esprit dans lequel la question est posée. En conséquence, qu'est-ce qui est ou n'est pas l'opinion de ce corps-ci? S'il existe une ligne d'approche, elle doit conduire à un but, et au-delà se trouve l'inatteignable. Mais là où la distinction entre l'atteignable et l'inatteignable n'existe plus, là se trouve CELA *même. »*

A ceux qui se plaignent du peu de bonne volonté qu'elle met à donner une réponse définitive à leur question Mâ répond :

« Vous comprenez enfin qu'il est un état où les problèmes ne peuvent plus être résolus d'une façon précise... Mais ce que vous devrez saisir maintenant, c'est qu'aucune solution n'est jamais concluante; en d'autres termes, il vous faut dépasser le niveau où il existe certitude et incertitude. Une solution fournie par le mental est obligatoirement limitée à une seule façon de voir et laisse de ce fait place à la contradiction puisqu'elle ne représente qu'une facette du problème. »

Du fait que l'enseignement de Mâ Ananda Moyî est tellement diversifié pour s'adapter aux possibilités et aux besoins de chacun, du fait qu'elle reconnaît comme valables toutes les voies authentiques de développement spirituel, il ne faudrait pas conclure que cet enseignement est flou. Il est au contraire d'une rigueur et d'une précision extraordinaires.

Pour elle, le but unique de la vie humaine est de « réaliser Dieu », et celui qui a reçu « le don inestimable d'être né dans un corps humain » doit s'y consacrer de toutes ses forces ici et maintenant.

Sa conception de Dieu, qui est aussi celle de Shrî Râmakrishna, de Shrî Aurobindo, de Swâmi Râmdâs et d'autres grands sages hindous contemporains, est ausi claire que totale. Pour elle, Dieu est à la fois statique, sans forme, ce qui justifie le Jnâna-Yoga, dynamique, avec forme, ce qui justifie le Bhakti-Yoga et le Karma-Yoga, et intérieur à l'homme, ce qui justifie à la fois le Jnâna-Yoga et le Râja-Yoga, chacune de ces voies conduisant à la « réalisation » d'un aspect de Dieu. Mais cela n'est pas le but final, qui est de « réaliser » Dieu à la fois en soi, dans l'univers et dans l'Absolu, ou plutôt comme étant à la fois le Soi en l'homme, l'univers de la multiplicité (y compris notre prochain) et l'Absolu non conditionné, et de « voir » que les trois ne font qu'un, qui est indivisible.

Pour parvenir à ces diverses étapes, l'homme doit s'acharner à créer en lui une véritable obsession, par la discipline morale, par la fréquentation des sages et des saints, par l'étude des Écritures, par la méditation, par la prière, par la pensée continuellement tournée vers Dieu, par la répétition de l'un des tout-puissants Noms de Dieu, par le dépassement du mental, par le rejet de l'ego, par la destruction progressive de l'attachement aux choses de ce monde, par le don à Dieu de toutes ses actions, par l'abandon confiant et total à la grâce et à l'amour de Dieu, par la nostalgie de Dieu. Et cela peut se faire aussi bien en vivant dans le monde qu'en s'en retirant.

C'est ainsi seulement que l'homme parviendra au Bonheur suprême, ineffable et inébranlable, qui est à la portée de tous, et auquel nous parviendrons tous.

Dans cette recherche, dans cet effort pour déchirer le voile d'ignorance qui seul nous empêche de voir et de vivre notre véritable nature, notre Soi, le seul guide est Dieu lui-même, qui est le Gourou suprême. Mais pour nous faciliter la tâche, le Gourou se manifeste en un gourou humain, à qui il faut se soumettre totalement une fois qu'on l'a trouvé. Ainsi l'on dépasse, le moment venu, aussi bien le ritualisme que l'enseignement des Écritures, qui ne font que nous montrer le chemin.

Merveilleux enseignement qui apporte l'extraordinaire apaisement de savoir que dans la vie toutes les vérités sont « vraies », chacune étant une facette de la Vérité unique, toutes les façons de voir aussi valables les unes que les autres selon le plan où l'on se situe. Alors chaque chose trouve sa place unique dans l'ensemble, rien ne se détruit plus, l'opposition cède la place à la complémentarité.

Tout s'ouvre alors, et une compréhension de plus en plus

vaste s'installe en nous et nous permet de découvrir des trésors dans chacun des aspects de la vie, des sources de joies insoupçonnées.

En face de nous, Mâ est un miroir de notre Être vrai, elle nous fait découvrir des potentialités qui sont en nous.

Aux pieds de Mâ, un voile tombe, beaucoup de gens acquièrent le pouvoir de se concentrer et de prier. Sa présence. son sourire, ses expressions sont à eux seuls tout un enseignement. La protection de Mâ se ressent dès que l'on pense et agit d'une façon pure, dépourvue d'intérêts personnels. Les désirs purs sont exaucés.

Il règne autour d'elle une ambiance de miracle. Elle tire le meilleur de chacun, suscite ce qui doit arriver. Mais son plus grand miracle, c'est qu'elle donne à chacun ce dont il a besoin à l'instant précis. Chacun reçoit d'elle réponse et bénédiction en rapport avec sa sincérité et l'ardeur de sa dévotion. Mais aussi selon ce que l'on est capable de recevoir au point où l'on est arrivé. A quelqu'un qui se plaignait de ne pas recevoir d'elle l'illumination complète immédiate comme Krishna l'avait donnée à Arjuna, elle répond tout simplement : « Amenez-moi un Arjuna, et vous verrez ce que vous verrez! »

Il arrive souvent que des gens qui désirent voir Mâ de toutes leurs forces et amour attendent patiemment, mais sont tout à coup inondés de joie et sentent ses bénédictions sur eux. Une rencontre avec Mâ n'est jamais l'œuvre du hasard — à moins que le hasard ne soit la volonté de Dieu! Le moment venu, parfois après des années et des années d'attente, la rencontre a lieu, et alors toutes les conditions les plus propices se trouvent réunies. Ce jour-là, Mâ, qui est toujours entourée d'une foule, est tout à coup seule pour accueillir son visiteur — et la foule arrive juste au moment où l'on repart.

Parfois, avec un rire, elle déclare : « Pourquoi tant vous inquiéter de savoir à quel moment vous me verrez? Ne savez-vous pas que mes portes sont toujours ouvertes? Soyez-en sûrs, bien que les chimères de ce monde vous fassent souvent oublier votre petite fille, tous vos soucis et tribulations sont toujours devant mes yeux. »

« Vous pouvez désirer quitter ce corps-ci (c'est-à-dire elle-

même), mais ce corps ne vous abandonnera pas un seul jour; il ne vous quitte pas et ne vous quittera jamais. Celui qui a une fois subi l'attrait de ce corps ne pourra pas, malgré des milliers de tentatives, l'effacer ou le rayer de son souvenir. Il persistera dans sa mémoire à tout jamais. »

***

Dans le présent volume, les textes ont été divisés en deux parties. La première contient des exposés et conversations avec des disciples où Mâ Ananda Moyî traite simultanément de différents sujets. Dans la seconde sont groupés par sujets des textes courts portant chacun sur un sujet précis.

La Luciole,
juin 1973.

PREMIÈRE PARTIE

Lorsqu'on écoute sans cesse des discussions et des discours sur des sujets religieux et philosophiques le chemin qui conduit à une connaissance directe de ce qui a été entendu s'ouvre graduellement. De même que l'eau qui continuellement tombe goutte à goutte sur une pierre finit par y creuser un trou, ainsi un flot peut tout à coup passer qui apportera l'Illumination.

Qu'il s'agisse de lire des Textes sacrés, d'écouter des discours religieux, de chanter les noms de Dieu *(kîrlan)*, Dieu doit être l'alpha et l'oméga de tout ce que l'on fait. Lorsque vous parlez, parlez de Lui, lorsque vous lisez, lisez des textes qui parlent de Lui et lorsque vous chantez, que ce soient Ses louanges. Ces trois pratiques sont essentiellement les mêmes; bien que chacun y réponde différemment, c'est la même chose qui s'exprime de trois manières différentes — qui correspondent au tempérament de chacun et à sa faculté d'assimilation. En réalité, il n'y a que Lui et Lui seul, bien que chacun de nous ait son propre chemin pour aller à Lui. Le chemin juste pour chacun dépend de sa prédilection personnelle fondée sur le caractère spécifique de ses aptitudes intérieures.

Prenez par exemple l'étude du Védânta. Certains chercheurs s'y noient, de même que d'autres peuvent se perdre dans le *kîrlan* au point d'entrer en transe; mais ceux qui étudient le Védânta peuvent s'en pénétrer totalement, plus même que ceux qu'emporte le *kîrlan*. L'individu qui suit sa ligne d'approche déterminée peut parvenir à une concentration totale par l'étude d'une Écriture particulière ou par quelque autre moyen.

Tout d'abord, l'on écoute, puis l'on réfléchit et enfin l'on fait passer dans l'action ce que l'on a entendu et sur quoi l'on a médité. C'est pour cette raison qu'il faut tout d'abord écouter afin d'être plus tard en mesure de déterminer ce qui convient le mieux, Védânta, *kîrtan* ou autre chose.

N'avez-vous jamais rencontré des gens qui prennent le *kîrtan* à la légère et disent : « Que peut-il bien nous apporter? » Pourtant, après l'avoir entendu pendant un certain temps, ils y prennent réellement goût. Il faut donc écouter pour pouvoir réfléchir; et plus tard, ce que l'on a entendu et qui a fait l'objet de réflexion prend forme dans une action appropriée à l'individu en question. Il est certes profitable d'écouter des discours sur Dieu ou sur la Vérité, à la condition de ne pas se laisser aller à critiquer ou à dénigrer si l'on y trouve une conception des choses différente de la sienne. Critiquer les autres crée des obstacles pour tout le monde : pour celui qui le fait et pour celui qui est blâmé ainsi que pour ceux qui écoutent les critiques. Tandis que ce qui est dit dans un esprit positif est fructueux pour tous. C'est seulement lorsqu'il n'est plus question de considérer quoi que ce soit comme inférieur ou blâmable *(asat)* que l'on peut parler de *satsang*.

Qu'est-ce qu'un vishnouïte? C'est celui qui voit Vishnou partout. Et un *shakta?* Celui qui voit la Mère divine partout, et rien d'autre. En vérité, toutes les différentes formes de la pensée naissent d'une source commune. Qui donc pourrait-on blâmer, injurier ou réprimer? Tous sont égaux dans leur essence.

Tu es la Mère, Tu es le Père
Tu es l'Ami, et Tu es le Maître
En vérité, Tu es tout en tous
Tout nom est Tien
Toute Qualité est Tienne
Toute forme n'est autre que Ta forme

Cependant, Il est aussi là où nulle forme n'existe, comme Être pur non manifesté. Tout dépend de notre voie d'approche.

N'est-il pas dit que ce que les shivaïtes considèrent comme le Suprême *(parama)* Shiva, et que le Moi Suprême que d'aucuns cherchent à voir dans le Moi n'est autre que le Brahman Lui-même? En réalité, il n'y a aucune contradiction : aussi longtemps que l'on perçoit la moindre différence, serait-elle de l'épaisseur d'un cheveu, comment peut-on parler de l'état d'Être Suprême?

Pour cette raison, peu importe le chemin choisi, c'est CELA. En réalité, Védânta signifie la fin de la différenciation et l'apparition de la non-différenciation.

Celui qui s'engage dans une *sâdhanâ* doit se concentrer dans une seule direction; mais à la fin, qu'arrive-t-il? La cessation des différences, des distinctions et des désaccords. Sur le chemin les différences existent effectivement. Mais comment peut-il y avoir une différence dans le But?

*
* *

Question : L'aptitude à méditer provient-elle d'un entraînement dans cette vie ou a-t-elle été acquise dans des vies antérieures?

Mâ : Elle peut résulter de l'une ou de l'autre ou de la combinaison des deux. Il faut pratiquer la méditation tous les jours de la vie. Regardez. Qu'y a-t-il en ce monde? Absolument rien de durable; c'est donc vers l'Éternel que nos aspirations doivent tendre. Priez pour que soit pur le travail accompli par votre intermédiaire car vous êtes Son instrument. Souvenez-vous de Lui dans toutes vos actions. Plus pure sera votre pensée, plus belle sera votre œuvre. Dans ce monde vous recevez une chose et demain elle aura peut-être disparu. C'est pour cela qu'un esprit de service doit animer votre vie; éprouvez donc le sentiment que dans tout ce que vous faites le Seigneur accepte que vous Le serviez. Si vous désirez la paix vous devez entretenir précieusement la pensée de Lui.

— *Quand la paix régnera-t-elle sur la terre?*

— Vous connaissez bien l'état actuel des choses. Les choses arrivent comme elles le doivent.

— *Quand cet état d'inquiétude cessera-t-il?*

— Le fait que beaucoup d'entre vous le ressentiez et que

vous demandiez quand il cessera est également une des façons dont Il Se manifeste.

Jagat (le monde) signifie mouvement incessant; or, évidemment, il ne peut y avoir de repos dans le mouvement. Comment la paix pourrait-elle exister dans un va-et-vient perpétuel? La paix règne là où rien ne va et ne vient, où rien ne brûle ni ne fond. Revenez sur vos pas, allez vers Lui — alors pourra luire un espoir de paix.

Ceux qui vous entourent bénéficieront aussi de votre *japa* et de votre méditation sous l'influence bénéfique de votre présence. Pour développer le goût de la méditation, vous devez délibérément fournir un effort soutenu, de même que l'on oblige — par persuasion ou par contrainte — les enfants à s'asseoir pour étudier. Médicaments ou piqûres peuvent soulager un malade; même si vous ne vous sentez pas portés à méditer, surmontez votre aversion et essayez. L'habitude acquise dans des vies innombrables vous pousse dans la direction opposée et vous rend la méditation difficile. Persévérez malgré tout! Votre ténacité vous fortifiera et vous forgera, c'est-à-dire qu'elle développera votre aptitude à pratiquer une *sâdhanâ*. Décidez que cette tâche doit être accomplie quelle qu'en soit la difficulté. Réputation et gloire ne durent qu'un temps; elles ne vous accompagnent pas lorsque vous quittez ce monde. Si votre pensée ne se tourne pas naturellement vers l'Éternel, fixez-la sur Lui par un effort de volonté. Quelques rudes coups du destin vous tourneront vers Dieu et ils ne seront qu'une manifestation de Sa miséricorde; si douloureux qu'ils soient, c'est grâce à eux que l'homme apprend ce qu'il a à faire.

Il faut résolument faire plier l'obstination de son mental. Que votre mental coopère ou non, vous devez être inflexible dans votre détermination d'accomplir sans défaillance une certaine somme de pratiques pour le simple fait que la *sâdhanâ* est le vrai travail de l'homme. Car, jusqu'ici, vous vous êtes habitués à accomplir des actions qui vous enchaînent et par conséquent, par simple routine, vous éprouvez le besoin de vous enchaîner chaque jour davantage par d'autres actions.

Mais si vous essayez sérieusement pendant quelque temps, vous verrez vous-mêmes à quel point vous êtes absorbé par votre travail et vous verrez que plus vous vous engagerez dans une *sâdhanâ*, plus votre progrès sera rapide.

De même pour le don de soi : en persistant sans relâche à vivre une vie de consécration, le jour viendra où vous réussirez. Que signifie le don de soi si ce n'est la reddition à son propre vrai Moi?

Gardez présent à l'esprit ce que votre fille[1] vous demande de faire.

*
* *

Un fonctionnaire du Gouvernement et sa femme venaient solliciter pour la première fois le darshan *de Mâ. A l'une de leurs questions, Mâ répondit :*

Si vous dites que vous n'avez pas la foi, vous devez essayer de vous en convaincre. Là où il y a négation, l'affirmation existe en puissance. Qui peut prétendre être au-delà de l'affirmation et de la négation? Il faut absolument avoir la foi. Le désir naturel d'avoir foi en quelque chose est profondément enraciné en l'homme; en s'épanouissant, il devient foi en Dieu. C'est pourquoi la naissance humaine est un tel bienfait. On ne peut pas dire que personne n'a la foi. Sans aucun doute, chacun croit en quelque chose.

Le mot *manush* (homme) dérive de *man-* (mental) et *-hush* (conscience), ce qui témoigne de l'éveil et de la vigilance du mental. Ceci démontre que l'homme est naturellement appelé à rechercher la connaissance du Soi. Lorsqu'un enfant apprend à lire et à écrire, il doit accepter réprimandes et critiques. Dieu aussi, de temps à autre, administre à l'homme une petite correction — ce n'est qu'un témoignage de Sa miséricorde. Du point de vue purement humain, ces rappels à l'ordre sont considérés comme très douloureux, mais en fait ils vous transforment et vous conduisent à la paix; en bouleversant le

1. Mâ se désigne souvent par ce nom.

bonheur humain, ils incitent l'homme à rechercher le sentier de la Béatitude suprême.

Il est évident que le corps humain vit par la respiration et de là provient la souffrance [1]. On trouve sur les routes de la vie deux sortes de pèlerins : le premier, tel un touriste avide de voir toutes sortes de choses, va de place en place, sautillant pour son plaisir d'une expérience à une autre. L'autre suit le chemin qui convient à l'être réel de l'homme et qui le conduit dans sa vraie demeure, la connaissance du Soi. Si l'on entreprend le voyage pour son seul plaisir et par curiosité, on rencontre certainement la douleur. La souffrance est inévitable tant que l'on n'a pas trouvé sa vraie demeure. Le sens de la séparation est à la racine même de la souffrance car il repose sur une erreur, sur la notion de dualité. C'est pourquoi le monde est appelé *du-niya* (reposant sur la dualité).

La croyance d'un homme est grandement influencée par son milieu; il doit donc choisir la compagnie des saints et des sages. Croyance signifie croire en son propre Soi, incroyance confondre le Soi et ce qui n'est pas le Soi.

Il existe des exemples de réalisation du Soi survenue par la grâce de Dieu, alors que d'autres fois on s'aperçoit qu'Il éveille en certains une soif insatiable de Vérité. Dans le premier cas, la réalisation vient spontanément, dans le second l'on n'y parvient qu'après de nombreuses épreuves. Mais tout ceci n'est que l'œuvre de Sa miséricorde.

L'homme croit être l'auteur de ses actions, alors qu'en réalité tout est dirigé par « Cela »; le lien est « Cela », et « Cela » est la source d'énergie. Et pourtant les gens disent : « Je fais. » Comme c'est merveilleux! Quand quelqu'un rate le

1. La vie humaine, en fait la vie animale en général, dépend de la respiration qui est un signe de perturbation dans l'équilibre universel. Cette perturbation caractérise la création tout entière. Le processus de la respiration implique un mouvement dualiste vers l'intérieur et vers l'extérieur avec un temps de repos entre les deux. L'état d'harmonie peut être obtenu en se libérant de cette nécessité de mouvement et en trouvant repos, calme et paix. On peut y parvenir par le yoga. Lorsque quelqu'un a trouvé l'équilibre parfait, le besoin de respirer cesse de se faire sentir.

train en dépit de tous ses efforts, ne voit-on pas alors clairement d'où sont dirigés tous nos mouvements? Tout ce qui arrive à n'importe qui, n'importe où, n'importe quand, tout est fixé par Lui. Les dispositions qu'Il prend sont parfaites.

Il existe une parenté éternelle entre Dieu et l'homme. Mais dans Son jeu, ce lien de parenté est parfois tranché ou plutôt semble l'être; il n'en est pas vraiment ainsi car ce lien est éternel. En se plaçant à un autre point de vue, on peut dire qu'il n'existe rien qui puisse constituer un lien de parenté. Quelqu'un qui vient voir ce corps-ci (c'est-à-dire Mâ elle-même) dit : « Je suis un nouveau venu pour vous » et s'entend répondre : « En fait toujours nouveau venu, mais connu depuis toujours. »

La lumière de ce monde va et vient, elle est instable. La Lumière qui est éternelle ne peut jamais s'éteindre. Par cette Lumière vous percevez la lumière extérieure à vous et toutes choses dans l'univers; mais ce n'est que parce qu'Elle brille toujours en vous que vous pouvez voir la lumière extérieure. Tout ce qui vous apparaît dans l'univers n'est dû qu'à cette grande Lumière en vous et ce n'est que parce que la Connaissance suprême de l'essence de toutes choses gît cachée dans les profondeurs de votre être qu'il vous est loisible d'acquérir une connaissance quelconque.

Le cerveau humain peut être comparé aux racines d'un arbre; si les racines sont arrosées, la nourriture se répand dans toutes les parties de la plante. Il vous arrive parfois de dire que votre cerveau est fatigué. Quand cela vous arrive-t-il? C'est quand vous vous laissez déborder par des choses extérieures. Mais dès que vous rentrez chez vous et que vous parlez à ceux qui vous sont chers, vous vous sentez la tête moins lourde et vous êtes pleins de joie. C'est pour cette raison que l'on dit : puisque vous êtes maître de votre cerveau, le travail que vous faites ne peut pas vous fatiguer. A vrai dire, tout travail est votre travail — seulement, comment pouvez-vous comprendre cela? En fait, le monde entier vous appartient, appartient à votre Soi; il n'appartient qu'à vous, mais vous le percevez comme séparé de vous, tout comme vous voyez

« autrui ». Le reconnaître comme vôtre vous procure de la joie, mais la notion qu'il est séparé de vous vous cause de la peine. Percevoir la dualité signifie douleur, conflit, lutte et mort. *Pilâji* [1], adonnez-vous à quelque forme de *sâdhanâ!*

— *Tout est-il entre les mains de Dieu?*

— Exactement. Ayez-le toujours présent à l'esprit : Tout est entre les mains de Dieu et vous êtes Son instrument qu'Il utilise à Son gré. Essayez de saisir le sens de « tout est à Lui » et vous vous sentirez immédiatement déchargé de tous vos fardeaux. Que résultera-t-il de votre reddition à Lui? Plus personne ne vous semblera étranger, tout sera à vous, deviendra votre propre Soi.

Dissolvez par la dévotion la notion de séparation, ou bien brûlez-la au feu de la connaissance. Qu'est-ce qui sera dissous ou brûlé? Seules les choses qui par nature peuvent être dissoutes ou brûlées, c'est-à-dire l'idée qu'il existe autre chose que votre Soi. Qu'arrivera-t-il alors? Vous parviendrez à la connaissance de votre Soi.

Par la vertu de la puissance de votre gourou tout devient possible. Cherchez donc un gourou. En attendant, puisque tous les noms ne sont autres que Son Nom — comme toutes les formes ne sont autres que Sa forme — choisissez-en un et gardez-le avec vous comme un fidèle compagnon. En même temps, Il est aussi sans nom et sans forme, car le Suprême peut être à la fois tout et rien. Aussi longtemps que vous n'avez pas trouvé de gourou, attachez-vous au nom ou à la forme de Lui qui vous attire le plus, et priez-Le sans cesse afin qu'Il se révèle à vous comme le *sad-gourou*. En réalité le gourou habite en vous et vous ne réaliserez rien tant que vous n'aurez pas découvert votre gourou intérieur. Si vous n'éprouvez aucun désir de vous tourner vers Dieu, astreignez-vous à une routine journalière de *sâdhanâ* comme le font les écoliers qui sont soumis à un horaire fixe.

Lorsque la prière ne jaillit pas spontanément de votre cœur, demandez-vous : « Pourquoi trouverais-je plaisir dans les

1. *Pitâji* signifie père. Mâ s'adresse généralement aux hommes de cette façon.

choses fugitives de ce monde? » Si vous désirez ardemment certaines choses extérieures ou si vous vous sentez spécialement attiré par une personne, vous devez vous arrêter et vous dire : « Attention! tu es sous le charme de ceci ou cela! » Existe-t-il un lieu où Dieu ne soit pas? La vie de famille qui est l'*âshrama* du chef de famille peut aussi vous conduire dans Sa direction à condition que vous l'acceptiez comme un *âshrama*. Vivez dans cet esprit, cela vous aidera à progresser vers la réalisation du Soi. Toutefois, si vous convoitez des choses telles que célébrité, réputation ou situation, Dieu vous les octroiera, mais vous ne vous sentirez pas satisfait. Le Royaume de Dieu est un tout, et tant que vous ne serez pas admis dans ce tout vous ne serez pas satisfait. Dieu ne vous accorde qu'un tout petit peu, juste assez pour entretenir votre mécontentement, car sans mécontentement il ne peut y avoir progrès. Vous, fils de l'Immortel, ne vous résignerez jamais au Royaume de la Mort et Dieu ne vous permettra pas non plus d'y rester. Lui-même allume en vous le sens du désir en vous accordant une petite chose, simplement pour aiguiser votre appétit d'une plus grande. C'est Sa méthode à Lui de faire pression sur vous. Celui qui voyage sur cette route la trouve difficile et en est troublé, mais celui qui a des yeux pour voir s'aperçoit clairement que le pèlerin progresse. La détresse ressentie réduit en cendres tous les plaisirs du monde terrestre. C'est cela que l'on appelle *tapasyâ*. Ce qui barre le chemin spirituel porte en soi les germes de souffrances futures. et aussi, les douleurs et les angoisses que provoquent les Effets de ces obstructions marquent le commencement d'un éveil de la Conscience.

***

Question : Lorsque je m'assieds pour méditer, je ne désire pas contempler une forme particulière, mais comment peut-on méditer sur le sans-forme? J'ai remarqué que parfois, lorsque j'essaie de méditer, des images de dieux se présentent à mon esprit.

Mâ : Quelle que soit l'image qui surgisse à votre esprit, contemplez-la; observez sous quelle forme Dieu veut Se présenter à vous. La même forme ne convient pas à tout le monde. Pour certains, Râma sera plus utile, pour certains, Shiva, pour d'autres Pârvatî et pour d'autres encore le Sans-forme. Sans aucun doute, Il est sans forme; mais en même temps, soyez attentif à la forme particulière sous laquelle Il vous apparaît afin de vous montrer la voie. En conséquence, quelle que soit celle de Ses formes qui apparaît à votre esprit, vous devez la contempler dans le moindre détail.

Voici comment procéder : lorsque vous vous asseyez pour méditer, contemplez avant tout la représentation d'une divinité; puis l'imaginant sur son trône, inclinez-vous devant elle et faites du *japa*. Lorsque vous avez terminé votre *japa*, inclinez-vous de nouveau et, l'ayant intronisée dans votre cœur, quittez votre siège. Voilà en quelques mots la pratique à suivre si vous n'êtes pas capable de méditer sur le Brahman.

Soyez toujours convaincu qu'en tout temps, sans exception, Il fera et fait ce qui vaut mieux pour vous. Dites-vous : Pour m'aider, Il s'est révélé à moi sous cet aspect particulier. Il est avec forme aussi bien que sans forme. L'univers tout entier est en Lui et Il l'anime tout entier. C'est pour cela qu'il est dit : « Le *sad-gourou* est l'Enseignant universel et l'Enseignant universel est le *sad-gourou.* »

Ce que je viens de vous dire s'applique à vous en particulier. La même chose ne s'applique pas à tout le monde. Plus vous Le contemplerez, plus rapide sera votre progrès. Si une image quelconque se présente à votre esprit, c'est Lui, de même que Lui est aussi le sans-forme. Notez bien ce qui vient à vous spontanément.

*
* *

Question : Comment une méditation sur une certaine partie peut-elle conduire à méditer sur l'ensemble? On ne peut se concentrer que sur un seul aspect. On prétend que lorsqu'on est absorbé dans la méditation, il se produit une extension progressive de la conscience et que lorsque le mental atteint ce qui est au-delà de ce qu'il peut contenir, il se dissout spontanément (laya). *Alors il n'y a plus de méditation. C'est la vision divine* (jnâna). *Certains soutiennent cette théorie. Comment le mental peut arriver à tout englober par cette méthode, je ne parviens pas à le comprendre.*

Mâ : Il n'y a méditation réelle que lorsque la méditation jaillit spontanément *(dhyâna)*. Elle doit venir d'elle-même, sans effort.

D'autre part, si vous dites que le mental se dissout *(laya)*, quelle est son origine?

— *Du Soi (Atman). Dans la Shruti il est dit qu'il émane du Soi comme une ombre.*

— Voulez-vous dire que là où il y a naissance, il y a forcément dissolution *(nâsha)?* Mais s'il en était ainsi, le mental surgirait à nouveau. Vous dites ne pouvoir comprendre le caractère « tout englobant » du mental. C'est tout naturel car ce n'est pas une chose à comprendre; ce n'est ni une chose ni rien à comprendre. Vous ressentez joies et chagrins de ce monde; de même vous jouissez dans votre méditation d'un bonheur ou d'une béatitude temporaires. Cela aussi est une expérience, n'est-ce pas? Et pourtant il y a une petite différence.

Si un homme prétend qu'il décrit une expérience ou s'y réfère lorsqu'il redescend des hauteurs de l'extase divine *(samâdhi)*, il va de soi que montée et descente continuent d'exister pour lui; autrement pourquoi utiliserait-il ces expressions? Mais il existe aussi un état où il n'est plus question de montée et de descente. Vous pouvez soutenir que le mental doit être considéré comme existant dans le *samâdhi*, bien qu'absorbé; autrement, comment une personne revenant de *samâdhi* pourrait-elle parler de l'expérience qu'elle vient d'avoir? Vous pouvez soutenir en outre que son mental est un mental purifié. Je me place à votre point de vue. Le chemin est marqué d'expériences. Il existe une différence entre les deux sortes d'expériences dont nous venons de parler. Pourtant, toutes deux appartiennent au mental, bien qu'à des niveaux différents — même ce que vous appelez *samâdhi*. Cependant, il existe aussi un autre état où l'on ne peut plus parler de montée ni de descente et par conséquent pas davantage d'un corps. S'il se pose encore la question du corps ou de l'action, ou n'importe quelle autre question, cela signifie que cet état n'a pas été atteint.

Lorsque vous dites que le mental se dissout *(laya)*, en quoi se dissout-il?

— *Dans le Soi, naturellement.*

— Voulez-vous dire que l'esprit se dissout, comme le sel dans l'eau. Il peut sembler en être ainsi d'un certain point de vue. Dans le cas d'une telle dissolution, un yogin parfait peut ressusciter le mental.

— *Je pensais à une destruction absolue* (nâsha).

— Destruction *(nâsha)* ou dissolution *(laya)? Nâ sha* signifie « non Lui », *nâ sva* « non-Soi ». C'est sûrement cela que l'on nomme destruction. Lorsque la destruction est détruite, il y a CELA. Appelez-vous l'annihilation de l'ego *(manonâsha)* sa dissolution?

— *Comment arriverai-je à le comprendre?*

— Il appartient à votre gourou de vous indiquer la méthode à suivre; il vous enseignera la façon de comprendre et vous instruira dans votre *sâdhanâ*. Mais c'est à vous de la pratiquer fidèlement. Le fruit en vient spontanément sous la forme de la révélation du Soi. La faculté de saisir l'insaisissable se manifestera à vous par l'entremise de votre gourou. Si la question « Comment dois-je continuer? » se pose, c'est qu'évidemment l'accomplissement n'a pas été atteint. Ne relâchez donc jamais vos efforts jusqu'à ce que vous obteniez l'Illumination. S'il se produit une interruption, ne suspendez pas vos efforts, car une interruption provoquerait un reflux, alors que votre quête doit être continue comme un filet d'huile qui coule constant, régulier, sans solution de continuité.

Peu importe que vous ne maîtrisiez pas les besoins qu'a votre corps de sommeil et de nourriture; votre but doit être de ne permettre aucune interruption dans votre *sâdhanâ*. Ne vous rendez-vous pas compte que vos besoins de sommeil ou de nourriture à heure fixe se représentent toujours, sans aucune exception? De même, vous devez aspirer à ce qu'il n'y ait aucune interruption dans votre recherche de la vérité. Une fois que le mental, au cours de ses mouvements, a éprouvé le contact de l'Indivisible — Si seulement vous pouviez saisir cet instant! — tous les instants sont contenus dans cet instant suprême et lorsque vous l'avez capté, tous les instants vous appartiennent.

Prenez par exemple les moments de jonction *(sandhikshana)*, à l'aube, à midi et au crépuscule, où le pouvoir inhérent se révèle dans le point de contact, là où se fondent l'aller et le venir. Ce que vous appelez « une décharge électrique » n'est rien d'autre que la rencontre de deux opposés — et c'est ainsi que l'éclat de l'Être suprême se manifeste au moment de la jonction. En réalité, Il est présent à tous les instants mais vous ne Le percevez jamais. Pourtant c'est cela que vous devez saisir; vous le pouvez aux points de jonction, là où les opposés fusionnent pour ne faire qu'un. Personne ne peut prédire quand se produira ce moment fatidique, pour tel ou tel individu. Tendez donc tous vos efforts sans relâche.

Ce que sera exactement ce grand instant dépend pour chacun de sa voie personnelle de progression. L'instant de votre naissance ne détermine et ne régit-il pas le cours de toute votre vie? De même, ce qui importe pour vous, c'est l'instant où vous entrerez dans le courant où progresse votre être vrai, la poussée en avant, en d'autres termes le grand pèlerinage. Jusqu'alors la perfection ne pourra être atteinte. C'est pour cette raison qu'à certains disciples le gourou assigne des heures particulières pour leur *sâdhanâ*, l'aube, le crépuscule, midi et minuit, qui sont les quatre moments généralement prescrits. Le disciple a le devoir de se conformer consciencieusement aux ordres du gourou, qui varient selon le tempérament et les prédispositions de l'aspirant. La même méthode ne convient pas à tout le monde. L'individu moyen peut tout ignorer d'une combinaison particulière de facteurs qui sont nécessaires à l'épanouissement de certaines facettes de l'être négligées jusqu'alors. C'est pourquoi il faut obéir aux instructions de son gourou. Le moment décisif se déclenchera forcément dès que par votre attitude d'esprit et vos actions vous y serez prêt. Suivez donc pas à pas le chemin indiqué par votre gourou et vous verrez comme tout arrive spontanément.

Il faut indiscutablement consacrer à Dieu une partie des vingt-quatre heures du jour. Décidez, si possible, de vous adonner régulièrement au *japa* d'un nom ou *mantra* particulier que vous répéterez assis dans une posture spéciale; augmentez peu à peu — pas nécessairement tous les jours — la durée de votre *japa* ou le nombre de répétitions. Décidez à quels intervalles et de combien vous augmenterez votre *japa* — par exemple tous les quinze jours ou toutes les semaines. De cette façon essayez de vous attacher à la recherche de Dieu. Où que vous soyez, prenez refuge en Lui, faites de Lui votre but. Lorsque cet entraînement vous aura plongé profondément dans ce courant et que vous y consacrerez de plus en plus de temps, vous serez transformé et votre appétit pour les plaisirs des sens ira s'amenuisant. Alors vous récolterez le fruit de tous vos efforts. Vous en arriverez peut-être aussi à sentir qu'à tout instant votre corps peut vous quitter, que la mort peut venir n'importe quand.

Tout comme la création se renouvelle sans cesse dans l'univers, votre attitude mentale et psychologique est en constante évolution. Si vous suivez cette méthode, vous vous apercevrez que vous êtes de moins en moins attiré par l'extérieur et que votre vision se tourne vers l'intérieur. Plus ardente sera votre quête, plus étendues les possibilités qui s'offriront à vous, et vos souffrances diminueront proportionnellement à votre avance pour ne plus augmenter à nouveau. Ne dit-on pas que le karma éteint le karma, c'est-à-dire que les effets des actions passées sont neutralisés par les actions contraires? En fait lorsqu'un tel sort vous est réservé, cela peut s'accomplir très rapidement. Même lorsque vous ne donnez rien à manger à votre corps, celui-ci n'en continue pas moins à assimiler de la nourriture; on prétend qu'il commence alors à consommer sa propre chair. De même que vous nourrissez bien votre corps, vous devez donc prendre grand soin de tout ce qui touche votre Être spirituel; alors seulement vous vous épanouissez spirituellement. Qui peut dire à quel instant jaillira la flamme de l'Illumination? Poursuivez donc vos efforts avec ténacité sans faiblir. Peu à peu vous serez de plus en plus profondément absorbé en Lui. Il envahira seul vos pensées et vos sentiments. En effet, votre esprit recherche toujours ce qui le nourrit, et nul autre que l'Être suprême n'en est capable. Alors vous serez emporté par le courant qui conduit à votre Moi. Vous découvrirez que plus vous jouirez de la vie intérieure, moins les choses extérieures auront d'attrait pour vous. En conséquence de quoi la nourriture par excellence alimentera si bien votre esprit que la réalisation de son identité avec le Soi pourra se produire n'importe quand.

En ce qui concerne *laya*, si vous parlez de la dissolution de l'esprit en CELA, ce que vous avez dit est exact. Le *jada samâdhi* n'est pas souhaitable. Au contraire vous devez vous rendre compte de ce qu'est l'esprit, *qui* il est. L'esprit s'immerge en CELA — est-ce cela que vous vouliez dire?

Laya peut signifier soit que l'esprit n'a pas où aller, en d'autres termes qu'il ne peut plus trouver son chemin et par conséquent tombe en léthargie, soit qu'il se dissout dans CELA qui est la révélation du Soi et que par conséquent l'esprit ne peut plus avoir d'existence séparée. Comment la question de savoir si l'esprit est dissout ou non pourrait-elle se poser lorsqu'il y a révélation du Soi?

Les réponses qui vous ont été données se situent sur le même plan où vous avez posé vos questions. Vous demandiez tout d'abord comment la méditation sur un point particulier peut conduire à la méditation sur l'ensemble. Mais le tout est contenu dans la partie, et pour parvenir à la réalisation de cette vérité, vous devez suivre les instructions du gourou, en qui se manifeste Sa puissance. Ce qui vient d'être dit ne donne qu'une faible idée d'un seul aspect de l'ensemble.

Tenez, par exemple, il arrive parfois que quelqu'un assis à méditer perde conscience. Certains se sont pour ainsi dire évanouis ivres de joie et sont restés ainsi pendant longtemps. En revenant de cet état, ils ont dit avoir éprouvé une sorte de béatitude divine. Mais ce n'est certainement pas la réalisation. Il existe en méditation un état où l'on éprouve une joie intense qui semble vous submerger. Mais qu'est-ce qui est submergé? Le mental, bien sûr! A un certain niveau et dans certaines circonstances, cette expérience peut devenir un obstacle car si elle se répète souvent l'individu peut plafonner à ce niveau et par là même être empêché de savourer l'Essence des choses.

Une fois bien établie la contemplation authentique *(dhyâna)* les attractions du monde perdent tout leur charme. Lorsqu'on fait l'expérience de quoi que ce soit qui se rattache à la Réalité suprême ou au Soi, on ne dit pas : « Où ai-je été? A ce moment-là je n'avais conscience de rien. » Il ne peut alors être question de ne « pas savoir ». S'il est possible de décrire par des mots la béatitude ressentie, c'est qu'il ne s'agit que d'une jouissance — et donc d'un obstacle. Il faut être parfaitement conscient, bien éveillé. Tomber en léthargie ou dans un sommeil yoguique ne conduit à rien.

Après une méditation authentique, les plaisirs du monde deviennent fades, ternes, sans saveur. Que signifie *vairâgya?* Lorsque chaque objet particulier de ce monde allume le feu de la renonciation et que l'on s'en écarte comme sous l'effet d'un choc, il y a éveil intérieur et extérieur. Cependant, ceci ne veut pas dire que *vairâgya* implique de l'aversion ou du mépris pour les choses de ce monde — elles deviennent tout simplement inacceptables, le corps les refuse. Il ne se produit ni dégoût ni colère. Lorsque *vairâgya* devient une inspiration vivante, l'on commence à discriminer sur la vraie nature du monde, et finalement la connaissance de son caractère illusoire apparaît dans la certitude éclatante d'une perception directe. Tout ce qui appartient au monde semble flamber; on ne peut plus y toucher. Cet état-là aussi peut se présenter à un moment donné.

Pour l'instant, le caractère temporaire de ce que vous aimez ne vous impressionne guère, vous y trouvez plutôt de la joie. Mais au fur et à mesure que l'esprit de détachement s'éveille, le piment de tels plaisirs s'affadit — ces plaisirs ne sont-ils pas éphémères? En d'autres termes, la mort ne sera plus. Maintenant que vous progressez vers ce qui est au-delà du temps, le masque de bonheur que portent les plaisirs de ce monde tombe. Et la question s'élève alors : « Ce monde, qu'est-il en réalité? » Aussi longtemps que vous prendrez plaisir à ce monde, la question ne se posera pas. Si vous progressez vers ce qui transcende le temps, tout ce qui appartient au temps commencera de vous apparaître sous son vrai jour.

Si en revenant d'un état de contemplation vous pouvez encore vous comporter comme auparavant, vous n'avez pas été transformé. Après une méditation réelle qui conduit à l'indifférence envers le monde, vous éprouverez une soif ardente du Divin, vous comprendrez que rien de ce qui passe n'étanchera votre soif ni ne vous satisfera.

Comment pourrais-je vous l'expliquer clairement? Des gens viennent me voir et me racontent que leur fils ou leur fille sont montés dans une voiture et sont partis, sans même se retourner pour voir si leurs père et mère pleuraient, insensibles au chagrin de leurs parents. Voyez-vous, c'est exactement ce qui se produit sur le chemin à un certain stade; les plaisirs du monde ne peuvent plus vous toucher. Ce que vous éprouvez, c'est : « Avec ceux que je considérais comme les miens, mon seul lien est celui de la chair et du sang; quelle importance a-t-il pour moi? » Personne ne met volontairement ses mains au feu ni son pied sur un serpent; de la même manière exactement, vous ne faites que jeter un coup d'œil sur les objets des sens et vous vous en détournez. Alors vous vous engagez dans le courant qui vous conduit dans la direction opposée, et plus tard, lorsque vous vous êtes détaché même du détachement, il n'existe plus de problème de détachement ou de non-détachement. Ce qui est, c'est CELA.

Certains disent que par un effort soutenu on peut atteindre l'Illumination. Mais est-il vrai que l'effort peut apporter l'Illumination? L'Illumination dépend-elle de l'action? Le voile se déchire et, ceci accompli, CELA qui est se révèle. Ce que l'on considère comme le fruit de l'effort n'est autre que l'illumination de cet aspect particulier vers lequel nous avons dirigé notre effort. La Lumière sans voile *(nirâvaran prakâsha)*, c'est Lui, Lui-même, l'Éternel.

— *Certaines fois nous avons l'impression que les objets existent réellement et d'autres fois qu'ils ne sont que des idées. Pourquoi une seule et même chose peut-elle paraître si différente en différentes occasions?*

— Parce que vous êtes entre les griffes du temps. Vous n'avez pas encore atteint le stade où tout est perçu comme le Moi, n'est-ce pas? C'est là que se trouve la solution de tout le problème. Ressentir ce que vous avez ressenti est excellent, car cela fait partie de la quête suprême; rien n'est jamais perdu. Ce que vous avez éprouvé, même l'espace d'une seconde, portera ses fruits à un moment ou à un autre. Ainsi, vous prendrez brusquement conscience de ce que sont l'eau, l'air, le ciel etc. et par conséquent de ce qu'est la création; la connaissance vous viendra de ce qu'est le caractère réel de chaque élément *(tattva)*, tout comme des bourgeons éclatent. Fleurs et fruits apparaissent uniquement parce qu'en puissance l'arbre les contenait. Vous devez donc tendre à réaliser l'Élément unique suprême qui jettera la lumière sur tous les éléments.

Vous posez des questions sur les objets des sens. Un objet des sens *(vishaya)*, c'est ce qui contient un poison et mille dangers et qui entraîne l'homme vers la mort. Mais être libéré du monde des objets des sens *(nirvishaya)*, être là où ne subsiste aucune trace de poison, c'est l'immortalité.

— *Pourtant, il subsiste quelque chose des souffrances brûlantes du* vairâgya?

— Qu'est-ce qui produit la sensation de brûlure? Une plaie. Et l'inflammation provient de cette plaie. Sans plaie, pas de douleur. Là réside l'erreur car, tant que la Réalité n'est pas révélée, la plaie persiste. Si l'inflammation apporte un moyen de guérison, elle est évidemment bénéfique. Le malade qui est inconscient ne perçoit plus sa souffrance. Vous vous rendez compte à quel point l'homme est noyé dans les plaisirs, les chagrins et les afflictions. Ce n'est sûrement pas ce qu'on cherche. Telle est la voie du monde *(samsâra)* avec ses éternelles incertitudes *(samshaya)*. Pouvez-vous dire pourquoi quelqu'un se sent angoissé?

— *L'homme est tiraillé dans deux directions, Dieu d'une part et les plaisirs des sens d'autre part, et de là provient son angoisse.*

— Vous désirez renoncer, mais vous n'arrivez pas à tout lâcher; voilà votre problème. Laissez ce désir s'éveiller dans votre cœur; le trouble qu'il provoque montre que le moment approche où vous serez capable de renoncer.

Si vous obtenez un objet convoité, vous êtes déçu; et si vous ne l'obtenez pas vous êtes aussi déçu. Cette désillusion que vous ressentez quand votre désir est exaucé est salutaire, mais le tourment provoqué par les désirs que vous ne pouvez assouvir vous pousse vers la souffrance et vers la mort.

— *L'avidité des sens ne peut jamais être apaisée; plus on a et plus on veut avoir. Ici-bas, plus on obtient et plus l'on désire.*

— Le monde n'est rien d'autre que la concrétisation du désir, et c'est pourquoi, tant que ce dernier n'est pas satisfait, on continue forcément à souffrir. Aussi dit-on qu'il y a deux sortes de courants dans la vie humaine : le premier appartient au monde où une insatisfaction succède à une autre; le second à notre Être vrai. Le premier se caractérise par son incapacité à satisfaire un désir; bien au contraire, le besoin est perpétuellement stimulé à nouveau. Tandis qu'en pénétrant dans le second l'homme s'établit dans sa vraie nature et mène à chef la lutte qui en est l'expression. S'il s'efforce de se réaliser en s'engageant dans ce courant, il parviendra donc finalement à l'équilibre parfait de son Être vrai.

— *Et l'angoisse de n'avoir pas trouvé, l'angoisse que provoque l'absence de Dieu? Je ne désire pas les plaisirs des sens, mais ils viennent à moi et je suis contraint d'en faire l'expérience.*

— Oui, mais l'angoisse de n'avoir pas trouvé Dieu est salutaire. Ce que vous avez mangé vous laisse un arrière-goût. Vous portez des bijoux parce que vous le désirez, mais vous devez en supporter le poids. Et pourtant vous serez déchargé de ce fardeau, car il ne peut pas subsister, n'est-ce pas?

— *Existe-t-il des cas où un Illuminé est dans l'ignorance?*

— Vous qualifiez une personne d'Illuminée et en même

temps vous dites qu'elle est sujette à l'ignorance? C'est absolument impossible. Il existe toutefois un état de réalisation qui n'est pas continu et où peut s'appliquer ce dont vous parlez, mais ce n'est jamais le cas dans une Réalisation définitive. De quelque façon que vous vous représentiez un Illuminé, il reste de qu'il est. Comment pourrait-il subsister une possibilité d'ignorance dans ce que l'on nomme la Connaissance suprême? Lorsque vous dites ignorance en parlant d'un être illuminé, c'est que vous prenez la Connaissance suprême pour de l'ignorance.

Vous parlez aussi de montée et de descente. De même qu'il n'est pas question de corps pour le Libéré, il ne peut s'agir pour lui de montée et de descente. Pourtant, il est un état d'accomplissement où montée et descente existent, réellement et véritablement.

***

On parlait à Mâ d'un homme qui, sans bouger de son siège, produisait toutes sortes d'objets comme des fleurs, des guirlandes, des douceurs, etc. Ils sortaient tout simplement de ses mains. Mâ raconta alors un incident qui s'était déroulé en sa présence plusieurs années auparavant à Dacca.

De combien d'incidents semblables ce corps-ci[1] n'a-t-il pas été témoin! En règle générale, il n'en fait aucun commentaire. Mais une fois pourtant il se produisit quelque chose d'assez étrange. Alors qu'une certaine dame venait d'arriver, j'eus envie de me coucher sur ses genoux. En même temps, je remarquai distinctement un paquet contenant divers objets qui était noué dans la sârî de la femme au niveau de sa ceinture. Tout le monde lui demanda alors de montrer des objets qui viendraient à elle par des moyens surnaturels; certains l'avaient déjà vue le faire. Les gens avaient entendu dire que même le *prasâd* du temple de Kâlî à Dakshineshvar apparaissait spontanément dans les mains de cette femme. Ce corps-ci

1. C'est généralement ainsi que Mataji se désigne elle-même.

lui dit : « Avant même que le *prasâd* arrive ici, j'aurais pu le percevoir; voulez-vous que je le fasse? » La femme répondit : « Oui, naturellement. » La question lui fut posée de nouveau, à plusieurs reprises. A chaque fois, elle et ses disciples répondirent : « Oui, s'il vous plaît. » C'est ce qui se passa. Pourtant, ce corps-ci ne sortit rien de ses propres mains — seulement ce qui devait arriver arriva spontanément.

Plus tard l'une des disciples de cette femme s'approcha de ce corps-ci et demanda : « Mâ, vous n'avez jamais fait honte à personne, surtout pas en public; pourquoi donc l'avoir fait cette fois-ci? » Elle reçut la réponse suivante : « Oui, comme vous le savez, ce corps-ci, en règle générale, n'intervient pas dans le comportement naturel de quiconque. Pourtant, qu'il s'agisse de l'événement le plus simple ou le plus extraordinaire — appelez-le comme vous voulez, ce qui reste valable pour ce corps-ci aujourd'hui et qui l'a toujours été, c'est simplement ceci : ce qui doit se produire survient tout naturellement. Lorsque cette femme arriva, ce corps-ci l'a saluée avec grand respect, lui a offert son propre *âsana* (petit tapis sur lequel Mâ s'assied) et lui a passé une guirlande de fleurs autour du cou. Comme tout le monde était heureux! Toute forme, toute expression est Lui et Lui seul. Ce jour-là ce corps-ci n'a rien révélé. Mais de son propre gré la femme a déclaré " Je reviendrai demain! " Vous l'avez tous entendue, n'est-ce pas? Ce qui se passa alors était Sa façon à Lui de se manifester! Dites-moi, que faire alors? Quelle que soit la méthode qu'Il choisisse pour instruire quelqu'un à n'importe quel moment — ce corps-ci n'a aucun désir. Tout ce qui arrive est bien *(jo ho jâye)* [1]. »

Autrefois, quand ce corps-ci faisait *pranâm* à chaque créature, qu'il s'agisse d'un insecte, d'une araignée, d'un chien ou d'un chat, il le faisait en étant pleinement conscient de la présence de l'Être suprême en chaque chose.

« Tout ce qui arrive est bien. » Il faut ajouter quelques mots à ce sujet : Recourir à la fausseté ou à la tromperie ne peut

1. Voir note p. 26.

jamais être bon. Celui qui déçoit sera déçu. D'autre part la fausseté peut aussi être transformée en vérité. Délibérément, une personne peut tromper, mais la sincérité de son disciple peut faire apparaître la vérité. Il en résulte qu'alors le disciple dépasse le gourou. L'acharnement à trouver la vérité conduira inévitablement à la révéler.

J'avais dit au disciple de cette femme : « Combien de fois ne vous ai-je demandé à tous " dois-je le montrer? " et sans exception vous avez continué à me prier de le faire. Alors, que peut-on dire de plus?

Il se produit une grande variété d'incidents similaires. Écoutez l'histoire d'une jeune femme qui, à la moindre provocation, entrait en *samâdhi*. Du moins c'est ce que les gens croyaient. Elle semblait sans vie, ses mains et ses pieds se glaçaient. Lorsqu'elle vint voir ce corps-ci, elle tomba également dans cet état étrange que les gens prenaient pour un *samâdhi*. Ce corps-ci appelait la mère de cette jeune femme « grand-mère »; nous venions du même village. Elle me dit : « Ma petite fille, s'il vous plaît, essayez d'aider cette jeune femme. » Je compris parfaitement de quoi il s'agissait et je chuchotai à l'oreille de la jeune femme : « Bientôt vous recevrez une lettre de votre mari » et, immédiatement, elle revint à elle. Le bruit de cette guérison se répandit très vite et très loin. Les gens en furent très intrigués et se demandèrent quel était le puissant *mantra* que Mataji avait chuchoté à l'oreille de la jeune femme. En fait, dans ces circonstances, c'était bien le *mantra* qui lui convenait. L'état de la jeune femme n'était dû qu'à l'inquiétude provoquée par un silence prolongé de son mari.

Une autre fois, il s'agit d'un jeune homme. Dans quels états « surnaturels » ne passait-il pas, que de visions n'avait-il pas! Par exemple, il accomplissait un *pranâm* et restait dans cette posture des heures durant, sans lever la tête, des larmes inondant son visage. Il racontait qu'il voyait et entendait Krishna enseignant Arjuna, ainsi que le décrit la Gîtâ, et qu'il avait souvent bien d'autres visions et auditions de ce genre. Ce corps-ci lui dit que si un *sâdhak* ne pouvait pas contrôler fermement son mental il serait exposé à voir et à entendre pêle-mêle toutes sortes de choses, certaines imaginaires, certaines authentiques. Il pourrait même tomber sous l'influence de quelque « esprit » ou puissance. Ces expériences, loin de créer une aspiration divine pure, l'entraveraient plutôt qu'elles ne l'aideraient. D'autre part, avoir la vision de quelqu'un ou l'entendre s'adresser à vous peut très bien devenir une source d'autosatisfaction ou de plaisir égoïste. Il n'est pas souhaitable de perdre le contrôle de soi-même. Celui qui cherche la Vérité ne doit pas se laisser dominer par quoi que ce soit; il doit surveiller attentivement tout phénomène qui peut se produire, rester pleinement conscient, toujours en éveil, en fait rester totalement maître de soi. Une perte de conscience ou de maîtrise de soi n'est jamais une bonne chose.

Le Seigneur Bouddha est lui-même l'essence de l'Illumination. Toutes manifestations partielles de la sagesse qui interviennent au cours de la *sâdhanâ* aboutissent à l'Illumination suprême *(bodha svarûpa)*. La connaissance suprême *(jnâna svarûpa)* et l'amour suprême *(bhâva svarûpa)* peuvent être atteints de la même façon. De même qu'il existe un état de connaissance suprême du Soi, de même il existe un état de perfection au zénith du chemin de l'amour. L'adorateur découvre que le nectar de l'amour parfait est identique à la connaissance suprême. Là il n'y a plus place pour un état d'excitation émotive qui au contraire empêcherait l'amour suprême *(mahâbhâva)* de resplendir. N'oubliez pas que si en suivant une route particulière le chercheur ne parvient pas à ce qui est le point d'aboutissement de toutes les *sâdhanâs*, c'est-à-dire le but final, cela veut dire qu'il ne s'est pas vraiment engagé sur cette route. Au sommet suprême de l'amour — qui est *mahâbhâva* — il ne peut y avoir exubérance, émotion excessive ni rien qui y ressemble. Il ne faut faire aucune comparaison entre l'excitation émotive et l'amour suprême. Ils sont totalement différents l'un de l'autre.

Pour celui qui est plongé dans la méditation, qu'il soit conscient de son corps ou non, qu'il ait ou non un sentiment d'identification avec son corps physique, et quelles que soient les circonstances, il faut absolument qu'il reste bien éveillé et qu'il évite rigoureusement de tomber dans l'inconscience. Que l'on contemple le Soi comme tel ou bien une forme particulière, il faut rester ouvert à des perceptions authentiques. Quelle est l'issue d'une telle méditation? Elle ouvre l'être à la Lumière, à ce qui est éternel. Supposez que le corps ait souffert de quelques douleurs ou courbatures, et voilà qu'après la méditation il se sent parfaitement frais et dispos, sans trace de fatigue ni de faiblesse. C'est comme si un long laps de temps s'était écoulé ou comme s'il n'avait jamais été question de troubles d'aucune sorte. Ce serait un bon signe. Par contre, être tenté de se laisser submerger par le premier contact avec la Béatitude et déclarer ensuite : « Où j'étais, je ne puis le dire, je l'ignore » cela n'est pas souhaitable. Dans la mesure où il entre en contact avec la Réalité, celui qui devient capable de méditation réelle découvre la joie ineffable que recèlent même tous les objets extérieurs.

En revanche, pour celui qui au cours d'une méditation perd la notion de ce qu'il est, se laisse glisser dans une sorte d'hébétude et prétend ensuite avoir plongé dans une béatitude intense, cette sorte de béatitude constitue un obstacle. Si la force vitale semble être restée à l'état latent — de même que chez celui qui sort d'un profond sommeil et en éprouve un sentiment de grande joie — cela indique une stagnation. C'est un signe d'attachement, et cet attachement est un obstacle sur le chemin de la vraie méditation puisque l'on est susceptible de retomber fréquemment dans ce même état, bien que, du point de vue du monde, qui est tout autre, cela semblerait une source de joie intérieure profonde et donc une indication certaine de progrès spirituel.

Lorsqu'on s'engage dans la méditation, il faut se considérer comme un être purement spirituel *(chinmayi)* illuminé de la lumière du Soi, établi dans la béatitude du Soi; et il faut essayer de se concentrer sur son Ishta conformément aux instructions de son gourou. Le jeune homme dont il vient d'être question (celui qui avait des visions) était intelligent et par conséquent capable de comprendre cette sorte de raisonnement. Il en résulta que les expériences spectaculaires cessèrent et qu'il médite et se livre à d'autres exercices spirituels d'une façon parfaitement paisible et discrète.

Voyez-vous! Si vous passez des heures et des heures assis dans une certaine posture, que vous puissiez vous recueillir dans cette position mais que vous soyez incapable de méditer dans aucune autre, cela prouve que vous prenez plaisir à cette position et ce plaisir constitue aussi un obstacle. Quand on commence à pratiquer le *japa* et la méditation, il est bon évidemment d'essayer de maintenir la même position aussi longtemps que possible, mais pour celui qui approche de la perfection dans ces pratiques, la question ne se pose plus de savoir combien de temps on a gardé la même posture. Alors n'importe quand et que vous soyez dans n'importe quelle position, couché, assis, debout, incliné, plus rien ne pourra vous distraire de la contemplation de votre idéal ou du Bien-aimé.

Le premier signe de progrès se manifeste lorsqu'on ne se sent à l'aise qu'en posture de méditation. Plus rien d'extérieur ne vous intéresse; la seule chose attrayante, c'est de rester assis aussi longtemps que possible dans votre posture favorite et ainsi, plongé dans une joie intérieure profonde, de contempler l'objet suprême de votre dévotion. Cet état marque le début d'une concentration exclusive de l'esprit et donc un pas dans la bonne direction. Pourtant, l'on attache une importance prédominante à la posture; si l'on reste dans cette position aussi longtemps que l'on en a envie — convaincu que le Bien-aimé ne pourra jamais faire aucun mal — et si l'on est capable d'y rester fixé, alors la posture prend une importance prépondérante. Cela prouve simplement que l'on s'approche de la perfection en ce qui concerne la pratique d'un *âsana*. En fait, que l'on soit debout ou assis ou que l'on marche, toute attitude du corps est un *âsana*. Elle correspond au rythme et à la vibration du corps et de l'esprit à un moment donné. Certains débutants ne peuvent méditer qu'assis dans la posture prescrite par leur gourou ou indiquée dans les Écritures, et pas autrement. C'est ainsi que l'on devient capable de bien méditer. Mais il y en a qui peuvent commencer leurs pratiques assis dans n'importe quelle position normale; pourtant, dès que le *japa* sera devenu naturel ou que l'état de *dhyâna* aura été atteint, le corps prendra spontanément la position la plus appropriée, tout comme un hoquet vous prend sans que vous le vouliez. Au fur et à mesure que la méditation sera plus intense, les postures gagneront d'elles-mêmes en perfection. Quand un pneu est très peu gonflé, il est flasque, mais s'il est gonflé à bloc il conservera sa forme naturelle. De même, lorsque la vraie méditation a été atteinte, le corps se sent léger et libre, et lorsqu'on se lève après la méditation l'on ne ressent aucune fatigue que ce soit, ni douleur, ni courbature, ni engourdissement des membres.

Dans la vraie méditation, le contact avec la réalité est établi, et de même que le contact du feu laisse des marques, ce contact-là, lui aussi, laisse une empreinte. Qu'en résulte-t-il? Les obstacles s'évanouissent, consumés par *vairâgya* ou fondus dans la dévotion au Divin. Les choses de ce monde semblent ternes et insipides, étrangères à nous-mêmes; en parler perd tout attrait, n'offre plus aucun intérêt et finit même par être pénible. Quand les biens terrestres d'un individu sont perdus ou endommagés, la victime en est troublée, ce qui prouve bien à quel point les objets des sens étouffent l'esprit de l'homme. C'est ce que l'on appelle *granthi*, le nœud que constitue le sens de l'ego. Par la méditation, le *japa* ou toute autre pratique spirituelle qui convient pour le chemin suivi par un individu donné, ces nœuds se desserrent, la discrimination se développe et l'on parvient à discerner la vraie nature de la perception sensorielle du monde. Au début l'on est pris dans le filet et l'on se débat désespérément pour s'en sortir. Celui qui commence à s'en dégager et qui, franchissant les différentes étapes, s'ouvre de plus en plus à la Lumière, parvient à voir que tout est contenu en tout, qu'il n'y a qu'un seul Soi, Seigneur de tous, et que tous ne sont que les serviteurs du Maître unique. La forme que prend cette réalisation varie selon l'orientation de chacun. On sait par une perception directe que si l'Un existe, de même tout le reste existe aussi;

puisqu'il y a l'UNIQUE et rien d'autre que l'UN, que rien ne va ni ne vient; et pourtant tout va et tout vient — il est impossible de l'exprimer par des mots. Dans la mesure où l'on se détache du monde des sens, l'on se rapproche de Dieu.

Lorsqu'on parvient à la vraie méditation, la posture que l'on a choisie ne peut plus présenter ni un obstacle ni une source de plaisir; en d'autres termes, peu importe la posture particulière que l'on prend. Que l'on soit assis droit ou tordu, la bonne posture viendra d'elle-même et le corps prendra la position voulue. Mais de nouveau, il y a des cas où l'on devient complètement indépendant de la position physique; quelle que soit cette position, la méditation vient sans effort. Cependant, il ne fait aucun doute qu'il y a un état où, si l'on prend une posture spéciale, par exemple *padmâsana* (la pose du lotus) ou *siddhâsana* (la pose parfaite) — rien ne peut jamais venir interrompre l'union avec l'Être suprême.

*
* *

Question : L'autre jour, en parlant de visions et d'expériences similaires obtenues au cours d'une méditation, vous avez dit qu'il ne s'agissait pas de visions réelles, mais de simples « contacts ».

Mâ : Oui, du point de vue de celui qui peut parler de « contact », c'est le cas; c'est-à-dire que l'expérience ne vous a pas changé. Cependant elle est attrayante et vous pouvez exprimer votre sentiment par des mots, ce qui démontre que vous prenez encore plaisir aux objets des sens. Il n'y a donc eu qu'un simple contact. Si une transformation s'en était suivie, vous auriez été incapable d'en ressentir un plaisir terrestre. Comment peut-il y avoir plaisir ou jouissance dans un état qui a été transformé?

— *Atman et Brahman ne diffèrent que par l'énoncé d'une limitation. La vision qui vient de la méditation constante sur « Je suis Sachchidânanda » est* l'Atma-darshan *(la vision du Soi). Puisqu'il ne peut y avoir vision de Brahman, il doit donc y avoir une vision partielle, limitée de Brahman. Est-ce exact?*

— Si vous pensez que le Brahman comporte des parties,

vous pouvez dire « partielles ». Mais l'Absolu peut-il comporter des parties? Quand vous pensez et sentez en termes parties, vous parlez de « contacts », mais CELA qui EST ne fait qu'un tout.

— *Y a-t-il différents niveaux dans la connaissance?*

— Non. Là où il y a connaissance du Soi *(svarûpa-jnâna)* comment pourrait-il y avoir des niveaux différents? La connaissance du Soi est une. Avancer pas à pas relève de l'étape où l'on s'est détourné de la recherche des objets des sens et où le regard se tourne exclusivement vers l'Éternel. Dieu n'a pas encore été réalisé, mais chaque pas dans ce chemin est devenu attrayant. Le long de cette voie se trouvent *dhâranâ*, *dhyâna* et *samâdhi*. A chacune de ces étapes les expériences sont également infinies. Là où est le mental est aussi l'expérience. Les expériences aux différentes étapes sont dues aux diverses formes que prend le désir d'atteindre la connaissance suprême. Le mental qui jusque-là était accaparé par les objets matériels et qui soutenait que l'on ne peut pas savoir si Dieu existe ou non — et en était arrivé à Le renier — se tourne maintenant dans la direction opposée. N'est-il pas naturel alors que se fasse en lui la lumière correspondant à l'état qu'il a atteint? Les états qui peuvent être ainsi atteints sont connus sous différents noms. Quand cessent les visions obtenues en méditation? Lorsque le Soi est révélé par le Soi *(svayam-prakâsha)*.

— *Le corps survit-il lorsque le mental de l'ego a été dissous?* (manonâsha).

— On pose parfois la question : « Comment l'Instructeur du monde enseigne-t-il? De l'état d'*ajnâna?* » S'il en était ainsi le mental n'aurait pas été dissous. Les trois volets de différenciation *(triputi)* du connaissant, de la connaissance et du connu n'auraient pu être fusionnés. Que pourrait-il donc vous donner; où pourrait-il vous conduire? Mais il est un stade où cette question ne se pose plus. Est-ce le corps qui est un obstacle à la Connaissance suprême? Est-il même question de savoir si le corps existe ou non? A un certain niveau cette question ne se pose tout simplement pas.

Sur le plan où cette question surgit, l'individu n'est pas à l'état d'être pur et il pense que cette question peut être posée et que l'on peut y répondre. Mais la vraie réponse se trouve là où il n'existe rien de tel que questions et réponses, là où il n'y a pas d' « autres », pas de division. Alors, comment peut-on y approcher l'Instructeur suprême et recevoir un enseignement? De même, les enseignements des Shâstras et autres Écritures deviennent alors parfaitement inutiles. Cela est un aspect du problème.

Parler de « niveaux » dans la connaissance, comme si l'on étudiait pour obtenir un diplôme universitaire, c'est présenter le problème du point de vue de la *sâdhanâ*. Là où le Soi est atteint, il ne peut en être question. Cependant, là où il y a effort personnel, tel que la pratique de la méditation ou la contemplation, cette attitude portera certainement des fruits. Mais, dans l'état d'illumination du Soi, il ne peut y avoir rien de tel que réalisation ou non-réalisation. Cependant, bien que la réalisation existe, elle n'existe pas, et bien qu'elle n'existe pas, elle existe. C'est comme ça!

Certains disent qu'un dernier vestige du mental subsiste encore. Il en est ainsi à un certain niveau; cependant il est une étape au-delà où la question ne se pose plus de savoir s'il subsiste ou non. Si tout peut être consumé, ce dernier vestige ne peut-il pas l'être aussi? Il n'est pas question de « oui » ou de « non »; ce qui est EST. La méditation et la contemplation sont nécessaires quand on est au niveau de l'acceptation ou du refus, mais en fait le but est d'aller au-delà de l'acceptation et du refus. Vous voulez une béquille, n'est-ce pas? la béquille avec laquelle vous pourriez aller au-delà, là où ne se pose plus la question de s'appuyer ou de ne pas s'appuyer, c'est le fait de s'appuyer sans rien avoir sur quoi s'appuyer. Ce que l'on peut exprimer par des mots peut certainement être atteint. Mais Il est CELA qui est au-delà des mots.

— J'ai lu dans des livres que certains sages prétendent devoir redescendre sur terre pour pouvoir y travailler. Cela supposerait que, bien qu'ils soient établis dans l'Être pur, ils doivent utiliser le mental pour agir. De même qu'un roi, s'il joue le rôle de balayeur, doit, à ce moment-là, imaginer qu'il est balayeur.

— Si l'on interprète un rôle, il n'est certainement pas question de montée ni de descente. Tout en demeurant dans Son propre Être essentiel *(svarûpa)*, Lui joue plusieurs rôles. Mais si vous parlez de montée et de descente, alors où est l'état de l'Être pur? Peut-il y avoir dualité dans cet état? Brahman est l'Un sans second. Cependant, du point de vue où vous vous situez, je vous accorde que les choses se passent comme vous le dites.

— *Vous venez d'expliquer cela du point de vue de l'*ajnânin. *S'il vous plaît, parlez-nous maintenant du point de vue de l'Illuminé* (jnânin).

— Ce que vous venez de dire je l'accepte aussi. « Ici » (se montrant elle-même) rien n'est rejeté! Qu'il s'agisse de l'état d'illumination ou de l'état d'ignorance, tout est bien. Le fait est que vous êtes dans le doute. Mais « ici » il n'est pas question de doutes. Tout ce que vous direz, de n'importe quel niveau, c'est Lui, et seulement Lui.

— *Alors, à quoi bon vous poser d'autres questions?*

— Ce qui est EST. Que des doutes puissent surgir, c'est naturel. Mais le prodige c'est que, là où CELA est, il n'y a même pas place pour des conceptions différentes. Lorsqu'on discute des problèmes, c'est évidemment pour dissiper les doutes. Et c'est pourquoi il est utile de discuter. Qui peut dire quand se lèvera le voile qui est devant vos yeux? Le but de la discussion est d'éliminer cette vision que l'on a habituellement. Cette vision n'est pas une vision du tout, car elle n'est que temporaire. La vision réelle est celle où voyant et vu n'existent plus. Elle est sans yeux et ne peut pas être perçue avec des yeux ordinaires mais seulement avec les yeux de la sagesse. Et dans cette vision sans yeux, il n'y a pas place pour la « di-vision ». « Ici » (se montrant elle-même), il n'est question ni de prendre, ni de donner, ni de servir. A votre niveau cela existe; d'où ces sujets de discussion.

*
* *

Question : Lorsque le mental est immergé en samâdhi, *fait-on l'expérience du supranormal* (chamatkâra)? *Si oui, cela implique-t-il que l'on a dévié de l'objet de sa contemplation et quelle en est la cause réelle?*

Mâ : Samâdhi signifie *samâdhâna* (solution, achèvement).

— *Solution suppose une question, tandis que* samâdhi *est un état en soi.*

— Ce corps quand il parle n'emploie pas le langage des Écritures. Il se réfère aux choses ordinaires telles que l'eau, la terre, l'air, etc. Ceux qui ont de la compréhension peuvent saisir ce langage décousu et incomplet. *Samâdhâna* signifie que la forme, le sans-forme, l'être manifesté et non manifesté, tout cela se « résout » parfaitement. La solution d'un problème est une chose, mais il existe une autre sorte de « résolution » où il est impossible que se présentent problèmes et solutions; c'est ce qu'on appelle *samâdhi.*

— *Il y a donc deux sortes de* samâdhi : savikalpa *et* nirvikalpa.

— Le premier signifie la « résolution » de l'existence cosmique en l'unique Existence pure; dans le second il n'existe même plus rien de tel que l'existence.

— « *...plus rien de tel que l'existence »? Alors, qu'est-ce que c'est?*

— Tant que pensées et idées *(sankalpa* et *vikalpa)* persistent, même le *savikalpa samâdhi* ne peut arriver. *Savikalpa samâdhi* signifie prise de conscience de l'Existence. Mais lorsqu'il n'est pas question d'existence, lorsqu'on ne peut plus différencier « ce qui est » de « ce qui n'est pas », comment peut-on exprimer quoi que ce soit en mots — si peu que ce soit? C'est le *nirvikalpa samâdhi.* Où le supranormal y trouverait-il place?

— *Tout ce que voit le mental en contemplation et qui est autre que* CELA, *c'est ce qu'on appelle habituellement* chamatkâra.

— Qui perçoit le *chamatkâra?*

— *Le mental.*

— Mais alors, s'il n'y a pas de mental, le supranormal ne peut pas être perçu. Comment pourrait-il donc y avoir vision dans le *nirvikalpa samâdhi?*

— *Selon les Shâstras, en* nirvikalpa samâdhi, *le mental*

cesse d'exister. Naturellement, le mental grossier ne persiste pas, mais il faut cependant admettre que le mental subtil persiste à l'état latent.

— Certaines personnes disent qu'un petit résidu du mental subsiste; sans quoi comment pourrait-il y avoir manifestation du corps? Mais ce corps-ci déclare également : si par le feu de l'Illumination tout peut être consumé, cette minuscule parcelle ne devrait-elle pas être brûlée aussi? Lorsque surviennent des expériences, le mental doit évidemment exister : il ne peut y avoir *chamatkâra* sans le mental.

— *Si cette petite partie du mental cesse d'exister, comment le corps peut-il continuer? Dans quelles conditions les dernières traces du mental disparaissent-elles? Pendant que le* prârabdha-karma *est encore actif ou après qu'il se soit épuisé?*

— Qu'en pensez-vous? Bien sûr, certains prétendent que dans le *samâdhi* le mental de l'ego n'existe pas. Mais ce corps dit que si par la Connaissance suprême tout est consumé, pourquoi cette connaissance n'aurait-elle pas le pouvoir de brûler aussi le *prârabdha?*

— *Si le* prârabdha *a été effacé, comment est-il possible au corps de survivre?*

— Voulez-vous dire qu'aussi longtemps que dure le corps il faut absolument qu'il reste un peu de *prârabdha* et que le mental doit donc aussi survivre? D'accord. Si vous acceptez comme une réalité le corps au sens habituel du terme, vous devez sans aucun doute admettre l'existence du *prârabdha* et, aussi, de votre point de vue, du mental : « Corps » signifie changement perpétuel, ce qui s'éloigne sans cesse. Mais dans l'état où l'on peut dire que la mort est morte, peut-il être encore question du corps?

— *Lorsque l'on a des visions du supranormal, cela veut-il dire que l'on s'écarte de l'état suprême?*

— Lorsque la Réalité ultime a été atteinte, il ne peut plus être question ni de supranormal ni de déviation ou de non-déviation de la Réalité. Que veut dire *videha-mukti?*

— *Ne pas être obligé de reprendre un autre corps après que celui-ci ait été abandonné.*

— Très bien. Est-ce que le corps est alors un obstacle qui doit disparaître?

— *Non, le but du* nirvikalpa samâdhi *est d'atteindre le pouvoir de transmettre aux chercheurs la vraie connaissance — et pour cela un corps est indispensable.*

— Le *samâdhi* aussi doit être appelé un état. Tout est possible selon le stade particulier de développement de l'individu. Chacun acquerra sans aucun doute la connaissance propre au stade qu'il a atteint.

— *Puisqu'il en est ainsi, il devient évident que l'expérience du supranormal indique une déviation de l'objet de contemplation.*

— Quand un objet de contemplation s'est révélé tout seul, c'est-à-dire lorsque CELA s'est révélé sous la forme d'un objet de contemplation, comment pourrait-on en dévier?

— *L'expérience du supranormal ne plonge-t-elle pas ses racines dans le désir?*

— Seul ce qui a été semé peut se manifester; autrement comment cela pourrait-il prendre vie?

— *Prenez les vagues d'un lac; elles ne constituent pas la nature de l'eau, elles sont créées par le vent. Comment est-il possible de devenir sans désir?*

— Tant que la graine n'aura pas été stérilisée, il faudra bien qu'elle germe. Qu'en pensez-vous : le corps survit-il lorsque survient la connaissance vraie du Soi?

— *Je pense qu'il survit.*

— Oui, alors, comme diraient certains, maintenu par la minuscule parcelle de mental qui a été préservée?

— *Lorsqu'il enseigne, le maître spirituel est-il dans l'état de* jnâna *ou est-il encore dans l'état d'*ajnâna?

— Il serait certainement faux de présumer l'état d'ignorance de la réalité lorsque le but de l'enseignement est la Réalisation du Soi.

— *C'est pour cette raison que je suppose que le karma ne peut pas avoir été complètement épuisé.*

— Tout comme le ventilateur continue à tourner pendant un petit moment après que l'on ait coupé le courant?

— *Dans cet exemple, le courant électrique a été coupé complè-*

tement. Si l'on établit un parallèle, cela veut-il dire que l'ignorance a été complètement détruite?

— Il y a déconnexion. Ce qui avait déjà commencé et qui s'exerce s'appelle le *prârabdha.*

— *Si tel est le cas, le* prârabdha *peut-il porter des fruits? Je pense que sa destruction n'est pas confirmée par les faits.*

— Est-ce que l'enseignement du Sage illuminé *(jnânin)* se rapporte à la vérité telle qu'elle se révèle avant l'épuisement du *prârabdha*, ou se rapporte-t-il à la Vérité qui est au-delà?

— *Non, pas à la vérité qui est au-delà. L'enseignement sur la Vérité pure, non coloré par le* prârabdha, *est donné par un* avatar. *L'enseignement du* jnânin *est limité par son* prârabdha.

— Lorsque la Connaissance se révèle d'elle-même, cette révélation est-elle conditionnée par le karma?

— *Il y a deux sortes de connaissance :* svarûpa jnâna *(connaissance du Soi) et* vritti jnâna *(connaissance mentale acquise). La deuxième sorte de connaissance — propre au* jnânin — *lui permet de récolter les fruits de son* prârabdha.

— Voulez-vous dire que, ici aussi, il y a accumulation progressive de connaissance comme chez un enfant qui accroît peu à peu son savoir par des études suivies? Mais on ne peut pas dire que c'est l'état d'un *jnânin!*

— *Le* svarûpa jnâna *se révèle lui-même tandis que le* vritti jnâna *est la connaissance des objets. Le* svarûpa jnâna *ne fait pas un* jnânin. *Celui qui possède* vritti jnâna *est appelé* jnânin, *car la connaissance du Soi est commune à tous.*

— La connaissance du Soi signifie-t-elle que l'on est solidement installé dans un état particulier?

— *C'est dans le Soi qu'on est solidement installé.*

— Exact! Comme vous le dites, tous sans exception, nous avons nos racines dans la connaissance du Soi. Mais oui!

— *Cependant, tous ne sont pas instruits de cette connaissance. Seuls ceux qui ont atteint* jnâna *peuvent être qualifiés de* jnânin, *car ils sont en mesure de guider un aspirant conformément à sa structure mentale.*

— Oui, mais qu'est-ce que cela a à voir avec l'état où le Soi dans sa gloire est constamment révélé? Celui qui par un développement graduel a acquis la connaissance et a été progressivement illuminé, celui-là, comme vous dites, est établi dans le *vritti jnâna*.

Les mots, les discussions, le langage, etc. appartiennent au mental; par contre, dans l'état dont nous venons de parler, le langage n'a pas place. Ce corps-ci respecte tout ce que tout le monde dit car le point de vue de chacun dépend de l'échelle le long de laquelle il s'élève. Pour ce corps-ci, toutes idées lancées reviennent au même — à quelque niveau qu'elles se situent. Pour cette raison, que vous souteniez que le corps peut ou ne peut pas exister sans *prârabdha* ou que vous avanciez une théorie d'un point de vue quelconque, tout est exact sur le niveau correspondant. Mais au-delà des mots et de toute expression, là où il y a manifestation et non-manifestation, durée et non-durée, espace et absence d'espace — aucune affirmation n'est valable. L'on ne peut même pas parler de l'essence des choses de ce monde; quant à l'essence de l'Être transcendantal, elle se situe encore bien plus loin. Il existe aussi ce que l'on appelle la « fusion ». Mais un *yogin* peut être capable de dégager quelqu'un de cet état en lequel on dit que la personne s'est fondue. Ceci aussi est une possibilité que vous avez mentionnée, n'est-ce pas? Dans l'état dont vous parle ce corps-ci, il n'en est pas ainsi — et « pas ainsi » ne l'exprime pas non plus. Par le raisonnement et la discrimination l'on peut arriver à la conclusion qu'une petite partie du mental subsiste aussi longtemps que continue l'existence physique. Mais ce corps-ci vous parle d'un état où il n'y a même plus la possibilité d'une trace de mental.

— *Le corps continue-t-il ou non à exister?*

— Cet état-ci, en particulier, ne pourrait tout simplement pas exister si le corps était un obstacle. Dans ce cas-ci, la question ne peut pas se poser de savoir si le corps est retenu ou non.

— *Dans cet état, peut-il y avoir questions et réponses?*

— Oui, il peut y en avoir si l'idée de corps est présente. Pour ceux qui pensent qu'il y a maîtres et disciples, il y a questions et réponses.

— *Mais alors, parler de gourous, de disciples, etc. n'a aucun sens?*

— Les progrès du disciple continuent jusqu'au niveau atteint par le maître. Lorsque le maître est dans l'état d'*ajnâna*, que la question est posée par quelqu'un qui est aussi dans l'ignorance, comment pourrait-on même s'attendre à une révélation de la Connaissance réelle? Cependant, une discussion qui a pour but d'élucider ce qu'est la réalisation du Soi sera évidemment utile et bénéfique. Dites-moi, en présence d'un Instructeur du monde, n'est-il pas naturel qu'il y ait questions et réponses lorsqu'on veut parvenir à la réalisation du Soi? C'est ainsi, et cela continuera ainsi bien sûr. C'est faux? Il y a autre chose. Dites-moi : Qui répond à qui? Que des questions soient posées et que l'on y réponde, c'est une idée dans la tête de celui qui questionne, au niveau où il est. Celui qui donne une réponse est-il de ce fait un être individuel? A qui répond-il? Qui répond et qu'est-ce qui constitue la réponse? Dans cet état d'Être pur, qui est qui? La place du *vritti jnâna* est là où il n'y a pas réalisation du Soi. Cela est difficile à accepter, tant qu'il s'agit encore d'accepter ou de rejeter. Au niveau où la question d'acceptation ou de refus ne peut plus surgir, comment pourrait-il y avoir discussion et conversation?

Lorsque vous me demandez : « Parlez-moi de votre expérience », cela implique que celui qui a fait l'expérience subsiste. Ici cela est impossible, et d'autre part, la question de transmission de pouvoir de gourou à disciple ne peut pas exister. S'il n'y a pas de corps, cette question ne peut pas exister non plus. On ne peut pas parler de corps physique ou autre. Et ce qui est encore au-delà ne peut être exprimé en paroles dans aucune langue. Les mots, la parole ne peuvent exprimer que des créations du mental. Quant à l'adage : « Il y a un seul Brahman qui n'a pas de second », dans le Soi il n'y a absolument aucune possibilité d'un « second ». La notion de deux résulte d'une opération de la raison. De même que vous dites : « Il marche sans pieds et Il voit sans yeux. »

Ce corps-ci maintient que tout ce que chacun peut dire sur

le plan de la raison — avec l'idée que, du point de vue du disciple, le corps existe — peut être défendu au niveau du raisonnement. Car une vision est conditionnée par les lunettes à travers lesquelles on la voit. Ce corps-ci déclare que les théories que l'on défend, quelles qu'elles soient, reposent sur le raisonnement, qui à son tour présuppose l'existence d'un résidu de mental ou de *prârabdha*. Mais où CELA est révélé, il en va tout autrement : là, discrimination et spéculations sont impossibles. Au-delà de la raison, au-delà des points de vue, se trouve l'état où il ne peut plus rien en subsister. Dans CELA, en vérité, il n'y a place ni pour des mots, ni pour un langage, ni pour une discrimination d'aucune sorte. « Il n'y a pas », « il y a », ne sont que des mots, des mots qui flottent à la surface. Il est donc dit que là les mots, la langue, les propos de toutes sortes n'ont aucune place. C'est la vérité. Comprenez-vous?

Vous n'avez pas eu une réponse précise à vos questions. Il faut que vous tiriez de ce qui vient d'être dit tout ce que votre intellect pourra saisir.

***

— *Question : Quels sont les avantages que l'on peut tirer du Hatha-yoga et quels en sont les inconvénients?*

Mâ : Que signifie « hatha »? Faire quelque chose par force. « Être » est une chose, « faire » en est une autre. Lorsqu'il y a « être », il doit y avoir manifestation spontanée de ce qui doit se manifester, grâce au *prâna* qui fonctionne dans un centre particulier du corps. D'autre part, si quelqu'un pratique le Hatha-yoga comme un simple exercice physique, le mental n'en sera pas transformé le moins du monde. Les exercices physiques améliorent l'état du corps. Très souvent, l'on entend parler de gens qui ont renoncé à pratiquer des *âsanas*, etc., parce que cela leur avait provoqué des troubles physiques. De même que le corps dépérit s'il manque d'une nourriture appropriée, de même le mental a besoin d'aliments qui lui conviennent. Lorsque le mental reçoit ce dont il a besoin, l'homme avance vers Dieu, mais en pourvoyant aux besoins du corps, il ne fait qu'augmenter son attachement au monde. La gymnastique toute seule ne nourrit que le corps.

Pour ce qui est de « faire » : des efforts soutenus conduisent à être sans effort; en d'autres termes, ce qui a été atteint par des efforts constants est finalement transcendé. Alors vient la spontanéité. L'utilité du Hatha-yoga ne peut être comprise avant qu'on en soit arrivé là. Lorsque la bonne forme physique obtenue par le Hatha-yoga est utilisée comme une aide dans l'effort spirituel, l'effort n'a pas été perdu. Autrement, ce n'est pas du yoga mais la recherche d'un plaisir *(bhoga)*. C'est lorsqu'on ne fait plus d'efforts que l'on est sur le chemin de l'Infini. Le Hatha-yoga n'est rien de plus que de la gymnastique s'il n'a pas l'Éternel pour but. Si dans le cours normal de la pratique l'on ne ressent pas Son contact, le yoga a été stérile.

On rencontre des gens qui, en s'engageant dans toutes sortes d'exercices yoguiques tels que *neti*, *dhauti*, etc. sont tombés sérieusement malades. A Nainital j'ai rencontré récemment un jeune homme qui avait complètement perdu sa santé en pratiquant le Hatha-yoga. Il souffrait d'une diarrhée chronique qui ne voulait tout simplement pas s'arrêter. Lui et quelques-uns de ses amis avaient décidé de devenir experts en Hatha-yoga et d'ouvrir une école où l'union avec Dieu serait réalisée par cette voie. Mais, l'un après l'autre, ils tombèrent tous malades.

Un professeur compétent, qui comprend chaque changement survenu dans le mouvement du *prâna* chez son disciple, accélérera ou ralentira le processus selon le cas, tout comme le timonier qui dirige un bateau tient fermement le gouvernail et ne le lâche pas. En l'absence d'une telle direction, le Hatha-yoga n'est pas bénéfique. Celui qui veut guider doit avoir une connaissance de première main de tout ce qui peut survenir aux différents stades, et il doit l'envisager avec l'acuité parfaite que donne la perception directe. N'est-il pas le médecin de ceux qui sont sur la Voie? Sans l'aide d'un tel docteur on risque de se faire du mal.

Tout s'aplanit dès que l'on s'est senti béni par Son contact.

Tout comme le baigneur qui, dans une rivière, nage tout d'abord par ses propres forces; lorsqu'il est pris par le courant, bon nageur ou non, il est tout simplement emporté. Il est donc nuisible de n'avoir pas éprouvé ce « contact ». Il vous faut entrer dans le rythme de votre vraie nature. Lorsque celle-ci se révélera, elle agira comme un coup de foudre et vous attirera à elle, instantanément, irrésistiblement; il arrive un moment où plus aucune action n'est nécessaire. Aussi longtemps que ce contact n'a pas été établi, consacrez-vous à Dieu quelles que soient vos attractions et vos répulsions, adonnez-vous au service, à la méditation, à la contemplation, à n'importe quoi d'analogue.

En général, vous accomplissez vos rites journaliers de la façon habituelle. Si vous éprouvez le désir de pratiquer quelque *japa* ou méditation supplémentaires, cela prouve que vous avez eu un aperçu, si faible soit-il, et alors vous pouvez espérer que graduellement le rythme de votre vraie nature viendra à la surface. Dans ces conditions, le sens de l'ego *(aham)* persiste encore, mais cet ego est orienté vers l'Éternel, animé d'un désir ardent de s'unir avec Lui, tandis que les actions accomplies pour trouver gloire et honneurs proviennent de l'ego et sont, par conséquent, des obstacles et des entraves.

Que vous pratiquiez le Hatha-yoga ou le Râja-yoga, ou n'importe quel autre yoga, ils ne peuvent vous être nuisibles que si l'aspiration spirituelle pure en est absente. Si, en prenant des *âsanas*, etc., vous avez accédé au propre rythme de la nature, vous verrez que tout se déroulera sans heurts et spontanément. A quels signes peut-on le reconnaître? A ce qu'on éprouve un profond contentement, le sentiment de jouer, et à ce que le souvenir de l'UN est constamment présent. En fait, l'on n'y arrive pas par des exercices qui sont de ce monde. Ce dont il est question ici, c'est ce qui ne peut se révéler que spontanément — de son propre gré. C'est pourquoi il y a souvenir constant de l'UN; la vraie nature de l'homme va uniquement vers Dieu.

Alors que vous êtes assis en méditation, il arrive aussi que vous découvriez que *rechaka*, *pûraka* ou *kumbhaka* se succèdent sans effort. Lorsque le mouvement de votre vraie nature se dessine parce qu'il est orienté seulement vers Dieu, les nœuds du cœur se défont. Si au cours de la méditation des *âsanas* parfaitement corrects s'imposent d'eux-mêmes — la colonne vertébrale se redressant toute seule — vous devriez savoir qu'alors le courant de votre *prâna* est tourné vers l'Éternel. Sinon, lorsque vous faites du *japa*, le courant voulu ne passe pas et vous commencez à avoir mal au dos. Et pourtant, même ce *japa*-là n'est pas sans effets, encore que l'on ne puisse ressentir son action spécifique. En d'autres termes, l'« esprit » voudrait bien, mais le corps ne suit pas, et c'est pourquoi vous ne ressentez pas cette joie vivifiante que donne le parfum de la Présence divine.

Laisser le mental s'attarder sur les objets des sens ne fait qu'augmenter votre attachement pour eux. Lorsque s'éveille un intérêt intense pour la quête suprême, toujours plus de temps et d'attention seront consacrés à la pensée et à la philosophie religieuse, au souvenir de Dieu immanent dans toute la création, et ainsi jusqu'à ce que chaque nœud soit défait. L'on est pris par le désir ardent : « Comment puis-je Le trouver? » Le résultat en est que le rythme du corps et du mental devient régulier, calme et serein.

Naturellement, certains d'entre vous conçoivent le désir de prendre des *âsanas* comme exercice spirituel. Si l'envie de faire impression sur autrui n'intervient pas dans ce désir, il sera facile d'entrer dans le rythme de votre vraie nature. Mais si le mental est asservi par le corps, ces exercices deviendront gymnastique pure et simple. Il arrive que des débutants soient conduits sur la voie qu'ils doivent suivre, même si au début ils n'en sont pas conscients, et même s'ils le sont, ils ne peuvent résister.

Supposez quelqu'un qui va se baigner dans la mer et qui veut aller plus vite que tous les autres nageurs; il devra constamment regarder derrière lui. Mais pour celui dont le seul et unique but est l'Océan lui-même, il ne subsistera plus personne dont il s'inquiète et qui le fasse regarder en arrière; et alors ce qui doit être sera. Abandonnez-vous à la vague et vous serez entraîné par le courant; après avoir plongé dans la mer, vous ne pourrez plus revenir. L'Éternel est lui-même la vague qui déferle sur la grève pour que vous puissiez être emporté. Ceux qui peuvent s'attacher exclusivement à ce but, Il les accepte. Mais si vous continuez à penser à la plage, vous ne pourrez avancer; après avoir nagé, vous rentrerez chez vous. Si votre but est le Suprême, l'Ultime, votre vraie nature vous fera progresser. Il y a des vagues qui emportent et d'autres qui ramènent. Ceux qui peuvent s'abandonner seront pris par Lui. Sous l'aspect de la vague, Il vous tend la main et vous appelle : « Viens, Viens, VIENS. »

— *Comment pouvons-nous tirer un profit spirituel d'une action?*

— En accomplissant une action pour elle-même, en s'engageant dans le Karma-yoga. Aussi longtemps que se cache le désir de se distinguer, c'est du *karma-bhoga* (travailler pour sa propre satisfaction). L'on fait alors un travail pour jouir de ses fruits en raison du sens de prestige qu'il apporte. Mais si l'on renonce aux fruits, cela devient du Karma-yoga.

— *Comment peut-on travailler sans désir?*

— En servant avec l'idée que l'on sert l'Être suprême chez chacun. Désirer la réalisation de Dieu n'est certainement pas un désir au sens habituel : « Je suis Ton instrument, daigne Te servir de cet instrument qui est à Toi. » En considérant toute manifestation comme l'Être suprême, on parvient à la communion qui conduit à la libération. Quel que soit le travail entrepris, il faut l'accomplir de tout son être et dans l'esprit de « Toi seul travailles », de sorte qu'aucune affliction, détresse ou chagrin ne puisse s'y glisser.

Il y a autre chose. Si l'on ne persiste pas dans l'attitude « à cause de mes imperfections le travail n'a pas été assez bien fait, j'aurais dû me donner plus de peine encore », on peut considérer que le travail a été fait avec négligence. Aussi, dans la mesure de vos possibilités, ne faut-il tolérer aucune négligence. En plus, sachez que tout ce qui arrive est entre Ses mains, vous n'êtes que l'instrument. Mettez donc tout votre corps, votre esprit et votre cœur dans tout service que vous devez accomplir et, pour le reste, dites-vous que tout ce qui arrive devait arriver. « Tu T'es manifesté de la manière que Tu avais décrétée, et c'est ce qui s'est accompli. »

— *Même lorsque l'action est spontanée, elle n'en est pas moins action. Or, s'il n'y a pas d'autre gourou, comment nos doutes peuvent-ils être éclaircis?*

— Il existe deux sortes d'action. Non, il en existe même un nombre infini. Cependant, cela nécessite une explication. Lorsqu'un *âsana* commence à se former, il « parle » tout comme vous et moi. De quelle façon? Quand se révèle le but pour lequel est pris l'*âsana*, quand s'accomplit ce qui peut être atteint par une posture yoguique particulière, c'est cela que l'on peut appeler le langage de l'*âsana*.

Lorsqu'un malade s'agite par trop, il se surmène et s'essouffle. Naturellement la respiration de chacun change constamment de rythme selon la façon dont on est assis ou dont on remue. Seulement, personne n'y prend garde. Celui qui est parvenu à maîtriser sa respiration peut à son gré la faire passer à n'importe quel niveau. Ceux d'entre vous qui pratiquent des postures yoguiques ne savent pas au début quelle jambe replier la première ni si en le faisant il faut inspirer ou expirer. Par conséquent, ce que vous faites est en partie incorrect. Pourquoi? Lorsque vous voulez ouvrir quelque chose et que vous ne savez comment faire, il se peut que vous l'abîmiez. Lorsqu'un *âsana* se forme spontanément, vous remarquerez que vos jambes se plient et se déplient correctement et en harmonie avec votre respiration. Lorsque *âsana* et respiration concordent parfaitement, c'est un signe que le gourou est à l'œuvre. Tandis qu'autrefois vous ignoriez tout de la posture, vous la comprenez alors parfaitement.

Du point de vue du mental, on s'observe comme le ferait un témoin, pour ainsi dire comme un enfant; on sent que quelqu'un est la cause de tout ce qui se fait et qu'en même temps le mental s'apaise.

Lorsque les vibrations de votre corps et de votre *prâna* auront atteint un stade où vous serez très habile pour tout ce qui touche à la Quête suprême, vous vous surprendrez à énoncer des vérités spirituelles — c'est ce qui se produit spontanément à ce stade. Et lorsque vous aurez atteint le niveau d'un *rishi*, à qui sont révélés les *mantras*, c'est-à-dire lorsque les vibrations de votre corps et de votre *prâna* seront concentrées à ce niveau-là, les paroles qui y correspondent tomberont de vos lèvres.

Il y a un état où vous ne connaîtrez ni ne comprendrez rien à ce qui se passe, comme, par exemple, lorsque votre corps prend à votre insu une posture yoguique que vous ignorez. Qui est-ce qui l'a provoqué? Le gourou intérieur. De même façon, lorsqu'un *mantra* jaillit, la solution de votre problème et la signification intérieure *(tattva)* du *mantra* dans sa forme supramentale *(pratyaksha mûrti)* vous apparaissent directement. En d'autres termes, sa forme subtile se révèle en même temps que son essence. A ce moment vous parvenez à comprendre la nature réelle de votre gourou intérieur. Il réside en vous et agit à partir de là. Non seulement vos doutes se sont dissipés, mais vous avez acquis la compréhension du sens ésotérique du *mantra*. C'est le véritable *darshan :* obtenir la réponse sans savoir ce qui s'est passé.

Dans une autre variante d'expérience, le processus caché de ce qui arrive est dévoilé. Là le *mantra*, le *tattva*, le gourou et l'Ishta sont révélés simultanément. C'est un exemple de la révélation reçue en pleine connaissance de toutes ses phases et de tous ses aspects. Supposez quelqu'un qui est engagé dans le *japa* ou la méditation; une question surgit à son esprit. Dans un éclair la réponse est là. On comprend : « Le gourou m'a dit ceci — ce qui me vient est l'enseignement même du gourou. »

Rechercher par la voie de l'action est une méthode; rechercher par la voie du mental en est une autre ou, pour être plus précis, dans le premier cas c'est l'action qui prédomine, dans le second cas c'est le mental; encore que la concentration mentale soit nécessaire dans les deux cas. Action et mental agissent ensemble, seulement l'un prédomine sur l'autre : lorsque les *âsanas* sont le moyen, c'est l'action qui prévaut, mais lorsqu'on utilise les *mantras*, c'est le mental.

Une fois de plus : Qui est-ce qui me guide de l'extérieur? C'est Lui seulement, car en vérité il n'y a rien d'autre.

Ce qui vient d'être dit, ce sont des bribes puisées à droite et à gauche. Elles ont été données de sorte que chacun puisse y glaner ce qui l'aidera, dans la mesure de ce qu'il pourra saisir.

*
* *

Que l'on agisse avec ou sans désir, l'action reste une action. On ne peut guère rester sans rien faire jusqu'à ce qu'arrive l'état d'Être pur. Comprenez donc aussi cet aspect de la question.

Lorsque vous vous abandonnez au gourou, vous devez obéir à ses ordres sans condition. Votre seul mobile est alors d'exécuter la volonté du gourou. Et, par conséquent, en accomplissant votre tâche vous êtes de plus en plus avide de faire de votre mieux; pouvez-vous aussi qualifier cela de désir au sens habituel du terme? Mettre tout votre cœur à agir efficacement, avec pour seul but d'accomplir la volonté du gourou est certainement un bon désir.

Si pour une raison quelconque le moindre ressentiment devait intervenir, l'action ne pourrait plus être considérée comme étant sans attachement. Supposez par exemple qu'après avoir accompli de loin la majeure partie d'un ouvrage, vous deviez l'abandonner et que, si près de la fin, quelqu'un d'autre le reprenne, l'achève et qu'on lui accorde tout le mérite de l'œuvre tout entière. Si cela vous ennuie, si peu que ce soit, comment peut-il être question d'un travail vraiment désintéressé? Sans aucun doute le désir qu'on vous en soit reconnaissant n'était pas tout à fait absent.

Lorsque vous vous êtes abandonné au gourou, il peut faire n'importe quoi, vous soumettre à toutes sortes d'épreuves, et vous vous considérez comme un instrument entre ses mains. Vous avez alors atteint un niveau où, en dépit de toutes les difficultés, vous persistez dans votre travail en sachant que c'est votre gourou qui le veut. N'oubliez pas que par cette attitude vous développerez constamment votre endurance, votre patience et votre persévérance; votre énergie et vos capacités en seront accrues.

Dans toute action il y a forcément conflit. Comment peut-on se libérer de ce conflit? Lorsqu'on ne peut vraiment plus se sentir blessé. Même au milieu du travail, à n'importe quel moment, dans n'importe quelles circonstances, vous devez être prêt à obéir à n'importe quel ordre. Imaginez que vous ayez faim et qu'à l'instant où vous portez un aliment à votre bouche on vous demande d'aller ailleurs. A cet instant même vous devez pouvoir laisser joyeusement tomber cette nourriture que vous étiez sur le point de manger et obéir à l'appel. Une telle attitude révèle celui qui est fermement établi dans un bonheur qui n'est pas de ce monde. Quand on se rapproche de l'état où il n'y a pas d'effort [1], être blâmé ou non pour une défaillance dans l'exécution de sa tâche vous laisse complètement indifférent. Alors seulement on devient un instrument entre Ses mains. Le corps agit comme un outil et on le regarde en spectateur. Et l'on peut observer la grande variété des tâches accomplies par ce corps et la facilité et l'efficacité avec lesquelles il travaille. L'action dépourvue d'ego est pleine de beauté car elle n'est motivée par aucun désir d'autosatisfaction. Aussi longtemps que les nœuds que représente votre ego ne sont pas défaits, même si vous pensez agir impersonnellement, vous serez blessé et cela provoquera un changement dans l'expression de vos yeux et de votre visage et ce sera visible dans toute votre façon d'être.

La prière ardente « Faites que mon cœur soit libéré de la soif de résultats » témoigne encore du désir d'obtenir un résultat. Cependant, lorsqu'on aspire à l'action désintéressée, on peut espérer y parvenir. Un nœud signifie résistance. C'est pourquoi aussi longtemps que l'ego persistera, des conflits éclateront de temps à autre, même si l'on cherche à faire un travail impersonnel, car on est lié et par conséquent entraîné dans une certaine direction.

1. Voir p. 92 où Mâ dit : « ...des efforts soutenus conduisent à être sans effort; en d'autres termes, ce qui a été atteint par des efforts constants est finalement transcendé. Alors vient la spontanéité. »

— *Ainsi, tant que l'on n'est pas parvenu à la réalisation parfaite, agir sans motif est une impossibilité?*

— Lorsqu'un travail impersonnel est exécuté et vu avec l'œil d'un spectateur, une joie profonde jaillit en nous. Si à ce moment le corps est frappé, même cela devient une source de joie. Cependant, cette montée de joie n'est pas identique à la Réalisation du Soi. Ce jaillissement de bonheur apporté par un travail impersonnel, c'est Son bonheur à Lui, qui devient le nôtre. C'est Sa joie que nous ressentons comme étant la nôtre. On est parvenu à une étape où le bonheur est lié à Lui. Dans ces conditions, lorsqu'on a perdu tout intérêt dans les plaisirs de ce monde, un gros travail peut être exécuté de façon parfaite et même si en dépit d'énormes efforts une œuvre n'a pas réussi pleinement, on n'en éprouve aucun trouble. Car chaque chose a sa place. Là aussi c'est Sa volonté qui prévaut. Ne voyez-vous donc pas quel sentier délicieux s'ouvre devant vous? Mais ce que je viens de dire ne s'applique que si aucun sens de possession ne vient entacher l'action. Quoi qu'il en soit, même cet état n'est en aucune façon la Réalisation du Soi. Pourquoi? Que ce soit avec ou sans désir, c'est du travail qu'il s'agit ici. Même accomplie impersonnellement, l'action reste séparée de l'exécutant. Tandis que là où est le Soi et rien que le Soi, le gourou, ses instructions et le travail ne peuvent plus exister séparément. Aussi longtemps que se maintient la dualité entre le précepte et l'action, il est impossible de parler de Réalisation du Soi. Le jeu de celui qui est arrivé au terme n'a rien de commun avec le travail que l'effort a rendu impersonnel. Voilà la réponse à votre question.

Même lorsque l'état de *samâdhi* est atteint, où l'on se sent complètement absorbé en soi, c'est encore un état. Lorsque par ce processus intérieur spontané le voile se lève, la vision de la Réalité peut apparaître. Elle ne peut jamais être amenée par une activité extérieure telle que la tentative d'effacer le désir.

Autre chose. Il fut un temps où ce corps-ci essayait d'exécuter à la lettre tout ce que demandait Bholanâth. Mais lorsqu'il s'aperçut que ce corps devenait rigide, incapable d'accomplir certaines besognes ordinaires et de les supporter, il revenait volontiers sur ce qu'il avait dit. Ainsi, dans un sens il y avait stricte obéissance bien que certaines tâches ne pussent être accomplies. Un jour le mari de la sœur de Bholanâth vint en visite. Lorsqu'il s'aperçut que ce corps obéissait à Bholanâth en toutes choses, il s'en irrita et s'exclama : « N'avez-vous donc aucune idée à vous? Devez-vous consulter votre mari sur les moindres détails? Quelle attitude! Supposez qu'il vous demande de faire quelque chose de mal, lui obéiriez-vous aussi? » Il reçut la réponse suivante : « Attendez donc que le cas se présente. Quand le moment viendra d'exécuter cet ordre, vous verrez bien ce qui se passera. » Cette réponse l'abasourdit. A partir de ce moment il changea son mode de vie et se consacra activement à la Quête suprême.

Dans la vie spirituelle, il existe un état où l'action non conditionnée et qui a sa source dans le Soi est possible, car aucun lien ne subsiste. Et là où il n'y a pas de liens il n'y a pas de danger, pas de fausse route, on ne saurait faire de faux pas.

— *N'est-ce pas après la réalisation du Soi que vous étiez dans cet état?*

— Ne vous occupez donc pas de ce corps-ci! Si vous dites que cette condition vient seulement après la réalisation du Soi, vous devez comprendre qu'alors il est possible de jouer partout et de toutes les façons. Lorsque le Soi interprète soi-même tous les rôles, c'est tout différent de ce dont nous venons de parler. C'est un état d'Unité. Même en restant dans la division, l'on n'est pas divisé et l'on reste dans l'Unité tout en paraissant divisé. C'est CELA *(tat sva)*. Ici, obéir ou désobéir, c'est toujours CELA.

Certains signes permettent de reconnaître les actions qui ont été exécutées comme instrument avant que le Soi n'ait été réalisé. A ce stade le courant d'action vise à satisfaire des besoins réels. L'état d'Être pur diffère totalement : faire ou ne pas faire, appelez-le comme vous voudrez, tout est CELA. Sur ce plan, tout est possible, ne pas manger tout en mangeant, manger tout en ne mangeant pas; marcher sans pieds, voir sans yeux et bien plus encore — pour parler votre langage.

Une fois que l'on est établi dans le Soi, qui obéit à qui? Il n'y a plus d' « autres »; personne n'est séparé, on n'a plus d'interlocuteur. Comment peut-il encore exister des rapports fondés sur un sentiment de séparation? Le stade de l'action impersonnelle est tout autre que l'état de réalisation du Soi, dont il ne peut être question tant que sont perçus séparément le gourou, l'amour de Lui, le travail, le moi. Pourtant, il faut dire que l'action consacrée à Dieu n'est pas du même ordre que le travail exécuté sous l'impulsion du désir. La première vise l'union qui conduit à l'Illumination, la seconde a pour but le plaisir qui conduit à de nouvelles expériences dans le monde. Seule mérite d'être appelée « action » celle par laquelle sera révélée l'union éternelle de l'homme à Dieu; tout le reste est inutile, indigne du nom d'action, et n'est pas action du tout. Il n'est pas question d'établir une nouvelle sorte d'union, mais de réaliser celle qui existe de toute éternité.

Autre chose encore. Il est un stade où travailler procure une grande joie et un bonheur intense et où l'on ne se soucie pas de ce qui peut résulter ou ne pas résulter de cette action; le travail est fait entièrement pour lui-même, parce qu'on l'aime. Là il n'y a pas de gourou extérieur ni d'amour de Lui. Cet état-là aussi existe. Dans le domaine de l'action il y a une grande diversité.

La satisfaction que donne l'accomplissement d'un désir en ce monde n'est qu'un bonheur relatif. Ce désir peut se rapporter à notre femme, notre fils, un parent ou à n'importe qui, et ainsi l'on récoltera le fruit propre à chaque action en particulier. Cela, c'est travailler pour sa propre satisfaction *(bhoga)* et non pas pour rechercher l'union *(yoga)*. Il en découle un mélange de tristesse et de joies.

Revenons à ce qui vient d'être dit au sujet du travail effectué pour l'amour du travail et pas pour quelqu'un. Imaginez tout ce qui peut être accompli, même en marchant dans la rue, pour personne, pour l'amour du travail, le travail lui-même étant notre seul Dieu. C'est aussi un état. Mais si l'on continue à agir de la sorte, il vient un jour où l'on est libéré de l'action. On peut aussi travailler pour le bien-être de l'humanité, mais dans le cas dont nous parlons, même ce but n'existe pas. C'est une sorte de travail non motivé par un désir; on ne peut pas s'empêcher de le faire. Alors pourquoi le fait-on? Simplement par amour du travail. Lorsque Dieu se manifeste sous la forme d'un travail — qui par conséquent exerce une attraction intense sur un individu en particulier — celui-ci, en s'engageant dans ce travail maintes et maintes fois, finit par être libéré de toute action.

— *Le travail appelle toujours plus de travail. Comment cela peut-il prendre fin?*

— Ne le savez-vous pas? Si, dans une direction donnée, vous parvenez à une concentration si complète que vous ne puissiez vous empêcher d'agir dans cette voie, vous ne pouvez plus vous égarer. En conséquence, l'action lâche prise sur vous et prend forcément fin. Qu'il en existe donc des étapes et des paliers! Celui dont nous parlons en est un. L'on n'y a certainement pas encore atteint la connaissance du Soi, mais l'action est forcément juste. On n'a pas non plus l'occasion de se demander si l'on doit se soumettre aux injonctions des Shâstras ou s'y opposer. Et pourtant, dans cet état de concentration vers un but unique, une action qui violerait les lois des Shâstras ne peut se produire. Le corps humain — véhicule par lequel le travail se fait — est entré dans un courant de pureté, et en conséquence, c'est *satkarma*, l'action en harmonie avec la volonté divine, qui s'accomplit.

Ce n'est qu'au niveau de l'individu qu'existent plaisir et peine. Pendant les grandes crises douloureuses, lorsqu'on éprouve des souffrances lancinantes, quelle place reste-t-il dans nos pensées pour les êtres aimés, pour sa femme, son mari, son fils, sa fille, en dépit de tout l'attachement qu'on peut avoir pour eux? Ne s'apitoie-t-on pas alors frénétiquement sur soi-même? A ce moment l'illusion des liens familiaux se brise, bien que l'illusion de l'identification de soi-même avec le corps règne en maître absolu. L'on existe soi-même, et c'est pour cela que toutes choses existent. A partir de là et sur cette base s'enchaînent les prétendues allées et venues de l'individu, la ronde de ses naissances et de ses morts.

Vous devriez comprendre maintenant que celui qui aime Dieu cherche à se dégager de son identification avec son corps. Ce résultat une fois obtenu, il y a destruction *(nâsha)* de l'illusion, des chaînes, en d'autres termes du désir *(vâsanâ)*, du « non-soi » *(na Sva)*. On réside alors là où le Soi se manifeste comme « non-soi » *(na Sva)*; lorsque celui-ci est détruit, c'est seulement la destruction qui est détruite. En outre, la soif que l'on a du monde peut aussi se définir comme l'activité qui se déroule du fait que la révélation du Soi n'agit pas. Dans ce cas, Lui n'est pas présent, et c'est là l'essentiel, n'est-ce pas?

Ce corps-ci va vous parler d'un autre aspect encore; pouvez-vous deviner lequel? De même que le Bien-aimé (Ishta) est le Soi *(svayam)*, la destruction est aussi Lui-même, ainsi que ce qui est détruit. Il en est ainsi là où il y a le Soi et rien que le Soi. Alors avec qui peut-on s'associer? C'est pourquoi l'on dit qu'Il est sans second, que seul Il existe. Si l'on parle de Lui apparaissant sous un déguisement, qu'est ce travesti? Lui-même évidemment!

Vous parlez du monde. *Jagat* (le monde) signifie mouvement, et ce qui est attaché c'est le *jîva* (l'individu). Comme le veut le dicton : « Partout où il y a un homme se trouve Shiva et partout où il y a une femme se trouve Gaurî [1]. » Quand il n'est plus question ni de naissances et de renaissances ni d'être lié, c'est bien ce qu'on appelle être dans l'éternité. Comprenez-moi bien; comment ce qui est mouvement perpétuel peut-il être lié? rester à un seul endroit? De même qu'il ne peut être confiné à un seul endroit, il ne peut pas être trouvé lorsque le mental est dissous. Donc, puisqu'il ne peut rester attaché en un point particulier, ne peut-on pas dire qu'il est libre? Mais alors qu'est-ce qui va et vient? C'est un mouvement semblable à celui de l'océan *(samudra)*, c'est Lui qui S'exprime Lui-même. Les vagues ne sont que montées et descentes, une ondulation de l'eau, mais c'est l'eau qui forme les vagues. Les vagues ne sont que de l'eau. Qu'est-ce qui fait apparaître la même substance sous des formes différentes, l'eau, la glace,

1. Cette citation exprime le fait que l'aspect divin de Shiva et celui de la Shakti sont présents en tout être humain.

les vagues? Cette question aussi relève d'un plan de conscience particulier. Réfléchissez et voyez ce que vous pouvez en comprendre. Aucune comparaison n'est jamais parfaite; et pourtant celle-ci ne vous a-t-elle pas aidé à envisager le problème en ce qui concerne le monde; qu'avez-vous véritablement compris? Cherchez!

Vous appelez transitoire ce qui n'est jamais fixé nulle part. Non? Mais qui ou quoi n'est pas fixé? Qui vient, qui va? Changements, transformations, que sont-ils? Qui? Cherchez la racine de tout ceci. Tout passe; la mort passe, la mort meurt. Qui va et où? Qui vient et d'où? Ce va-et-vient ininterrompu — qu'est-il en essence? QUI est-il? Là encore il n'est pas question d'action, il n'est pas question d'aller ou de venir. Où se situent la naissance et la mort? Méditez là-dessus!

Cet univers, direz-vous, n'est que l'unique Soi. En tant que Soi, chaque forme est Lui dans Sa propre forme; c'est-à-dire le Soi, l'Éternel révélé sous forme visible. Qu'est-ce que cela implique? La non-action *(akriyâ)*. Dans quel sens? Seule l'action consacrée à Dieu est une action vraie. Tout le reste est inutile et par conséquent n'est pas action du tout. Cela, c'est votre idée du point de vue du monde. Mais ici cette sorte d'action n'existe pas. Qu'est-ce donc qui existe ici? L'action du Soi. Lui-même en tant qu'action; Lui-même en tant que forme, et pour cette raison on le nomme *sâkâra* (avec forme); Lui-même en tant que qualité *(guna)*, et pour cette raison on le nomme *saguna* (avec qualité). Là où le Seigneur (Ishvara) se manifeste, quoi que ce soit qui appartienne à Sa divine splendeur se manifeste. C'est Lui-même qui apparaît dans l'action tout en restant le non-agissant. Lui — en tant que tel — est l'Essence de la Vérité absolue. Non-action *(akriyâ)*, et pourtant forme! Une forme signifie prise d'un corps *(mûrti)*. Où il n'y a ni action ni acteur, quelle action peut-il accomplir, et qui doit être l'auteur de l'action, et où? Il n'est pas révélé dans ce que vous considérez comme le fait d'être lié par l'action. Il est Lui-même l'action *(krîyâ)*. Lui, l'Éternel qui ne peut jamais être détruit. Détruit *(nashta)* signifie « qui n'est pas le Bien-aimé » *(na-ishta)*, celui qui ne peut jamais ne pas être désiré *(anîshta) :* car Il est la seule et unique chose désirée par toute la création, le Bien-aimé. Maintenant vous devriez comprendre que l'Un qui est « sans forme » *(nirâkâra)*, sans qualités *(nirguna)* est aussi avec forme et avec qualités. Entre l'eau et la glace, pouvez-vous dire ce qui, dans leur essence, les différencie? Pouvez-vous le dire? Donc Lui seul est, et rien que LUI. Celui qui est pure Conscience et pure Intelligence a beaucoup de formes et de contours, et en même temps Il est sans forme. Pour cette raison, que vous parliez d'action dans ce monde ou d'action sur la voie spirituelle, toutes deux sont CELA. Chaque action est libre; en d'autres termes il n'est pas question du tout d'action. Voyez-vous, c'est ainsi : Il n'existe qu'une seule Réalité éternelle, mais puisque vous êtes limité par vos diverses façons de voir, vous parlez du non-éternel et vous restez accroché à l'idée que le résultat de l'action ne peut pas durer, que le changement est dans sa nature. Où conduirait le changement incessant d'un monde continuellement changeant? L'action par laquelle il n'y a aucune possibilité que l'acteur soit lié, c'est vraiment « être ». *Jagat* (le monde) désigne le mouvement, qui est une mort continuelle; autrement dit, le changement perpétuel en est le caractère inné. Sur le plan de l'individu et par conséquent de l'asservissement, tout changement relève exclusivement de ce genre de mouvements. Pour affronter CELA beaucoup luttent, chacun à sa manière. Et chacun a certainement le devoir de s'astreindre à de tels efforts. Pour orienter leur vie dans cette direction, la plupart des gens doivent s'adonner à des actions qui ont pour but CELA.

Mais maintenant, pensez-y bien et comprenez : vous êtes éternellement libre, car l'action est toujours libre; elle ne peut rester enchaînée. Ignorez-vous que la corde avec laquelle vous attachez tout en ce monde doit forcément pourrir ou s'user? Utiliseriez-vous des chaînes de fer, ou même d'or, quelles qu'elles soient, un jour elles se casseront ou se briseront. Existe-t-il au monde une seule entrave qui ne puisse jamais être brisée ni détruite? C'est seulement parce que nous nous lamentons sur des enchaînements temporaires que se façonne l'esclavage de notre mental, ce mental qui ne peut être confiné nulle part. Tel un enfant turbulent, inconscient du bien et du mal, toujours insatisfait des plaisirs fugitifs et toujours instable, notre mental recherche la Béatitude suprême. Mais comment pourrait-il trouver un moment de répit tant qu'il n'a pas trouvé une voie qui mène à la Réalité suprême, tant qu'il n'a pas été complètement absorbé dans sa source, tant qu'il ne repose pas dans son propre Soi? Au plus profond de votre cœur vous savez que vous êtes libre; et c'est pourquoi votre nature vous fait languir après la liberté. De même, si par bonheur Il se révèle en tant qu'action, l'action cessera d'elle-même. Stagnation équivaut à mort : à seule fin de renoncer à ce blocage du mouvement, l'homme recourt à d'innombrables expédients. Il ne faut renoncer qu'à ce qui vous abandonne.

Vous persistez à soutenir que le mental doit être dissous. Mais n'oubliez pas que c'est ce même mental qui est le *mahâyogin*, le yogin suprême. Vos Écritures décrivent un tel yogin comme se comportant en enfant, turbulent ou comme n'ayant aucun souci de propreté, de décence, de convenances; elles le décrivent aussi comme fou ou en apparence inerte et dépourvu de tout sentiment. Vous considérez comme très noble ce qui ressemble à de l'indifférence ou de l'inactivité et vous ajoutez : « Ce qui est contenu dans ce microcosme est aussi dans le macrocosme. »

Que c'est adorable et enchanteur, une Incarnation divine qui joue comme un enfant! Lorsque la plupart des gens lisent l'histoire de l'enfance de Shrî Krishna ou en parlent ou la voient représentée, ils l'interprètent à la lumière du comportement de leurs propres enfants — qu'ils connaissent bien. D'où tireraient-ils la possibilité d'en saisir la signification intérieure? Lorsque vous assistez à une représentation dramatique de l'amour de Râdhâ et de Krishna dans la *râsa-lîlâ* ou à une représentation de la Râma-lîlâ, ce que vous voyez n'est pas la vraie *lîlâ*, qui est entièrement spirituelle, surnaturelle *(aprâkrit)*, transcendantale. Lorsqu'on en a une expérience réelle, elle est le produit du jeu de la vision spirituelle.

— *Lorsqu'il y a expérience spirituelle, comment doit-elle être interprétée en termes de la vie dans le monde?*

— Lorsque vous êtes libéré des chaînes, que le destructible est détruit et que seul le Bien-aimé vous remplit de lumière, que voyez-vous? Lorsque les liens se brisent, seul ce qui est brisable se brise. Mais les liens de l'amour de Dieu ne sont pas de cette sorte; ils ne « lient » pas. D'autre part, lorsqu'il y a connaissance de l'Absolu *(brahma-jnâna)*, la compréhension n'est plus soumise à son jeu habituel. Car comprendre signifie rejeter un fardeau à seule fin d'en reprendre un autre, tandis que la Connaissance de la Réalité suprême est au-delà de toute pensée et toute parole.

Lorsqu'un homme moyen voit une représentation de la *râsa-lîlâ* ou de la Râma-lîlâ, que peut-il saisir de sa signification qui ne soit teinté par son attachement au monde? Où trouverait-il le moyen d'éprouver quoi que ce soit au-delà? Cependant, puisque c'est le jeu divin de Dieu qui pénètre en lui par ses oreilles et ses yeux, on peut espérer qu'il en deviendra capable.

La nature même du mental le porte à accepter la multiplicité. Tout ce qu'il faut, c'est centrer cette acceptation sur une seule chose, avec ou sans forme, qui une fois acceptée ne laisse plus le choix entre acceptation et non-acceptation. Cette Chose unique exclut radicalement toute possibilité de dualité. C'est pour cela que l'on ne vise plus qu'un seul but. Le mental en vise plusieurs. Au milieu de l'enchevêtrement des courants du mental qui s'éparpille, il faut vous concentrer fermement sur un seul but. Pensez à un arbre. Les branches et rameaux qui sortent de toutes parts de son tronc proviennent de la même sorte de semence qui a donné naissance à l'arbre lui-même. C'est ainsi qu'une seule graine contient en puissance d'innombrables arbres, d'innombrables rameaux, branches, feuilles, etc. Il existe une infinité de devenir, d'être, de manifestation, une infinité de potentialités. La graine se développe en un arbre, l'arbre produit des graines. Aussi, lorsque l'on parvient à se concentrer entièrement sur une seule chose, pourquoi l'UN ne se révélerait-il pas? Il y a infinité dans l'UN, et fin dans le sans fin; mais où l'UN infini EST, alors la question de fini ou d'infini ne se pose plus. Ce qui est EST; c'est cela qu'il nous faut. Là où vous percevez une fin, il n'y a réellement aucune fin; en vérité, Il est infini. Dans toutes les formes et dans ce qui est sans forme, c'est LUI et LUI seul.

Tout ceci au sujet de l'attachement au travail *(karma)*. Passons maintenant à l'attachement, au désir de faire une certaine action *(bhâva)*. *Bhâva* aussi appartient au domaine de l'action, seulement il y a prédominance tantôt de l'action, tantôt du *bhâva*. Tout cela est très difficile à comprendre. Quelqu'un a demandé : « Qu'est-ce que l'attachement à *bhâva?* » En voici un exemple. Vous prenez des postures yoguiques et vous faites des exercices respiratoires, vous célébrez des rites, vous répétez le nom de Dieu ou vous méditez ou faites de la contemplation — l'un ou l'autre — pour parvenir à un *bhâva* particulier, puis, lorsque vous y êtes arrivé, vous désirez rester tout le temps dans cet état. Aussi longtemps que cela dure, ou plutôt, aussi longtemps que cette condition prédomine, vous baignez dans la béatitude. Mais là vous n'êtes pas parvenu à l'Illumination, vous n'êtes que sur le chemin. Cette sorte d'attachement, qui est pur, vous permet de passer au-delà. Puisque l'on s'attarde avec délice au niveau de ce *bhâva*, on peut s'y abandonner jour après jour, ou même pour le restant de ses jours. Bien qu'un long séjour à ce stade provoque des transformations jusqu'à un certain point, il ne peut pourtant pas s'y produire de progrès particuliers. Mais qu'une impulsion ineffable se manifeste et ce *bhâva* peut parvenir à son but; l'on est alors capable de continuer.

Il existe des états où l'on prend son envol et où l'on retombe. Mais parvenir à l'équilibre parfait, où montées et descentes sont hors de question, c'est certainement ce qu'il faut atteindre. Or, tant que *karma* et *bhâva* ne seront pas parvenus à leur plein achèvement, il ne sera pas possible d'aller au-delà.

***

Faites la charité, adonnez-vous au service d'autrui, pratiquez le *pranâm*, c'est-à-dire abandonnez-vous à Ses pieds, devenez de plus en plus étroitement lié à Lui, et ainsi devenez Celui qui seul est. Alors vous arriverez à comprendre tout seul dans quel esprit vous accomplissez ces actes. Soyez convaincu que l'Illumination peut venir de n'importe quel état ou condition où vous vous trouvez. N'entretenez jamais l'idée que vous êtes plongé dans le péché et dans les mauvaises actions et que par conséquent, vous ne pourrez arriver nulle part. En tout temps et en toutes circonstances, vous devez vous tenir prêt à suivre la voie qui mène au Suprême. Qui peut dire à quel moment votre charité, votre service de Dieu en autrui ou votre obéissance deviendront un acte de consécration à l'UN? Tout est possible.

En ce qui concerne *dîkshâ* (l'initiation) : Celui qui vous donne l'initiation vous conduira jusqu'au point où lui-même est arrivé. De même, l'orateur qui prononce un discours religieux ne communiquera à son auditoire que ce qu'il est en son pouvoir de donner. Il y a là deux éléments : l'effet qu'a forcément toute parole de vérité et le pouvoir qu'a l'orateur. Tous deux sont reçus et si celui qui écoute a une capacité exceptionnelle, la Connaissance suprême se fera jour en lui à l'instant précis où il recevra l'instruction.

Il existe plusieurs sortes d'initiation : par un *mantra*, par un contact, par un regard, par une instruction. Le contact avec un grand Maître porte des fruits. Chacun en profitera selon sa réceptivité et sa sincérité propres. Il existe aussi la grâce spéciale qui vous permet de faire des progrès inattendus. D'autres fois, en dépit d'un contact réel il ne s'opère aucun transfert de pouvoir. Celui qui dispose du pouvoir en est maître; il peut à son gré le donner ou le prendre. Lorsqu'une instruction donnée libère un homme des nœuds qui constituent son ego, c'est ce qu'on appelle une initiation par instruction. Dans l'initiation par *mantra*, le *mantra* est chuchoté à l'oreille du disciple et le maître y confère autant de pouvoir qu'il en possède lui-même. S'il est tout-puissant, son seul contact ou son seul regard conduira le disciple au but définitif. Mais s'il n'est pas doté de ce Pouvoir suprême, il ne pourra transmettre au disciple que le pouvoir qu'il maîtrise lui-même et il guidera le disciple aussi loin qu'il a été lui-même. Il est certain que le gourou ne peut pas transmettre plus de richesses qu'il n'en possède. Si la personne qui donne le *mantra* n'est pas parvenue au but final et que par conséquent elle est encore sur la voie, le disciple ne pourra aller plus loin que si le gourou lui-même progresse. C'est pourquoi, tant que le gourou n'a pas avancé, le disciple doit attendre sur la route. Quiconque aspire à la Réalisation du Soi et commence à donner des initiations alors qu'il est encore sur la voie restera stationnaire au point où il est arrivé.

Toutefois, la possibilité existe que le disciple dépasse le maître; c'est-à-dire que si quelqu'un est initié sur la base de ses capacités intérieures et des prédispositions résultant de ses vies antérieures, son pouvoir de progresser en sera stimulé à tel point qu'il pourra aller au-delà de ce qu'a réalisé son gourou. Dans ce cas, pour parvenir à son but, le disciple n'a besoin que du supplément de pouvoir que lui donne la *dîkshâ*. Si le disciple doit s'en remettre entièrement aux ressources de son gourou, il devra avancer parallèlement à lui. D'autre part, dans l'état où vous vous rendez compte que votre vrai gourou est l'Instructeur du monde et que l'Instructeur du monde est votre vrai gourou, vous parviendrez à vous considérer, selon votre ligne d'approche, comme Son serviteur, ou Son propre Soi, ou une partie de Lui. Le monde signifie ici évolution, alors que l'individu est ce qui est lié; et le gourou délivre aussi bien de l'individualité que des relations avec le monde.

Comment peut-on dire que mon gourou est l'Instructeur du monde? Pour cette simple raison que c'est le propre du gourou. Qui par exemple est un cuisinier? Le terme « cuisinier » ne désigne pas quelqu'un en particulier; il désigne celui qui peut préparer à manger. De même, lorsque se révèle la condition de gourou, on comprend que cette condition n'a rien à faire avec une personne donnée. Le gourou n'est nul autre que l'Instructeur du monde. Si le pouvoir du gourou peut agir efficacement, il y aura réalisation de « Qui suis-je? » Celui qui peut octroyer ce pouvoir est en fait un Instructeur du monde. Le gourou est appelé celui qui peut faire jaillir de l'obscurité la plus profonde la Vérité cachée. Mon gourou existe sous de nombreux aspects, comme le gourou de chacun et de tous, et le gourou de tous les autres est en fait mon gourou à moi. Vous voyez maintenant comment le gourou est devenu un.

Une personne qui accomplit des rites et des exercices spirituels de n'importe quelle sorte est sur le chemin, mais elle n'est pas établie dans le Soi car elle fait encore des efforts. Comment peut-elle être un gourou puisqu'elle n'a pas transcendé l'action?

L'on parle de frères en esprit. Le Seigneur qui est adoré par le monde entier est mon Seigneur, et mon Seigneur est le Seigneur du monde. Un gourou n'est pas un précepteur ordinaire. Un gourou, c'est celui qui a la capacité de délivrer l'homme de l'océan du devenir *(bhava sagara).*

Supposez qu'un aspirant ait été initié par quelqu'un qui ne maîtrise pas le Pouvoir suprême : il ne peut progresser que jusqu'au niveau de son gourou et là il devra attendre. Il se peut que grâce à un concours de circonstances — qu'il s'agisse de l'ardeur de son propre désir de parvenir à la réalisation du Soi, ou de facultés développées dans des vies antérieures, ou, même sans cela, simplement par l'intervention de la grâce divine — il puisse par une instruction, un contact, un regard ou un *mantra*, recevoir un afflux de pouvoir qui lui permette d'aller plus loin. Une inondation qui déferle ne fait pas la distinction : cet arbre-ci doit être sauvé et celui-là déraciné; elle emporte tout sans discrimination. De même, dans le royaume de l'Esprit, le choix n'existe pas, car là le Soi est contenu en Lui-même.

Il existe aussi une autre possibilité : sans instruction, sans regard, contact ou *mantra*, le pouvoir peut être conféré, que le bénéficiaire en soit conscient ou non, au moment même où cela se produit ou seulement beaucoup plus tard. Celui qui a octroyé ce pouvoir emporte tout, comme le fait une inondation. Il est de Sa propre nature de ramener à Lui toutes choses et de les faire Siennes. On ne peut donc pas dire dans un cas particulier que l'initiation a été reçue de quelqu'un d'autre et non pas de cette source, car toutes choses ne sont-elles pas Siennes, mieux encore : Lui, Lui-même? Ainsi, de même que l'inondation balaie tout, de même le grand Être, tout naturellement et spontanément, fait Sien ce qu'à tort l'on qualifiait d'étranger à Lui. Ici « mien » et « tien » n'existent pas, seul subsiste le Soi révélé par Soi-même, CELA et CELA seulement. Une mère ne tient pas un registre de ce qu'elle fait pour ses enfants — car ne lui appartiennent-ils pas? Ici non plus, on ne tient pas un compte du pouvoir communiqué.

Une certaine personne reçut une initiation d'un gourou. Plus tard, elle rencontra un Mahâtmâ et se mit à rechercher fréquemment sa compagnie, car elle sentait que son contact lui était bénéfique. En l'apprenant, le gourou en fut irrité et il dit : « J'ai cultivé ce jardin et vous en donnez les fruits à quelqu'un d'autre? » Le disciple répliqua : « Mais non, mon contact avec le Mahâtmâ a renforcé ma foi en mon gourou. » Mais cela, le gourou fut incapable de le comprendre. Pour le Mahâtmâ en question, le monde et ce qui est au-delà étaient la même chose. Pour lui, l'identité était complète puisqu'il ne voyait que le Soi imprégnant toute chose. Que l'on approche ou non un tel personnage, il entraîne tout le monde de la même façon. On peut donc dire : cet homme n'avait pas un autre gourou car l'octroi de pouvoir se situait au niveau où tout est un. On ne peut pas dire non plus que telle ou telle quantité de pouvoir a été transmis à telle ou telle personne; les flammes d'un incendie ne discriminent pas, elles ne dessèchent pas un objet pour en laisser d'autres humides? C'est spontanément que se produisent l'instruction, un contact, un regard ou le don d'un *mantra* qui constituent la *dîkshâ*. Ici il n'existe plus aucune distinction entre mien et tien. Il y a deux modes : le pouvoir peut être soit contrôlé, soit répandu universellement en parfaite uniformité. Tout est entre Ses mains.

*
* *

Question : La Réalisation du Soi dépend-elle du pouvoir du gourou ou survient-elle indépendamment?

Mâ : Il faut tout d'abord se rendre compte que c'est l'action exercée par le pouvoir du gourou qui fait agir la force de volonté, en d'autres termes on peut dire que cette force de volonté dérive du pouvoir du gourou. Ce n'est que l'Un qui se manifeste Lui-même à la fois dans le pouvoir du gourou et dans la force de volonté. Qui ou quoi est cet UN? Tout ce qui est manifesté est Lui, et nul autre. Pourquoi le chemin qui conduit à la prise de conscience du Soi doit-il être mis dans une autre catégorie? Naturellement ce serait possible, mais l'on doit comprendre qu'il repose sur le travail du gourou intérieur. Certains chercheurs de la Vérité veulent avancer sans gourou, car dans leur voie l'accent est mis sur l'action personnelle, sur le fait qu'ils ne doivent compter que sur leurs propres efforts. Si vous remontez jusqu'à la source de cette question, vous verrez que, dans le cas d'une personne qui accomplit une *sâdhanâ* sous l'impulsion d'une aspiration intense et qui compte sur ses propres forces, l'Être suprême se révélera Lui-même d'une manière spéciale, du fait de l'intensité de cet effort individuel. Alors, peut-on justifier, de quelque point de vue que ce soit, des objections à une telle « confiance » en soi? Tout ce qui peut être dit ou demandé à ce sujet relève du domaine de la pensée humaine, qui est limité. Pourtant, il existe un état où tout est possible.

Ainsi, de même que toutes les autres lignes d'approche, celle dans laquelle on ne compte que sur sa propre force et sa propre capacité n'est qu'une opération de la Puissance unique. Sans aucun doute, ce pouvoir du gourou peut œuvrer d'une façon spéciale par la confiance en soi de sorte que tout enseignement extérieur n'est plus nécessaire. Si certains aspirants peuvent dépendre d'un enseignement extérieur, pourquoi d'autres ne pourraient-ils être instruits de l'intérieur, sans que personne leur dise rien? Pourquoi cela ne serait-il pas possible puisque même le voile « épais » de l'ignorance humaine peut être détruit? En pareil cas l'enseignement du gourou a opéré de l'intérieur.

Dans la vie de tous les jours, le maître qui enseigne à des enfants, doit, pour la plupart d'entre eux, répéter la même chose maintes et maintes fois; mais il y a aussi des enfants qui se souviennent et qui saisissent tout ce qui leur a été dit, ne serait-ce qu'une fois. Qui plus est, n'avez-vous jamais rencontré certains élèves qui n'ont même pas besoin de tout entendre sur un sujet donné et qui au cours de leurs études développent une telle compréhension que l'ensemble de ce sujet leur devient clair? Comme vous le savez fort bien, il existe des élèves qui ont une telle intelligence.

De même, il arrive parfois qu'un certain nombre de personnes reçoivent ensemble l'initiation et pratiquent ensemble une *sâdhanâ*. Mais il est excessivement rare qu'un ou deux initiés réalisent l'Unité de tout et fassent des progrès si remarquables qu'ils parviennent à l'état de Maître universel. Cela peut résulter des enseignements reçus au cours de vies antérieures et qui portent leurs fruits dans la vie actuelle. Mais dans certains cas n'est-ce pas dû tout simplement à l'Instant suprême qui apporte l'Illumination? Comment peut-on dire qui recevra l'Illumination et à quel moment?

On rencontre de très zélés chercheurs de la Vérité. L'union de l'individu avec le Tout est un fait éternel; l'ardeur à prendre conscience de cette union n'est-elle pas due à ce que l'UN se révélera Lui-même?

Beaucoup d'étudiants vont à l'Université, mais bien peu s'y distinguent, et, pourtant, ce sont les mêmes professeurs qui enseignent aux uns et aux autres. Nul ne peut prédire à quel moment le concours de circonstances déclenchera l'Instant suprême pour n'importe qui. Au début, on peut essuyer des échecs, mais seul compte le succès final. Un aspirant ne peut être jugé d'après ses premiers résultats. Dans le domaine spirituel, le succès final signifie que le succès existait en puissance dès le début.

En fait, qu'est-ce qu'un *mantra?* Tant que l'on est lié par l'idée de « je » et « toi » et que l'on s'identifie avec son ego, le *mantra* représente l'Être suprême lui-même manifesté comme son. Ne sentez-vous pas la beauté de l'assemblage de certaines syllabes dans les *mahâvâkyas?* Vous croyez être complètement enchaîné, mais ce n'est que votre mental qui le croit. C'est pourquoi la Connaissance véritable peut survenir au moment où l'on prononce une parole de puissance, composée simplement de quelques lettres ordinaires assemblées. Qu'il est mystérieux et intime le lien qui relie ces mots au Brahman immuable! Prenez par exemple le Shabda-Brahman. Le *shabda* suffit pour vous fixer dans le Soi. L'océan est contenu dans une goutte d'eau, et la goutte d'eau dans l'océan. Qu'est-ce qu'une étincelle sinon une particule de feu — de Lui qui est la Connaissance suprême elle-même?

C'est la notion de « toi » et de « je » qui a toujours maintenu votre mental captif. Vous devez comprendre qu'il faut utiliser la combinaison de sons qui a le pouvoir de vous libérer de cette servitude. En vérité, c'est par le son que l'on pénètre dans le silence; car Il est manifesté dans toutes les formes, sans exception. En fait, tout est possible dans l'état qui est au-delà de la connaissance et de l'ignorance.

Tant que vous n'êtes pas complètement établi dans cette Connaissance suprême, vous résidez tous dans le royaume des vagues et des sons. Certains sons attirent le mental vers l'extérieur, d'autres l'entraînent à l'intérieur. Mais les uns et les autres sont reliés et, du fait de cette interrelation, l'union parfaite entre eux peut survenir à un moment propice, et être suivie par la grande Illumination, la révélation de ce qui EST. Pourquoi cela ne serait-il pas possible puisqu'Il est toujours Celui qui se révèle de Lui-même. De plus, puisqu'Il se révèle Lui-même, pourquoi refuser d'admettre qu'il puisse y avoir des exemples d'Illumination sans l'aide du son extérieur? Parfois, on compte sur le son extérieur, parfois on ne compte pas sur lui. Toutefois, dans le monde des hommes tel qu'il est, cette dépendance existe généralement. Quand tel n'est pas le cas, c'est en conséquence d'instructions et de tendances remontant à des vies antérieures. Cela aussi peut arriver. D'autre part, est-il injustifié d'imaginer que l'Illumination puisse se produire même si, au cours de vies antérieures, l'on n'a pas reçu des enseignements et développé un penchant dans ce sens? Puisqu'Il est le Rayonnant par Lui-même, comment exclure aucune possibilité? La diversité est en nous; chacun voit et parle selon Sa propre lumière.

*
* *

Question : Puisque l'existence physique est le résultat des actions accomplies au cours des vies antérieures (prârabdha-karma), *un résidu d'ignorance ne doit-il pas subsister aussi longtemps que le corps vit?*

Mâ : Si tout peut être consumé, ce résidu ne peut-il également être brûlé? A un certain niveau évidemment, un dernier vestige d'ignorance persiste encore. Mais de toute façon il existe un état où il n'en est plus question.

— *On prétend qu'un être parvenu à l'Illumination reste dans son corps à cause du* prârabdha *des autres parce qu'ils désirent sa présence.*

— Notre propre désir, les désirs des autres, l'indifférence, que voilà des termes qui qualifient les différentes sortes de liens créés par le désir! Si, tout en paraissant établi dans l'Être vrai *(svarûpa)*, quelqu'un est affecté par un désir ou son contraire, cela indique qu'il continue à être dépendant — dans un sens ou dans un autre. Vous devriez comprendre que pour ceux qui possèdent une conscience du corps, celui qui est parvenu à l'état de *videha* (affranchissement de toute conscience du corps) semble incarné. Si vous dites qu'après l'Illumination le corps ne peut survivre, cette présence dans le corps est-elle alors un obstacle à la connaissance suprême? Là où le Soi est révélé le problème du corps ne se pose tout simplement plus car dans cet état il n'est plus question de personne ni de rien en particulier.

— *Puisque l'Illumination peut tout consumer, il est logique que le corps soit également brûlé; certains le soutiennent.*

— Sans aucun doute, le corps sera consumé. Le « corps » signifie sujet à changement et donc il sera brûlé. C'est ce que vous disiez. Du moment où vous soutenez une théorie, vous prenez ainsi position et vous y êtes tenu. Mais lorsqu'il y a réalisation du Soi la question de savoir si le corps survit ou non ne peut pas se poser.

— *Qu'est-ce que la Nitya-lîlâ* (le Jeu éternel de Dieu)?

— Qu'entendez-vous par *nitya* (éternel)?

— *Ce qui ne peut être affecté par les états de veille, de rêve ou de sommeil sans rêve; c'est ainsi qu'on me l'a expliqué.*

— *Dualité (*dvaïta*) et non-dualité (*advaïta*) sont toutes deux éternelles. Il ne s'agit que d'un angle de vision différent. Du moment où l'on admet différents points de vue, on peut aussi, dans le cadre de cette diversité, parler de non-éternel.*

— Dans le Suprême, dans l'Ultime, alors que la vision limitée a disparu, comment peut-on faire des distinctions, par exemple entre dualité et non-dualité? Celui qui cherche perçoit les deux; et la dualité existe de même pour celui qui pratique une *sâdhanâ*, bien qu'il vise à l'Unité. Vous devez saisir la vérité que Celui qui est dualité est aussi Celui qui est non-dualité, tout comme la glace et l'eau.

Il existe un état où disparaît toute distinction entre dualité et non-dualité. Celui qui est rivé à un angle de vision particulier parlera du point de vue qui est le sien à ce moment précis. Mais là où est le Brahman — l'Unique sans second — rien d'autre ne peut exister. Vous distinguez entre dualité et non-dualité parce que vous êtes identifié au corps, ce qui signifie que vous êtes dans un état de constante insatisfaction.

De plus, il faut souligner que si par des perceptions sensorielles d'aucune sorte, quelque chose arrive qui ne soit pas Cela et seulement Cela, c'est dû à *avidyâ*. Si vous dites « Il n'y a qu'un Vishnou », alors que vous ne le percevez pas partout, qu'avez-vous réalisé? Ou encore lorsque vous dites Shabda-Brahman, et donc Brahman—ou que vous l'appeliez Vishnou ou Shiva, car tous ces noms ne correspondent qu'à des manifestations diverses. Cela est nécessaire dans différentes lignes d'approche. Ainsi, tous les noms ne sont que Ses noms, toutes formes Ses formes, toutes qualités Ses qualités. Le sans-nom et le sans-forme sont également Lui seul.

Il existe un état où peu importe qu'Il prenne ou non une forme. Ce qui est, c'est CELA. Dans ce cas que peut-on exprimer par des mots? Et puis, à un certain niveau, le Soi peut se révéler Lui-même à Lui-même. En même temps, Il ne se révèle pas du tout. A qui devrait-Il se révéler? Là où n'apparaissent ni formes ni attributs, que peut-on définir par la parole? Là où rien n'est exclu, comment pourrait-on barrer le chemin à l'Unité? Dans cet état d'équilibre parfait, absolument plus rien ne peut être en dehors de Lui; ce qui est EST. Dès ce moment, que peut-on dire ou passer sous silence puisqu'Il est entièrement au-delà des mots? Évidemment chacun parle le langage du niveau où il se trouve; pourtant, quels que soient les mots prononcés, ce sont Ses paroles, Son chant dédié à Lui-même. Dans l'état suprême rien ne peut plus être un obstacle; s'il en subsiste c'est que l'ignorance a persisté. En réalité il n'y a que Lui — Lui seul et rien d'autre que Lui.

Imaginez que vous ayez modelé une poupée avec du beurre, que vous regardiez sa silhouette, ce qu'elle a de particulier, ou son apparence — il n'en reste pas moins que c'est du beurre, et rien que du beurre. En tant que beurre, c'est une substance indivisible. Une division romprait son intégralité; ainsi, la division est impossible.

Nitya-lîlâ signifie le Jeu de Dieu, où Dieu interprète tous les rôles. Là où est Dieu, Son jeu ne sera jamais éphémère. Lui, le Tout-puissant met en scène Sa *lîlâ* infinie, Son jeu sans fin. Le fini se situe dans l'Infini, et l'Infini dans le fini. C'est Lui, l'Un qui est le Soi, qui joue une comédie avec Lui-même. C'est ce qu'on appelle la *Nitya-lîlâ*. A ce stade on trouve des apparences différentes qui s'appliquent à des occasions et à des lieux différents; ne s'agit-il pas du monde de la Conscience pure! Ici, même la division participe de la nature de la Conscience pure, parce qu'elle est transcendantale *(aprâkrit)*. Le fait de parler de non-dualité n'implique-t-il pas la notion de dualité? Mais dans le domaine de la Conscience pure, si vous dites « Mâyâ existe », vous avez raison, mais vous avez tout autant raison si vous affirmez « il n'existe rien qui soit Mâyâ », car rien ne peut être exclu. La non-dualité — que l'on ne peut pas concevoir — est tout aussi vraie que ce que vous pouvez concevoir. Car tout est CELA, et où règne CELA aucune contradiction n'existe. Le faux en tant que tel doit s'effacer. Comment parler d'*advaïta* et y inclure les individus, le monde? Puisque c'est la non-dualité des individus, le monde peut-il encore y exister? Dans cet état, où toutes ces choses pourraient-elles trouver place? Là où se trouve exclusivement l'Unité, comment pourrait-il y avoir place pour deux? D'autre part, n'est-il pas dit : « Là où se trouve un homme, il y a toujours Shiva et là où se trouve une femme il y a toujours Gaurî »? En partant de ce point de vue, vous devriez maintenant réfléchir à toute cette question.

Et pourtant, tout ce qui peut être dit par n'importe qui, de quelque point de vue que ce soit, est juste, car rien ne peut être en dehors de CELA. Que vous disiez que l'apparence de Mâyâ existe ou n'existe pas, cela ne peut réellement être exprimé qu'en paroles. Que l'on utilise ou non des paroles, que l'on voie ou ne voie pas, cela dépend uniquement du point de vue où nous nous plaçons. D'autre part, là où est CELA il ne peut y avoir des points de vue différents. Les problèmes naissent du manque de connaissance — qui provient du voile de l'ignorance. Et jusqu'à ce que l'on soit établi dans son propre Être essentiel *(svarûpa)* il est naturel que des questions se posent.

Dans le monde du phénomène, on fait beaucoup de distinctions, par exemple entre « au-dessus de » ou « au-dessous de ». Mais « là », qu'est-ce qui est ou n'est pas? Comment qualifieriez-vous l'état où l'on peut encore parler de montée et de descente? Ne devez-vous pas admettre que là diverses directions subsistent? Si vous parlez de descente et de montée, il va sans dire qu'il doit y avoir un lieu où descendre; mais où Lui peut-Il descendre? Uniquement en Lui-même, bien sûr! Monter et descendre ne sont qu'une seule et même chose; et celui qui monte est aussi celui qui descend, et l'acte de monter ou descendre est aussi Lui. Bien que *vous* parliez de Descente Divine (Avatar), Lui, certainement, ne se subdivise pas. Dans un feu, vous pouvez voir une flamme à droite et une à gauche, mais l'unité du feu n'en est pas affectée; le feu en tant que feu est éternel. Voilà comment vous devriez le comprendre. Aucune comparaison n'est jamais complète. Celui qui descend, le lieu d'où il vient et le lieu où il va, tout n'est qu'Un. Il n'y a rien en dehors de CELA.

— *Si le réel reste ce qu'il est, que signifie alors monter et descendre?*

— Ce que vous dites relève d'une certaine vision du monde. Là où se trouve l'Ultime, le Suprême, la question que vous posez est impossible. A un certain niveau descente et montée existent. C'est vous qui dites « Dieu descend ». Par ailleurs, il n'existe rien de tel que « descente ». Il reste là où Il est, et toutes les possibilités sont contenues en Lui. Comprendre intellectuellement, cela signifie être soumis à des conceptions mentales et cela vous empêche de saisir la Vérité.

Que pouvez-vous atteindre qui ne soit pas déjà là? Tout ce qui a été trouvé sera reperdu. Pour se préparer à la révélation de CELA qui EST éternellement, on dispose d'instructions, de diverses voies, etc. Mais ne voyez-vous pas que chaque sentier a une fin? En d'autres termes, vous devez vous concentrer sur cette idée qui balaiera toutes les autres et, une fois parvenu au-delà de toute idée, vous trouverez la révélation de CELA que vous êtes réellement.

Ce qu'il y a de beau c'est que la nature réelle de l'homme [dans la *lîlâ*] aspire ardemment à la Réalité, à la Sagesse suprême, à la Joie divine (Sat-chit-ânanda); de même qu'il est dans sa nature de rentrer dans son Soi lorsque le jeu *(lîlâ)* est terminé. Le théâtre du Jeu c'est Lui, le jeu c'est Lui également, de même que les acteurs, les amis, les compagnons — tout est Lui seul. Naturellement personne ne recherche l'ignorance. Aspirer à l'immortalité correspond à la vraie nature de l'homme. Ou bien la mort est-elle désirable? Le monde s'intéresse à la connaissance qui est ignorance. Bien que cela soit vrai, même ici-bas l'on peut voir comment un homme se construit une maison solide qui pourra durer longtemps parce qu'il recherche la stabilité. A un moment donné, quelqu'un peut dire un mensonge poussé par une impulsion incontrôlable, et pourtant se sentir mal à l'aise.

Aspirer à ne plus rien avoir à désirer est votre vraie nature, ainsi qu'explorer tout ce que vous percevez, pénétrer jusqu'à la racine.

Lorsque vous achetez des vêtements, vous choisissez un

tissu solide qui ne s'usera pas trop rapidement. Même ce détail indique en vous une tendance innée à vouloir ce qui est éternel. Votre vraie nature vous pousse à rechercher la révélation de CELA qui est, de l'Éternel, de la Vérité, de la Connaissance illimitée. C'est pour cette raison que l'évanescent, le faux, l'ignorance et les limitations ne vous satisfont pas. Votre vraie nature est de brûler du désir de connaître ce que VOUS ÊTES.

* * *

LUI seul EST — donc pas question d'accepter ou de refuser. A-t-Il jamais commencé d'exister pour qu'il soit possible de L'accepter ou de Le refuser? Il n'est jamais né. D'un certain point de vue il est vrai que ce monde-ci n'existe pas, que l'on trouve la Vérité en éliminant nom et forme; d'autre part, nom et forme sont composés de ce qui est indestructible *(akshara)*. Mais dans son essence, CELA est Vérité *(tat sat)*. L'apparition du monde phénoménal (provoquée par une perception erronée) et sa disparition (qui résulte de la Connaissance vraie) sont en définitive une seule et même chose. L'une et l'autre sont LUI. Et puis, il ne peut pas être question de dissiper une erreur, car il n'y a que LUI, sur qui tout repose. Si LUI est le but unique, il faut extirper l'erreur que l'erreur existe. Parler comme nous le faisons ne sert qu'à aider quelqu'un à comprendre.

Dans la mesure où cette étude ne tourne pas à l'obsession, l'étude des Écritures et de textes du même genre peut aider à saisir la vérité. Mais tant que l'on n'a pas fait l'expérience de ce qui a été lu — c'est-à-dire qu'on ne l'a pas incorporé en soi, le but de ces lectures n'a pas été atteint. Une graine que l'on garde à la main ne peut pas germer. Pour révéler toutes ses possibilités, elle doit se métamorphoser en plante et porter des fruits. Néanmoins puisqu'on ne peut parler ni de révélation ni de non-révélation, ce qui apparaît et devient est aussi toujours présent. A un certain niveau, certains peuvent avoir un aperçu, une étincelle pour ainsi dire, de la

Réalité. Cela aussi est un des états où l'on ne peut pas comprendre ce qu'on a perçu et alors on en est troublé. En fait, innombrables sont les états et les étapes. Le pouvoir de brûler qu'a le feu est indivisible; mais comment peut-il y avoir plénitude et totalité dans ce qu'on appelle des aperçus et des étincelles? Ce n'est que là où règne cette plénitude que la question de la division ne se pose pas. Ce qu'il faut, c'est l'éveil authentique au-delà duquel il ne reste rien à atteindre. Le monde des objets des sens peut être ou ne pas être perçu — cela ne fait aucune différence. Il existe un état où il en est ainsi.

Quelle que soit l'action accomplie, elle appartient au royaume de la mort, du changement incessant. Rien ne peut être exclu. Tu es dans le visage de la mort et dans la forme du désir; Tu es le devenir et l'être, la différenciation et l'identité, car Tu es infini, sans fin. C'est Toi qui erres sous le travesti de la nature. De quelque point de vue que l'on fasse une affirmation, je n'y objecterai jamais car Il est tout en tout. Lui seul est l'Unique, avec forme et sans forme. Dans votre état actuel, votre essence divine ne peut pas se révéler. Quand on construit un toit, il est essentiel que tous les matériaux qui le composent y restent. Peu importe le temps qu'il faudra, le toit doit être solide. De même vous vous identifiez à tout genre de travail où vous excellez, en vous imaginant que ce travail est votre nature réelle. Jusque-là c'est fort bien. Mais où est la totalité de votre être, qui a forme et aussi n'a pas de forme? Vous devez donc vous demander : Que faut-il attendre? Vous devez devenir conscient de votre Soi dans son intégralité. Et même en devenir totalement conscient ne suffit pas; vous devez vous élever au-delà du conscient et de l'inconscient. Ce qu'il faut, c'est la révélation de CELA. Vous devez continuer à discriminer, à convaincre votre mental — au prix d'efforts soutenus — que le *japa*, la méditation et tous les autres exercices spirituels ont pour but votre Éveil. Tout au long de ce pèlerinage, il ne faut jamais faiblir; ce qui compte, c'est l'effort! Aussi devez-vous essayer d'être possédé continuellement par cette quête; elle doit faire partie de votre être.

Vous devez vous fondre avec votre Soi. C'est Toi qui gémis, qui dans Ta détresse appelles à l'aide, et c'est Toi-même qui es le chemin et le but. Pour parvenir à cette révélation, l'homme doit recourir à son intelligence avec vigueur et sans relâche.

L'arbre puise l'eau par ses racines. Le cerveau de l'homme représente ses racines, c'est là que son pouvoir de raisonner, son intelligence sont constamment à l'œuvre. Par le *japa*, la méditation, la lecture des Écritures et par des exercices similaires, l'homme progresse vers le but. Par conséquent, il devrait s'astreindre, le regard fixé sur Lui, à avancer le long du chemin. Quels que soient les contraintes, les attaches ou les liens que l'homme s'impose, ils devraient le conduire au But suprême de la Vie. L'homme devrait foncer à la découverte de son propre Soi avec une énergie farouche.

Que l'on choisisse le chemin de la dévotion, où le « je » se perd dans le « Toi », ou le chemin de la quête du Soi, du vrai « je », c'est Lui seul que l'on trouve aussi bien dans le « Toi » que dans le « Je ».

Pourquoi faut-il que le regard reste fixé tandis que l'on avance sur le chemin? Le regard est « Lui » et le « pourquoi » aussi est Lui. Ce qui est révélé ou caché, ici ou ailleurs, sous quelque forme que ce soit, c'est « Toi », c'est « Je ». La négation aussi bien que l'affirmation sont l'une et l'autre « Toi », l'Unique. Vous ne pourrez saisir complètement ce que je vous dis là que lorsque vous trouverez toutes choses en vous, en d'autres termes dans l'état où il n'est rien d'autre que le Soi. C'est pour cela que tout au long de la voie vous devez diriger votre regard vers l'Éternel. Même là où vous voyez une limitation, vous vous trouvez en face d'une manifestation du sans-limite, de l'Infini. Dans l'essence, il n'est rien d'autre que votre propre Soi. Tant que cela n'a pas été révélé, comment un homme peut-il parler de réalisation totale, complète, parfaite, incluant toute chose — qualifiez-la comme vous voudrez! Et aussi, comment la question de perfection ou d'imperfection, de plénitude ou de non-plénitude peut-elle encore se poser dans un tel état d'Accomplissement?

*
* *

Question : Vous dites que tous les instants sont contenus dans l'Instant suprême unique. Je ne comprends pas.

Mâ : L'instant de la naissance détermine ce qui se passera dans la vie, mais l'Instant suprême, qui se révèle au cours d'une *sâdhanâ*, conduit à l'achèvement des actes et par conséquent de votre *karma*. Vous devriez comprendre que celui qui est engagé dans l'action est soumis au jeu de la nature (Prakriti). Les éléments constitutifs de la nature sont appelés *gunas* car ce monde n'appartient pas à l'éternité. La perception du monde constitué par les trois *gunas* se situe dans le temps et est transitoire. De ce point de vue, on voit que le monde est périssable. *Vairâgya* peut consumer, et *bhâva*, *bhakti*, dissoudre ce qui est impermanent dans la nature humaine. Mais l'instant où la combustion et la fusion sont impossibles — cet instant-là est éternel. Essayer de capter cet instant est tout ce que vous avez à faire. En réalité tout est CELA, tout ce qui est perçu est CELA. Comment CELA peut-il être en dehors de quoi que ce soit? C'est le cas pour celui qui est entré dans le Courant; pour lui, comment peut-il encore y avoir discrimination entre présent, passé et futur? Un yogin peut attraper quelque chose qui est de l'autre côté d'un mur, simplement en tendant la main. Dès que cela devient possible, le mur n'est plus là, bien qu'il existe, et même si le mur n'existait pas, il pourrait assumer les fonctions d'un mur. Au-delà du voile se trouve la chose, mais devant vous c'est le voile qui se présente. Le voile n'était pas là auparavant, il ne sera plus là demain, il n'existe donc pas réellement maintenant. Il en est ainsi à un certain point de vue.

Vous devriez comprendre que le processus yoguique qui enlève au voile le pouvoir d'entraver la libre activité du yogin est analogue à la méthode qui permet au yogin de percevoir un objet généralement invisible. D'autre part, mouvement et repos — tout en restant ce qu'ils sont — ne se distinguent plus pour celui qui peut voir. Dans cet état les possibilités sont innombrables. Mais ce corps-ci n'a pas toujours le *kheyâla* (la Volonté-conscience divine) pour dire toutes choses. Tout cela appartient au royaume du merveilleux *(chamatkâra)*.

Revenons-en à l'« instant ». L'instant que vous croyez vivre est faussé tandis que l'Instant suprême contient tout « être et devenir ». Rien n'est là et tout y est. Une fois encore il ne peut pas y être question que ce soit ou bien l'Instant suprême ou bien l'instant fraction du temps qui s'écoule.

— *Vous dites qu'il y a repos* (sthiti) *dans le mouvement* (gati) *et mouvement dans le repos. Qu'est-ce que cela signifie?*

— Lorsque la graine s'est unie à la terre, lorsque les deux se sont mêlées, alors intervient le repos; mais le processus de germination s'engage immédiatement et il implique certainement mouvement. Se mouvoir signifie ne pas rester à la même place. Pourtant c'était à une seule et même place — pourquoi « était »? C'« est » encore maintenant. Chaque étape du développement d'un arbre représente un point d'arrêt, mais ce n'est qu'une transition. Ensuite, les feuilles poussent, puis elles tombent, et ainsi se marque le changement de condition; celui-ci existe et n'existe pas, car après tout il s'agit d'un seul et même arbre. En puissance, l'arbre contient le fruit, et c'est pour cela qu'il pourra le donner — « pourra donner » veut dire alors « donner ».

En fait, il n'existe jamais rien d'autre que l'Instant unique. De même qu'un seul arbre contient d'innombrables arbres, d'innombrables feuilles, une quantité infinie de mouvements et d'états statiques, de même un instant contient un nombre infini d'instants et en tous se trouve l'Instant unique. Et cet Instant suprême réunit mouvement et repos. Alors, pourquoi parlerait-on de la révélation de cet Instant? C'est parce que, induit en erreur par votre perception des différences, vous considérez chaque créature et chaque objet au monde comme distincts les uns des autres. C'est pourquoi les distinctions existent pour vous. La croyance dont vous êtes captif, c'est que vous êtes distinct de tout le reste, c'est-à-dire que l'instant de votre naissance a déterminé votre nature, vos désirs et leur réalisation, votre développement, votre quête spirituelle, tout, par conséquent, que l'instant de votre naissance joue un rôle irremplaçable, que l'instant où est née votre mère également, et aussi celui où est né votre père, que la nature et le tempérament de chacun des trois sont différents de tous les autres.

Selon sa ligne d'approche particulière, chacun de vous doit saisir la seconde, l'instant où lui sera révélée la relation éternelle qui le lie à l'infini. C'est la révélation du *mahâyoga*, l'Union suprême. Union suprême signifie que l'univers tout entier est en vous et que vous êtes en lui; il n'y aura plus lieu alors de parler de l'univers. Dites qu'il existe ou qu'il n'existe pas, ou bien que l'on ne peut prétendre ni qu'il existe ni qu'il n'existe pas ou autre chose encore — dites tout ce qui vous plaira. Ce qui importe, c'est qu'Il Se soit révélé, sous une forme ou une autre.

A cet « Instant », à cette seconde où vous Le trouverez, vous connaîtrez votre vrai Moi. Connaître son vrai Moi implique la révélation (à ce moment précis) de ce que sont en réalité vos père et mère, et pas seulement vos père et mère, mais l'univers tout entier. Cet instant-là relie la création tout entière. Car vous connaître vous-même ne signifie pas connaître seulement votre corps, il s'agit de la révélation totale de CELA qui EST éternellement : le Père suprême, la Mère suprême, le Bien-aimé, le Seigneur et le Maître, le Soi. Quand vous êtes né, vous ne saviez pas que vous veniez au monde. Mais lorsque vous avez saisi l'Instant suprême vous découvrez tout à coup qui vous êtes vraiment. Dès que vous avez trouvé le Soi, l'univers entier vous appartient. De même qu'en recevant une graine, vous recevez en puissance un nombre infini d'arbres, de même devez-vous capter l'Instant suprême unique, qui, en se réalisant, ne laissera plus rien qui ne soit réalisé.

Le sens du manque, du vide *(abhâva)* et notre être vrai *(svabhâva)*, se situent exactement au même endroit. En fait, ils sont CELA et CELA seulement. Que représente ce sens du manque, ou l'être vrai ? Lui, rien que Lui, pour la bonne raison qu'il n'y a qu'une seule graine, qui est l'arbre aussi bien que la graine et que toutes les étapes du processus de transformation. En vérité, Lui seul.

Vous tentez d'assouvir un désir par un autre désir; les désirs ne peuvent donc pas disparaître, pas plus que la tendance à désirer. Lorsque l'homme acquiert une conscience aiguë de cette tendance en lui à désirer, alors seulement la quête spirituelle devient authentique. Vous ne devez pas oublier que lorsque la tendance à désirer se transforme en une volonté de connaître son Moi, alors seulement peut commencer la vraie recherche. Que vous le nommiez Un, Deux, ou l'Infini, que chacun prétende ce qu'il veut, tout est juste.

***

Question : J'ai entendu dire qu'un yogin peut, grâce aux pouvoirs acquis par son yoga, prolonger la vie d'un homme d'un ou deux mois au maximum. Dans ce domaine, un yogin moyen ne peut pas faire davantage.

Mâ : Oui, il en est ainsi à un certain stade, mais le fait que la vie d'un homme ait été prolongée, ne serait-ce que d'un mois ou deux, prouve qu'avec un pouvoir yoguique supérieur il serait possible d'obtenir une prolongation plus importante. Une des méthodes pour prolonger la vie d'un homme consiste à soustraire ce laps de temps de la vie d'un autre. Mais il existe aussi une méthode selon laquelle on peut allonger une vie sans en diminuer une autre. Il y a des yogins capables d'utiliser leurs pouvoirs à cette fin. Mais il en va tout différemment là où aucun obstacle ne se dresse en face du pouvoir créateur.

— *Peut-on en déduire que le corps physique peut être immortalisé?*

— Là, tout est possible.

— *Pourtant on ne trouve dans les Écritures aucun exemple d'immortalisation du corps physique.*

— Dans l'état suprême tout est à la fois possible et impossible. Déclarer « ceci ou cela n'est jamais arrivé » relève de la conception du monde vu par un individu. Si le corps doit être maintenu dans une seule et même condition, cela peut se faire, et cela se fait en réalité.

Maintenant considérez la matière d'un autre point de vue : les corps engendrent des corps, les arbres des arbres, etc. Dans un certain état, il y a à la fois être et non-être. Là où tout ce dont on vient de parler existe, est manifeste et continuera de l'être — qu'est-ce qui est ou n'est pas? D'autre part, lorsque vous dites qu'il n'y en a pas d'exemple dans les Écritures, c'est parce que là où la Vérité se révèle — tout au moins dans la mesure où elle est révélée — ces choses sont connues par perception directe.

— *Je vous ai entendu dire qu'un individu peut avoir plusieurs corps. S'il en est ainsi, un homme peut, avec l'un de ses corps, pratiquer son yoga et avec l'autre éprouver les heurs et malheurs de la vie. Pour un yogin, cela peut être réalisable, mais comment cela se peut-il pour un être ordinaire encore plongé dans l'ignorance?*

— Parfaitement. Cela peut être obtenu par des pouvoirs yoguiques mais semble impossible pour un être ordinaire.

Lorsque vous voyez un bouton de fleurs, vous ne percevez que le bouton, et pourtant ce petit bouton contient réellement la fleur épanouie, le fruit, la semence et la plante tout entière. La manifestation est universelle et sans limite, mais la vision que vous en avez est partielle et dépend d'un certain point de vue, de ce qui apparaît à vos yeux à un moment donné. Ayez une vision d'ensemble, qui englobe tout et essayez de voir ce qu'est en réalité un yogin ou un individu particulier!

Votre corps était d'abord celui d'un enfant, puis il devint celui d'un jeune homme et plus tard il sera celui d'un vieillard. Enfance, jeunesse, vieillesse sont contenues en vous. S'il en était autrement, d'où viendraient-elles? Des gens vous disent : lorsque vous étiez enfant votre visage était comme ceci ou comme cela. Cela prouve que votre visage d'enfant est présent en cet instant même; sinon comment pourrait-il être ainsi décrit? De même votre corps reste toujours présent dans toutes ses phases : ce qu'il était dans le passé, ce qu'il est maintenant et ce qu'il sera demain. Ainsi en est-il là où l'expérience prouve que passé, présent et futur sont toujours présents.

Le temps dévore sans cesse. A peine l'enfance est-elle passée qu'apparaît l'adolescence. L'une absorbe l'autre. La perception ordinaire ne peut pas s'en rendre compte. Le changement n'est observé que dans une très faible mesure. En réalité, l'apparition, la continuation et la disparition se produisent simultanément en un même endroit. Tout est infini; fini et infini sont identiques. Dans une guirlande, le fil est continu mais il y a des espaces vides entre les fleurs. Ce sont ces espaces qui provoquent désir et chagrins. Ne plus en avoir conscience, c'est être libéré du désir.

*
* *

Question : Le Védânta et la bhakti *constituent deux doctrines ou voies d'approche entièrement différentes.*

Mâ : Tant qu'il y a doctrine, il ne peut y avoir compréhension totale. Ce qui est souligné d'un certain point de vue sera rejeté d'un autre. Mais où est l'état dans lequel cessent d'exister *(bhedâbheda)* différence et non-différence? Certains prétendent que la conception de Râdhâ-Krishna est complètement védântique, car Krishna ne peut exister sans Râdhâ ni Râdhâ sans Krishna — ils sont deux en un et un en deux.

— *On dit que le jeu* (lîlâ) *éternel de Dieu se fonde sur la dualité?*

— Selon certains, supposer la dualité, c'est aussi être dans l'Unité.

— *Que signifient réellement* dhâma, lîlâ, parikara?

— On dit que même au milieu de cette *lîlâ* l'Unité subsiste intacte. Ce dont nous jouissons dans la *lîlâ* c'est le *râsa*, qui est unique; dans le Védânta non plus il ne peut pas être question de dualité. Bien que la dualité semble se manifester aux yeux du *bhakta*, là aussi il n'y a qu'Unité. Du point de vue du *bhakta*, c'est ce qui apparaît, mais celui qui a une vision différente ne peut pas le saisir.

Supposez qu'en donnant l'initiation un gourou invite son disciple à pratiquer les rites d'adoration à Râdhâ-Krishna, à se considérer comme leur serviteur et à reconnaître en Râdhâ-

Krishna son maître. S'il s'engage régulièrement dans ce rite et cette adoration, voici ce qui peut se passer.

Tout d'abord, l'adorateur éprouvera le besoin de consacrer à la Divinité la pièce où il accomplit ses dévotions et de l'adorer avec des offrandes de lumière, d'encens, etc. *(àratî)*. En continuant, jour après jour, à rendre ce culte, l'adorateur commence à se demander : « Mon Seigneur est-il vraiment aussi petit que cette image? Réside-t-il uniquement dans mon oratoire et nulle part ailleurs? » En procédant de la sorte, cet homme sentira peu à peu que tout est à Lui. Ce sentiment saisit l'individu et se répand en lui comme une maladie. Une dévotion orientée vers un but unique engendre des pensées profondes qui se manifestent dans l'action. La lumière de Dieu descend sur l'adorateur, Sa Puissance s'éveille en lui et l'amène à chercher profondément en lui-même.

Suit alors une étape où l'on peut avoir une vision du Bien-aimé, au moment où l'on nettoie les récipients utilisés pour la *pûjâ*, ou encore quand on dort et qu'on Le voit à côté de son lit. Au début, voyez-vous, le disciple croit que le Seigneur est présent dans son oratoire; peu à peu il est à même de Le voir ailleurs aussi. A un stade ultérieur, il ne Le voit plus seulement dans tel ou tel endroit particulier, mais partout où il regarde. Il Le voit assis dans un arbre, debout dans l'eau; sous la forme d'un oiseau ou d'un autre animal. Cependant, à ce stade la vision de Lui n'est pas encore permanente.

Ensuite vient le temps où le Bien-aimé ne quitte plus son adorateur qui Le sent toujours présent à ses côtés. Quelle sera l'étape suivante? La forme, l'apparence, l'essence, d'un arbre — tout est le Seigneur. Auparavant l'adorateur Le percevait dans tous les objets; mais maintenant Il n'est plus vu « dans » tous les objets, car il n'y a plus rien que Lui seul. Les arbres et les fleurs, l'eau et la terre — tout est le Bien-aimé et seulement le Bien-aimé. Toute forme, toute façon d'être, toute expression, tout ce qui existe est Lui, rien n'est autre que Lui. Il se peut qu'un *sâdhak* reste dans cet état jusqu'à la fin de ses jours.

Si tout est le Seigneur et rien que Lui, alors le corps même doit aussi être Lui, l'Existence Unique. Dans cet état toute activité physique, serait-ce même l'accomplissement d'un rite ou d'un service, devient impossible pour celui qui est profondément absorbé en *dhyâna*. Car Lui seul est. L'adorateur n'existe plus en dehors de Lui. Que disent les védântistes : « Il n'y a qu'un Brahman qui n'a pas de second. » Cependant pour certains qui sont parvenus à cet état le rapport entre Seigneur et serviteur subsiste : « Il est le Tout et je suis partie de Lui et pourtant seul le Soi unique (*eka* Atman) existe. » Quelle objection à ce que le Brahman soit représenté sous les traits resplendissants de Krishna? En vérité tout est identique, sans division. En prendre conscience signifie que l'on est immergé complètement dans l'Océan de l'Unité.

Cela une fois réalisé, l'adorateur peut de nouveau célébrer ses *pûjâs* et ses services car la relation de Maître à serviteur persiste. Mahâvîr a déclaré : « Lui et Je sont un; pourtant Lui est le tout et je suis partie de Lui. Il est le Maître et je suis son serviteur. » L'adorateur fait l'expérience de la totalité en même temps que de son état de serviteur du Seigneur. Quelle objection y a-t-il à ce qu'après la réalisation du Soi unique, la relation de Maître à serviteur subsiste encore? C'est cette relation qui au début a conduit au but. Après la réalisation, c'est Lui, l'Un qui sert. Le service véritable, c'est cela, que vous l'appeliez *mukti* ou *parâ-bhakti* ou de n'importe quel autre nom.

Le Maître spirituel donne des instructions. Pour Lui, faire ou ne pas faire de *japa* revient au même et il n'y a là aucune contradiction. Lorsqu'on le qualifie de Maître universel, comment peut-on encore le critiquer?

— *L'Unité du tout une fois réalisée, quels sont les besoins ou imperfections qui rendent nécessaire d'adorer à nouveau une divinité particulière?*

— Dans cet état il n'y a ni besoin ni imperfection.

— *Mais alors il ne s'agit plus de service ou de rite au sens où nous l'entendons?*

— Vous pouvez les appeler comme vous voudrez. Shukadeva était un être libéré; alors pourquoi nous a-t-il donné le

Bhâgavata-Purâna? Qu'avez-vous à répondre? Le besoin ou l'imperfection qui au début incite un individu à servir ou à adorer n'a plus sa place ici.

Les védântistes éliminent une chose après l'autre en disant « *neti neti* » (pas ceci, pas ceci). En fait vous voyez une fleur magnifique et quelques jours plus tard il n'en reste que poussière; ce qu'ils disent est donc parfaitement exact. Ce qui est susceptible de changer va certainement changer. D'autre part, si vous vous exprimiez dans le langage de ceux qui croient en la réalité du nom et de la forme, vous pourriez dire : « Tous les noms sont Ton nom, toutes les formes sont Ta forme. » Ici noms et formes sont réels aussi. On pourra rétorquer : « Ce qui est soumis au changement, c'est le monde. » En persévérant dans la pratique de la discrimination, l'individu se trouve finalement établi dans la réalité unique. Lorsqu'il n'y a que l'Océan unique — rien que l'eau — l'individu ne peut plus se sentir séparé du Tout. C'est l'immersion totale. Cependant, si extérieurement ou intérieurement un seul cheveu est resté sec, c'est que l'immersion n'a pas été totale. Une graine qu'on a fait frire ne pourra plus jamais germer. C'est comme ça : une fois que vous avez réalisé l'Unité vous pouvez faire n'importe quoi — il ne s'y trouvera plus aucun germe de karma. Quand il n'y en a pas, toutes formes, toutes variétés ne sont que CELA. Que ce soit par une dévotion intense ou par la discrimination védântique, on est parvenu à l'essence unique. Dans ces conditions, est-ce que se fondre en CELA signifie devenir pareil à une pierre? Certainement pas, car la forme, la variété, la manifestation ne sont pas autre chose que CELA. Les traits caractéristiques au chemin propre à chaque personne seront naturellement conservés; et pourtant, ce à quoi l'on parvient c'est l'Un en qui ne peuvent subsister ni doute ni incertitude. En fait que peut-il bien y avoir qu'on doive attendre? Nous *sommes* CELA — la Vérité éternelle. Si CELA reste « autre que nous », c'est parce que nous nous imaginons qu'il faut en faire l'expérience, le réaliser. Ce point de vue est valable à certains niveaux, mais pas à d'autres. L'Éternel toujours EST. Ce qu'on appelle le voile de l'ignorance sous-entend mouvement continuel; mouvement signifie changement, transformation incessante. Néanmoins, aucun changement ne se produit là où il y a non-action dans l'action. Pour celui qui est dans cet état, la dualité n'existe pas; alors qui mange et que peut-il manger? Où peuvent intervenir théories et disputes? Si l'on prétend qu'une certaine personne, puisqu'elle parle, ne peut avoir atteint cet État — que dit-on et à qui? Qui est celui à qui l'on parle? Ainsi en est-il lorsque l'on a atteint la Réalisation totale.

Si quelqu'un essaie d'expliquer à d'autres ce qui précède, il s'aperçoit que ses interlocuteurs n'ont pas compris. Se rendre compte que quelqu'un n'a pas compris implique-t-il que nous soyons nous-mêmes retombés dans l'ignorance? Deux faits nous apparaissent alors : être capable de comprendre et être incapable de comprendre. Celui qui est limité par l'angle de vision du monde est asservi. Mais, quand la Vision de CELA est intervenue, la connaissance de l'ignorance et celle de la connaissance sont révélées dans leur plénitude. A ce stade, toute distinction entre connaissance et ignorance ne peut tout simplement pas intervenir. Des actions telles que manger, boire, etc. sont devenues action dans l'inaction. A ce moment quelle est la différence entre célébrer ou ne pas célébrer des cérémonies? Connaître et ignorer sont entièrement dans le Soi. Mais il est fort difficile de saisir cet état, alors qu'il est facile de comprendre une certaine ligne d'approche ou un certain niveau. Mais ici, il n'est plus question d'atteindre ou de ne pas atteindre, et même le fait de ne pas atteindre n'est pas une imperfection. Cependant, si le plus petit attachement subsiste, cela signifie que l'État sublime n'est pas encore atteint. Les gens peuvent devenir très riches en vendant des produits d'imitation. Pourquoi en achète-t-on? Parce qu'ils ressemblent aux authentiques; c'est ce qu'il y a de remarquable. Mais à l'utilisation on est déçu, et alors on repart à la recherche de l'authentique.

Lorsqu'on a réalisé le Soi Unique, on a compris qu'il n'y a rien en dehors de Lui, on découvre que l'image vénérée n'était que CELA sous une forme particulière. Ayant trouvé la Réalité, l'adorateur la perçoit sous cette forme : « La divinité que j'adorais n'est autre que le Soi unique, le Brahman qui n'a pas de second. Ainsi le Seigneur que j'adorais, c'est l'Unique. » Lorsque l'homme a plongé dans les profondeurs de la mer, il comprend que l'eau n'est autre que Lui sous une forme particulière. L'adorateur qui avance sur le chemin de la *bhakti* deviendra le parfait Serviteur lorsqu'il aura eu la vision de son Maître. Les deux méthodes de « pas ceci, pas ceci » *(neti, neti)* et « Ceci est Toi, ceci est Toi » *(iti, iti)* conduisent au même but. En avançant dans une direction on Le trouve, mais si l'on prend une autre direction on parvient au même but. Ceux qui suivent le sentier de l'abandon à la divine Énergie (Shakti) et ceux qui adorent l'image de Shiva arriveront tous finalement à la Shakti unique, au Shiva unique. La route du Védânta fera découvrir à ceux qui s'y aventurent que la glace c'est de l'eau, qu'il n'y a pas de forme, mais uniquement le sans-forme, et les *bhaktas* découvriront que le Bien-aimé n'est autre que le Brahman. Chacun suit sa méthode. L'Égalité, l'Unité doivent être réalisées et devenir un état permanent. Pour celui qui y est parvenu et qui dirait « Je renonce à la libération », ou « Je renonce à adorer mon Ishta », rien ne serait perdu malgré cet abandon; car dans cette condition il n'y a ni renonciation ni continuité. On pourrait se demander pourquoi il n'y aurait pas un seul et même chemin pour tous. Parce qu'Il prend pour Se révéler d'innombrables formes et moyens qui en réalité sont tous l'Unique. Dans cet état il n'est pas de « pourquoi ». Querelles et disputes n'existent que sur le chemin. Avec qui se quereller?

*
* *

Discussions et controverses font partie du chemin. Mais en réalité chacun vit chez soi. Le même chemin ne convient pas à tout le monde. Dans une même famille des frères auront chacun leurs inclinations et tendances propres. Certains seront attirés par le Védânta, d'autres par le Vishnouïsme ou par le culte de la Shakti. On ne peut donc pas dire qu'il n'existe qu'une seule voie. En fait les chercheurs de la Vérité sont façonnés chacun d'une manière unique, différente des autres. Mais tous devront passer la porte de la Vérité.

— *Les croyances sont-elles alors réellement différentes les unes des autres?*

Mâ : Vous constatez vous-même qu'un même gourou a beaucoup de disciples. Allez-vous essayer de les convertir tous à une même foi? En dépit de cela, combien de sectes n'ont-elles pas été créées... au fur et à mesure que les gens abandonnaient la leur! Ce que vous dites est bien vrai — mais en quoi [se retrouvaient-elles]? En ce qui émerge lorsqu'on a renoncé à tout et c'est Lui, c'est CELA.

— *Mon opinion est empruntée à ce que j'ai entendu dire.*

— Pourquoi avez-vous adopté cette optique? Pour vous expliquer ce sujet, ce corps-ci se place au point de vue des *rishis* et des *munis*, selon la voie qu'ils ont indiquée. Il existe dans le monde d'innombrables opinions et écoles, mais elles ne peuvent pas aider le chercheur. La méthode prescrite par le gourou est celle que doit adopter le disciple; en se laissant porter par ce courant il parviendra à l'Océan.

— Riz soufflé *et* murmura *sont une seule et même chose!*

— Si *riz soufflé* et *murmura* sont identiques, pourquoi porteraient-ils des noms différents? Il doit y avoir quelque chose qui les différencie, bien qu'en essence ce soit toujours du riz. La raison, c'est que le sens du « mien » et du « tien » a subsisté. Qu'en dites-vous? Lorsque vous discutez des credo ou des voies, n'oubliez pas que c'est seulement quand on est sur le chemin que l'on peut parler de chemins.

— *Discussions et controverses disparaissent-elles pour l'individu qui a dépassé le niveau où chaque croyance représente une ligne d'approche différente?*

— Quand on conçoit « il n'y a pas », on conçoit aussi « il y a », car sans cela comment le « il n'y a pas » pourrait-il exister? Les gens se réclament d'une secte en particulier. Mais à la source, là où il n'y a plus ni doctrine ni controverse, c'est Lui qui est à la racine et qui est présent dans toutes ces formes innombrables. Nous parlons de multiplicité ou de l'Un selon notre façon de voir. On sème une graine, un arbre pousse chargé de fleurs et de feuilles, étalant en nombre infini des moyens de devenir et des stades de repos, mais en essence il y a seulement un.

Chaque croyance, chaque école a sa méthode d'approche particulière. Aussi longtemps que vous avancez sur un chemin particulier, il n'y a pour vous pendant cette période qu'un seul chemin.

Passons à autre chose. Vous avez demandé comment des individus qui visent des buts totalement différents peuvent à la fin — lorsque le temps n'existe plus — être plongés dans le même océan. Lorsque vous dites « à la fin » vous vous placez dans les limites du temps; or là où il y a temps, il y a aussi quelque chose au-delà. Lorsque ne se présenteront plus les notions de fin ou de temps, tout sera uni.

— *Le fait de continuer à parler et à discuter implique-t-il qu'il subsiste quelque imperfection?*

— Oui, celui qui se trouve encore dans le domaine du langage, qui parle le langage du monde sur des sujets du monde est pris dans les filets du temps. Mais « là », la question de parler ne se pose plus. C'est pourquoi ce qui vient d'être dit ne s'applique pas à un véritable Instructeur du monde. Ce que dit un tel Instructeur ne ressemble en rien à ce qu'on dit dans le monde.

*
* *

Question : Expliquez-nous la nature du bonheur ici-bas et du bonheur divin.

Mâ : Le Bonheur divin — ce que vous appelez *parama sukhadam* est béatitude pure, sans mélange, bonheur qui ne dépend de rien.

— *Pourquoi les gens recherchent-ils le bonheur matériel?*

— Vous avez l'expérience de ce bonheur; de là votre question. Mais Dieu est généreux et il vous montre que ce prétendu bonheur n'est pas le Bonheur. Il attise en vous mécontentement et angoisse — qui découlent de ce besoin de communion avec le Divin. Le bonheur dans ce monde est un effet des innombrables manifestations de Dieu. Les gens parlent de ceux qui ont renoncé au monde et s'en étonnent, mais en réalité c'est vous qui avez renoncé à tout. Qu'est-ce que ce « tout »? Dieu! C'est lorsqu'on Le laisse de côté qu'on pratique littéralement la renonciation suprême. Avoir l'impression qu'il nous manque quelque chose est tout naturel. Même au milieu du confort et des plaisirs, l'individu se sent un étranger et éprouve le mal du pays. Même le bonheur s'accompagne d'angoisse; nos propres possessions ne nous appartiennent pas réellement; c'est cela qu'Il veut nous faire sentir. On prétend qu'une gifle vous fait reprendre vos esprits; on apprend par les coups que l'on reçoit. Lorsqu'Il se manifeste sous la forme du bonheur de ce monde, l'adorateur n'en est pas satisfait, car Il se manifeste en même temps comme insatisfaction. Tandis que même la plus minime parcelle de Bonheur divin n'abandonne plus jamais celui qui l'a éprouvée. Lorsque l'adorateur parvient à l'Essence des choses et trouve son Soi, il connaît le Bonheur suprême. Ce Bonheur une fois trouvé, il n'y a plus rien d'autre à trouver, aucun désir ne se manifestera plus et les tourments de l'âme seront apaisés à jamais. Ne vous contentez pas de miettes de bonheur qu'invariablement viennent balayer chocs et coups du sort, mais devendz un être complet; parvenu à la perfection, soyez vous-même!

*
* *

Un ingénieur européen : Je ne crois pas à la réincarnation. Est-ce que cela a de l'importance?

Mâ : Vous croyez en cette vie-ci, n'est-ce pas? Il n'existe qu'une seule vie réelle, celle qui est consacrée à chercher Dieu et une seule mort, qui est la mort de la mort. Après cela il n'y a plus ni naissance ni mort.

*
* *

Question : Pourquoi ne se souvient-on pas de ses vies antérieures?

Mâ : Par ignorance; à cause du voile qui cache la connaissance.

— *Mais pourquoi y aurait-il un voile?*

— Une fois entré dans le royaume de l'oubli, tout est oublié; ce monde-ci est le domaine de la non-souvenance.

— *Pourquoi faut-il tant oublier? On pourrait au moins se rappeler quelque chose.*

— On dit que le Seigneur Bouddha parlait de cinq cents de ses vies antérieures. Vous souvenez-vous de tout ce qui vous est arrivé depuis votre enfance jusqu'à maintenant? Sans vous en rendre compte, vous mourez à chaque instant. A l'heure qu'il est, vous n'êtes ni un bébé, ni un enfant, ni un jeune homme. A peine né, un enfant commence spontanément à boire le lait maternel, après quoi il se sent heureux et satisfait; par ce simple fait il rend déjà témoignage de ses vies antérieures. Maintenant aussi, lorsque vous êtes rassasié, vous éprouvez le même sens de bien-être et de contentement que dans votre prime jeunesse, bien que vous ne vous souveniez plus de ce que vous ressentiez alors.

— *Comment se fait-il que les* samskâras *persistent?*

— Par la force que leur a donnée la répétition d'une expérience *(abhyâsa yoga)*. Si vous orientez vos efforts vers la réalisation de Dieu, vous vous souviendrez automatiquement de Lui au moment de la mort. L'individu, c'est ce qui est asservi, et le monde est mouvement perpétuel. Tout ce qui apparaît dans ce monde des créatures est la manifestation de l'Un. Le fait que vous mourez à chaque instant, ou en d'autres termes que Brahmâ, Vishnou et Shiva œuvrent sans arrêt devient évident quand le corps expire. Aussi longtemps que vous errez dans le monde de l'oubli, vous êtes bien obligé d'oublier.

Qu'est-ce qu'un *samskâra?* Prenez par exemple le *samskâra* d'un temple [1]; c'est-à-dire ce qui existait déjà se révèle.

1. Le *samskâra* d'un temple est tout ce que donne ou contient un temple du fait de ce qui s'y est déroulé, l'ambiance créée dans ce temple par tous les sacrifices qui y ont été célébrés, les prières, les méditations, etc., peut-être par opposition à ce qui résulte du choix de l'empla-

— Quoi que vous fassiez, consciemment ou inconsciemment, votre mental en est marqué. Que vous vous en rendiez compte ou non, c'est ce qu'on appelle *samskâra*. Celui qui a des yeux pour voir pourra discerner que ces impressions ou *samskâras* proviennent des naissances antérieures. Un yogin peut percevoir les impressions d'un grand nombre de vies passées. Un homme peut voir les événements de milliers de ses vies antérieures, mais lorsqu'il a réalisé ce qu'est en vérité la vie avec ses courants ascendant et descendant, que voit-il? Il verra et ne verra pas; et ni ne verra ni ne verra pas. Lorsque tout ce qui existe est révélé dans sa totalité, c'est ce qu'on appelle la révélation du Soi, CELA-même, l'Un lumineux en soi — appelez-le comme vous voudrez.

Tout ce qui existe partout dans le monde, arbres, plantes, insectes, reptiles ou tout autre être vivant — leur naissance est en fait votre naissance, et leur mort votre mort. Au niveau où tout est contenu en vous et où vous êtes présent en toute chose, il n'y a que l'Unique et seulement Lui.

Supposez que vous puissiez voir se dérouler quelques-unes de vos vies antérieures; votre vision serait limitée quantitativement. Si même vous vous rappeliez l'histoire de toutes vos vies antérieures, cela signifierait que vous ne connaissez que le cours de vos propres vies individuelles, situées en leurs lieu et temps particuliers. Mais vous ignoreriez vos divers états et mouvements dans l'ensemble de l'univers. Vous voyez la multiplicité. Alors comment voulez-vous la dépasser? En y trouvant votre Soi. Qui est ce Soi? Lui et nul autre que Lui. Aussi longtemps que Lui, le Soi n'a pas été révélé, vous êtes cerné par des frontières; or, frontières signifie ignorance, et donc oubli.

— *Voulez-vous dire qu'il nous faut atteindre l'état de Divinité* (îshvarakoti)?

— La question de parvenir à cet état ne se pose pas du tout tant que le voile de l'ignorance persiste. C'est à vous de voir si ce qui a été dit se rapporte à *îshvarakoti* ou à *sâdhakakoti*.

cement, des règles observées dans la construction, de l'animation des statues, etc.

— *Celui qui est bien établi dans le Soi oublie naturellement le monde, n'est-ce pas?*

— Quand on vit dans le domaine de l'oubli, on oublie. Aussi longtemps que vous vous identifiez avec votre corps *(deho)* votre nature vient vous pousser à réclamer : Donne-moi, donne-moi *(deo, deo)*. Vous dites « donne-moi » parce qu'il vous manque quelque chose. Là où existe un besoin, il y a forcément erreur et ignorance; et là où se trouvent erreur et ignorance, il y aura très certainement oubli. Lorsque, au milieu de tout cela, vous pratiquez votre *sâdhanâ* pour réaliser votre Soi, ou plutôt lorsque, par la grâce de Dieu, la *sâdhanâ* s'opère — car seule la grâce de Dieu peut nous permettre de nous engager dans une *sâdhanâ* — alors, après avoir franchi les étapes successives de l'ignorance, vous découvrirez : « Je suis en fait le tout. » C'est en vertu de ce « Je suis » qu'existent arbres et plantes et tout ce qui est, en dépit de toute la diversité. Chaque forme particulière est en fait ce « Je ».

Tant que je sens que je suis distinct du reste, le désir est ma façon naturelle de m'exprimer. Même dans cette condition je n'en suis pas moins infini. La forme même du corps humain implique une variété infinie d'états d'âme et de modes d'expression. En fait, toute forme qui existe est infinie, et moi aussi je suis infini. Je me reconnais dans toutes les formes et tous les signes distinctifs. J'existe donc de toute éternité. Ainsi donc je l'ai découvert : je suis sous différentes formes, sous un nombre infini de formes et d'apparences. Elles revêtent en moi mille formes différentes et pourtant je suis moi-même toutes ces formes. En moi existent séparément toutes les facettes — et rien n'est exclu de cette multiplicité sans fin. Lorsqu'on voit directement ce qui unit et qu'on voit un même tout dans les innombrables aspects, l'Unique s'est certainement révélé. Comment l'Un peut-il être distinct de la multiplicité infinie? Le multiple existe en l'Un et l'Un dans le multiple.

Même si vous voyez cinq cents de vos vies antérieures, vous seriez encore limité par le nombre, car il y en a tellement davantage! Lorsque vous vous serez découvert vous-même dans toutes les formes incalculables, vous comprendrez que le Seigneur est présent en chacune d'elles. Lorsque la nature essentielle de l'infini et du fini se révélera totalement, vous verrez le fini dans l'infini et l'infini dans le fini. Alors la polarité de Sâkâra (Dieu avec forme) et de Nirâkâra (Dieu sans forme) ne présentera plus de problème pour vous.

Comment voudriez-vous donc que se déroule le jeu divin *(lîlâ)* si le voile de l'ignorance n'existait pas pour l'individu? L'acteur qui interprète un rôle doit s'oublier lui-même. La *lîlâ* serait irréalisable sans le manteau de l'ignorance. Il est donc tout naturel que ce voile existe. Le monde est la perception par les sens de ce qui est projeté *(srishti drishti)*. Être un individu séparé signifie être lié — être lié par le voile de l'ignorance. Et cela vous explique l'oubli dont vous parliez.

Lorsque vous évoquez des vies antérieures, vous ne pouvez pas vous empêcher de penser « Fut-il un temps où je n'étais pas? » C'est vous qui pensez « avant » et « après », car vous restez sur le plan où existe le temps. Mais en réalité il n'est pas plus question de « dans le temps » ou « hors du temps » que de jour ou de nuit, de « avant » ou « après ». Aussi longtemps que vous resterez l'esclave du temps, naissances et morts se succéderont. En réalité, il n'existe rien qui soit une renaissance. Pourtant le souvenir des vies antérieures se présentera très certainement à un certain stade. Mais que signifient « avant » et « après », puisque j'existe de toute éternité?

*
* *

*Question : Celui qui avance sur le chemin de l'*advaïta *acquerra-t-il des* vibhûti, *des pouvoirs surnaturels?*

Mâ : Si vous parlez d'un *sâdhak* qui aspire à l'état d'Unité parfaite *(advaïta sthiti)*, il refusera les pouvoirs surnaturels qui pourraient se présenter à lui, tandis que l'adorateur de Dieu avec forme et attributs acceptera comme des manifestations de l'Un tous les pouvoirs psychiques ou suprapsychiques qui lui seront donnés. Ces pouvoirs se développent forcément au cours de la *sâdhanâ* puisqu'ils représentent les fruits des efforts fournis. Le mot *vibhûti* désigne les manifestations variées de l'Omniprésent *(Vibhû)*. Il est donc naturel et certain que se manifesteront des *vibhûtis*. Le *sâdhak* doit cependant prendre bien garde à ne pas se laisser posséder par ces pouvoirs, car alors ses progrès s'arrêteraient net.

Le chercheur qui suit le chemin de l'*advaïta* refuse toute dualité. En revanche celui qui contemple le Dieu avec forme refuse la non-dualité — et pourtant il parviendra au cours de son ascèse à comprendre que c'est l'unique Forme suprême qui se révèle en toutes les formes. Ce que l'on appelle le *nirguna*, le « sans attribut », devra aussi se révéler pleinement. Alors se présentera la solution à ce qui semble un dilemme entre *sâkâra* et *nirâkâra*. Il ne faut pas prendre pour la Réalisation du Soi cette disparition de la multiplicité que l'on atteint à un certain stade. Pour ceux qui avancent selon la méthode de l'*advaïta*, la réalisation du Soi unique devra passer par *viveka* et *vairâgya*. Le degré de réalisation où toutes les différences ont été consumées et où tout a sombré dans l'Un peut être appelé par certains *advaïta sthiti* (l'état d'Unité absolue). Le monde changeant, ses cycles de mouvements et de repos et toutes ses diversités se sont complètement évanouis. Seul subsiste l'Un. Ici le multiple n'existe tout simplement pas; il n'y a que la Réalité suprême unique (Brahman), l'unique Soi (Atman). C'est ce que l'on appelle l'état d'*advaïta*.

Si l'on s'exprime d'un autre point de vue, tout est Conscience pure *(chinmayi)* et rien que cela : *nâma*, *dhâma* — tout; forme, diversité, apparence sont en réalité conscience, et en fait non matériels *(aprâkrit)*. Dans cet état il n'y a pas d' « autres que soi ». Lui seul existe. Puisqu'Il est la Forme suprême unique, la diversité telle qu'elle est envisagée dans le monde n'a pas place ici. Le mot *vibhûti* comprend *vibhû* (Lui seul en tant que Forme unique) et *ti*, pour *tini* (Lui); il signifie que le Tout-Puissant se révèle Lui-même dans le multiple comme forme suprême unique — tout comme la glace est eau et l'eau est glace. Si l'eau n'existait pas, de quoi serait faite la glace? S'il n'était pas dans la nature même de l'eau de se solidifier dans certaines conditions, comment la glace pourrait-elle se former? En d'autres termes, tout est en Lui et Lui en tout. C'est ce qu'exprime « *Sarvam khalvidam Brahman* » (tout ceci est Brahman). Lorsque le chercheur se considère comme le serviteur éternel, il est parvenu à un état de non-dualité. « Serviteur éternel » dénote la permanence de cette relation. CELA se manifeste en tant que formes et façons d'être. Si celui qui aspire au sans-forme Le voit comme l'Un sans second mais ne parvient pas à le situer dans le cadre de son jeu divin, la réalisation de ce chercheur n'est pas totale, car il n'a pas résolu le problème de la dualité. Nous avons décrit toute une série de méthodes d'approche. Mais la Réalisation doit comprendre tout, tout embrasser, et en tout l'on doit reconnaître son propre Soi. L'arbre porte des graines et de ces graines des arbres croîtront. Une petite graine contient en puissance un grand arbre, qui recommencera le cycle. Que l'Un est en tout et que tout est en l'Un doit se révéler simultanément. C'est et en même temps ce n'est pas, et pourtant ce n'est ni n'est pas. Comment est-ce possible? Lorsqu'on regarde une graine, l'on ne voit que la graine, mais ni la plante ni rien d'autre; lorsque l'arbre s'est développé, il porte des feuilles, des fleurs, des fruits, c'est d'une infinie variété. Dans la graine comme telle, nulle autre chose n'existe; et par conséquent, l'on peut dire « elle n'existe pas ». Pourtant, lorsque l'arbre est présent tout s'y trouve de nouveau. Prétendre que ce qui n'existe pas maintenant n'existait pas non plus dans le passé est également exact. Cependant on ne peut pas dire que cela n'existe pas, car ce qui est apparu une fois, est. Par ailleurs, cela n'est pas parce que cela n'était pas. Comment tout cela est-il possible? CELA se manifeste d'une infinie diversité de façons et également comme un tout intégral. Dans quel langage tout ceci pourrait-il s'exprimer? Il est dit qu'il y a Être, qu'il y a Non-être et pourtant qu'il n'y a ni Être ni Non-être. La même vérité inexprimable est ressentie de deux manières comme le silence lumineux en soi, ou comme le Jeu éternel de l'Un, où Il interprète Lui-même tous les rôles. Nous avons décrit un état où tout est brûlé et transformé en l'Un, de sorte qu'on a beau chercher, on n'en peut trouver aucune trace. Lorsqu'on dit que tout a été transformé en l'Un, cela signifie qu'il subsiste encore un élément d'obscurité; car ce n'est certainement pas la Réalisation du Soi. On n'a pas encore atteint le Royaume de la pure Connaissance. Il est impossible de savoir quand quelqu'un pourra émerger de cet « état d'obscurité »!

Lorsque le Royaume de la pure Conscience a été atteint, la forme se révèle comme étant l'Essence elle-même. Ce qui était chagrin sur le plan humain est maintenant *viraha*, séparation d'avec CELA, en d'autres termes, la douleur aiguë d'exister sous une forme particulière. Cette séparation est sans fin et se manifeste chaque fois différemment. Par un simple mouvement de l'imagination de Dieu ce vaste univers fut. Qu'est en réalité cette création? C'est Lui, Lui-même, l'Un. Pourquoi donc y a-t-il alors des distinctions, pourquoi devrait-il y avoir « autrui »? Il n'y a pas d'autrui. L'Océan est contenu dans une goutte d'eau. Comment cela se peut-il? Lorsque l'Un Se révèle Lui-même en tant que forme *(vigraha)* — disons par exemple Râdhâ-Krishna — cette *vigraha* existe éternellement. Où? A Vrindâvan. Pour celui chez qui les liens du cœur se sont dénoués, il n'existe que Vrindâvan et rien d'autre. Cette *lîlâ* où vous êtes entré est infinie; comment cette infinité sera-t-elle connue? En rejetant le monde et tout ce qui s'y rattache? Shrî Râmakrishna Paramahamsa disait : « La Mère divine danse. » Qui est vishnouïte? C'est celui qui partout voit Vishnou. L'idée que le monde est limité est délusoire et, par conséquent la conception selon laquelle il existe beaucoup de pouvoirs différents est une illusion. C'est vous qui avez créé la distinction entre le naturel et le surnaturel, car en fait tout n'est que sa *lîlâ*, chaque chose n'est que sa *lîlâ*. Il faut Le voir dans le Tout. Le surnaturel n'est pas différent du reste. Le cœur de celui qui reste enfermé dans ses limites ne peut pas devenir Vrindâvan. Lorsque la réalisation s'est produite, il ne reste que Vrindâvan — ou encore il ne reste que Shiva, la non-dualité absolue. Alors seulement on peut dire que l'univers entier est Son divin Jeu. Prakriti, qui pousse l'individu à distinguer entre « ceci » et « cela », est aussi Lui. Dans l'état d'Être pur, la distinction entre le naturel et le surnaturel cesse d'exister. Lorsque la conscience est révélée dans son unité indivise, certains se trouvent dans le pur silence de la conscience du Soi *(advaïta)* alors que pour d'autres cette conscience se présente sous la forme de Son jeu divin. Il est forme *(vigraha)*, et en même temps il ne l'est pas. Le mot *samagra* (entier, complet) indique que *sama* (l'identité) vient en premier et avant tout *(agra)*. Si l'on ne s'est pas rendu compte que l'identité passe avant tout, c'est que l'on voit encore avec les yeux du monde, ce qui n'est pas de l'*advaïta*. Tandis que lorsqu'on est parvenu à l'*advaïta* on a recouvré son état originel. Dans la vie du monde, l'individu était noyé dans le chagrin et l'affliction — noyé signifie obscurci [par le voile] — et maintenant tout est rejeté et il ne reste que CELA. Sa présence s'est révélée en toute chose; l'homme comprend que c'est Lui seul qui apparaît à la fois comme être et comme devenir. Alors qui est le *pratibimba* (réflexion) de la Réalité? C'est aussi Lui, et Lui seul. Dans ces conditions, qui peut encore provoquer douleur ou souffrance? Votre être tout entier est maintenant plongé dans un état d'intégration totale. La peine qui aujourd'hui vous a rendu malheureux est devenue la séparation d'avec l'Un. C'est le sentiment qu'il vous manque quelque chose qui suscite les chagrins dans le monde, mais la vraie nature de l'homme, c'est se languir de Dieu.

Quelles sont les expériences du chercheur qui contemple Dieu avec formes et attributs? Tout d'abord il est obsédé uniquement par la divinité particulière *(mûrti)* qu'il adore. Puis, au fur et à mesure qu'il progresse, il commence à se demander : « Mon Bien-aimé est-il donc tellement petit? Non, en fait il demeure en Râma, en Krishna, en Shiva, en Dourgâ et en toutes les autres divinités. Multiples sont les visages de mon Seigneur. » Plus tard il se rend compte que son Bien-aimé habite en toutes les créatures et que toutes les créatures habitent en Lui. Nombreuses sont les lignes d'approche de cette ascèse, et multiples les états et étapes qui jalonnent chacune d'elles. Voici une de ces lignes d'approche : pour commencer l'adorateur est convaincu que nul ne saurait être comparé à la divinité de son choix. Si cette attitude ne prévaut pas au début, une dévotion profonde ne pourra éclore. Toutefois, en même temps que croissent foi et adoration, l'individu en arrive peu à peu à sentir que son Bien-aimé n'est autre que l'Un. L'intensité de son amour et de sa vénération l'empêcheront d'entretenir de Lui une conception aussi étroite. L'humilité et la dévotion du *sâdhak* augmentent, et enfin il comprend qu'en fin de compte l'Un est en tout et tout est en Lui. Dans l'Un il a retrouvé la forme de son propre Bien-aimé. De la graine, l'arbre a poussé, et maintenant l'arbre porte la même sorte de graine.

Ce n'est qu'en s'identifiant à son Seigneur que l'on peut L'adorer. Si, après la réalisation du Soi, après que son Être essentiel se soit révélé, l'adorateur vénère encore une divinité particulière, cela veut dire qu'il s'est engagé dans un culte de l'Atman. C'est cela la *lîlâ*.

— *La* lilâ *de qui?*

— Seule existe la *lîlâ* de Dieu. Qui d'autre pourrait avoir une *lîlâ?*

***

Question : Certains prétendent que la vision des munis *et des* rishis *qui atteignirent le Brahman était incomplète parce qu'ils avaient perdu le monde. Puis ils soutiennent que le monde subsistera tel qu'il est en nom et en forme.*

Mâ : Ceux qui défendent cette théorie ne sont pas parvenus à l'Unité. Ils se sont tenus à l'écart du monde et parlent de le conserver. Bien qu'ils ignorent ce qu'est en réalité le monde existant, ils désirent établir un nouveau royaume. Mais, lorsqu'on se rend compte que l'univers entier est CELA et rien que CELA, cet univers est transformé; c'est tout ce qu'on peut en dire.

Affirmer que le monde restera toujours ce qu'il est maintenant signifie que le monde en tant que tel est encore perçu. Qui plus est, à quoi bon discuter sur le monde? Il n'est pas question de réfuter l'existence du monde en déclarant qu'il est étranger à Dieu; et il n'est pas question non plus de savoir s'il existe ou non.

On dit qu'Il est dans la diversité aussi bien que dans l'Unité — comme l'eau et la glace. Quand l'eau est appelée glace, c'est-à-dire dès qu'apparaissent espace et forme, là cette forme est également Lui. Pourquoi ne le comprenez-vous pas? La vapeur ne restera pas de la vapeur quand elle sera devenue de l'eau.

Tout ce que l'on affirme est vrai du point de vue où l'on se place. Dans le *dhyâna* ou le *samâdhi* il existe une étape où il n'est même plus possible de percevoir un second à côté de l'Un. Le comportement propre à la dualité ne peut pas s'y produire. Dans l'état en question il n'y a pas de mouvement bien qu'il semble y en avoir. Comment pourrait-il y en avoir? Lorsqu'on voit agir quelqu'un qui est dans cet état, certains peuvent remarquer : « Il est descendu pour accomplir un travail donné. » Lorsqu'un licencié lit l'A.B.C., perd-il par là sa qualité de licencié? Il est un état où rien ne peut apparaître comme un « second »; quand on se plonge dans le Gange on est forcément complètement trempé.

L'individu qui est établi dans l'Être pur ne peut plus s'égarer. Cependant, avant que l'on soit parvenu à sa pleine maturité, des faux pas occasionnels restent possibles; mais la réalisation obtenue ramènera pour ainsi dire l'individu à elle. A ce niveau on oscille entre deux directions; et pourtant c'est un état merveilleux, ce n'est pas un état d'ignorance. L'étape suivante est *bhâva;* alternativement on y entre et on en sort, on s'y enfonce tout entier pour revenir flotter ensuite à la surface. Si l'on continue, l'on dépasse également cet état et l'on devient absolument inerte, comme une pierre. L'adorateur qui n'est pas parvenu à cet état d'inertie comparable à la pierre et qui connaît encore la ferveur extatique avec ses hauts et ses bas n'a pas, même dans cet état supranormal, atteint la perfection. C'est comme si l'on passe alternativement d'une chambre fraîche à la chaleur de l'extérieur. Puis vient la perfection, l'immersion complète et finale où celui qui l'a réalisée donne encore l'impression de se mouvoir et d'agir comme vous, mais en réalité ne va plus nulle part, ne mange plus, ne perçoit plus rien.

— *La formule semble contradictoire : il mange, et pourtant il ne mange pas, il va et pourtant il ne va pas; comment cela est-il possible?*

— L'adorateur qui a été submergé doit être stabilisé dans cette condition, où intérieur et extérieur ont fusionné en un. Je mange tout comme vous, je vais et je viens comme vous. La « réalisation » du Brahman n'est que fragmentaire chez celui à qui l'affirmation « il mange et pourtant il ne mange pas » semble encore contradictoire. Il n'y a pas de raison d'y voir une contradiction. Comment l'Unité peut-elle être limitée? Une limitation la ferait éclater. C'est pour cela qu'on a dit qu'il n'était question ni de manger ni de ne pas manger et ainsi de suite. Toutefois, il est difficile de discerner, même imparfaitement, si quelqu'un dort ou est en *samâdhi*.

Comment celui qui vit sur le plan du Brahman peut-il voir des différences sans intérêt? C'est votre vision partielle qui vous fait voir de l'incongruité. En réalité la question ne se pose pas de savoir si l'on a « réalisé » ou si l'on est dans l'ignorance. Si quelqu'un se prétend être un « homme de réalisation », il assume de ce fait une certaine attitude. Que signifie la réalisation du Soi? Une connaissance qui embrasse tout sans limitation d'aucune sorte. Ce que vous avez été, bien plus que ce que vous êtes en réalité, vous est révélé. Quelle que soit la ligne d'approche, l'attitude de l'esprit, la thèse soutenue par n'importe qui, tout est juste. De même que vous dites : « Il marche sans pieds, il voit sans yeux. » Une réalisation n'est pas complète si elle est limitée en un certain lieu, par certaines conditions, par un mode, par une forme, qu'elle les comprenne ou qu'elle les exclue. Ce qui est exprimé d'un point de vue particulier est considéré sous un certain angle et d'une façon particulière car alors espace et temps subsistent. Ce corps-ci ne dénature rien; il dit l'exacte vérité. Tout ce que l'on dit est vrai du point de vue où l'on se place.

— *Si comme vous le dites, tout est vrai, un homme qui désire obtenir le* darshan *de Vishvanâth, pourrait-il entrer dans un temple à Dourgâ et dire : « Ceci est Vishvanâth »? Serait-ce exact?*

— A un certain niveau, on pourrait affirmer : « Oui, ceci est Vishvanâth », car à ce moment-là ce serait Vishvanâth. Le Vishvanâth évoqué en cet instant se révélerait Lui-même exactement pareil au Vishvanâth limité par le temps et l'espace; car tout est contenu en tout. Mais on peut affirmer également que Vishvanâth n'est pas dans le temple de Dourgâ. La vérité peut être exprimée de différentes manières. Toutes sortes de réponses peuvent être données.

— *Si tout ce que dit tout le monde est juste, comment se fait-il que Shankarâchârya, qui était un homme de réalisation* (brahmajnânin), *ait réfuté les arguments de ses adversaires?*

— Chaque fois qu'il est nécessaire que quelque chose se fasse, ce sera fait, immanquablement. Le faîte de l'arbre contient ses racines car la semence est présente partout. Il n'y a aucune contradiction.

*
* *

Vous désirez savoir si la grâce n'a ni cause ni raison d'être. Certainement, car c'est la nature même de la grâce d'être au-delà de toute cause et de toute raison. Lorsqu'on travaille, on recueille les fruits de ses actions. Si par exemple vous servez votre père et que celui-ci, content de vous, vous offre un cadeau, ce cadeau pourrait être qualifié de fruit de l'action. Quelqu'un exécute un travail et en est récompensé. Mais le lien naturel qui existe de toute éternité entre père et fils ne dépend certes pas d'une action particulière. En vérité, c'est Dieu qui est le Père suprême, la Mère ou l'Ami suprême. En conséquence, comment pourrait-il y avoir cause ou raison à Sa grâce? Vous êtes à Lui, et quel que soit le chemin qu'Il choisisse pour vous attirer à Lui, Son seul but est de Se révéler à vous. Ce désir de Le trouver qui s'éveille dans le cœur de l'homme, qui donc l'a insufflé en vous? Alors qui vous pousse à en rechercher l'accomplissement?

Ainsi vous devriez essayer de comprendre que tout provient de Lui. Tous les pouvoirs, toute l'habileté que vous pouvez avoir — et même vous, vous-même — d'où tout cela surgit-il? Et est-ce que le but de tout cela n'est pas de Le trouver, de détruire le voile de l'ignorance? L'ensemble de ce qui existe a sa source en Lui seul. Alors vous devez essayer de vous réaliser. Est-ce que même une seule respiration dépend de vous? Si vous comprenez que la moindre liberté d'action qu'Il vous permette de sentir en vous doit être utilisée pour aspirer à Le réaliser, cela vous sera salutaire. Mais si vous vous prenez pour l'auteur de l'action, si Dieu vous semble si loin de vous que vous ne travailliez que pour voir vos désirs exaucés, ce ne sera pas une action juste. Vous devriez considérer chaque chose comme une manifestation de Lui. Si vous sentez que Dieu existe, Il se révélera à vous avec une compassion, une bienveillance, une clémence qui correspondront à votre attitude envers Lui à ce moment-là. Pour l'humble, par exemple, Il devient le Seigneur des humbles.

Si vous dites « Il est immuable et pourtant Il agit » vous voyez en Lui l'auteur de l'action, alors qu'en réalité Il est sans action. Puisque votre ego se considère comme l'auteur de l'action, vous le concevez comme agissant lui aussi.

Ce que vous voyez en Lui, naturellement Il l'est. En revanche, réfléchissez-y bien, là où CELA est, qui doit devenir l'auteur de quoi et sur quoi doit-il agir? Il marche sans pieds, Il voit sans yeux, Il entend sans oreilles, Il mange sans bouche. Vous pouvez Le décrire n'importe comment, et Il l'est.

Lorsqu'un *sâdhak* commence à vénérer le *vigraha* de son Bien-aimé, il parvient au cours de son ascèse à un état où l'image de son Bien-aimé lui apparaît partout où se porte son regard. Ensuite il se rend compte que toutes les autres divinités sont contenues dans son Bien-aimé. Il découvre que le Seigneur de chacun, et en fait toutes choses, sont contenus dans son Ishta et que son Ishta réside également dans toutes les divinités, comme en toutes choses. Le *sâdhak* en arrive à sentir : « Si mon Seigneur vit en moi, Celui qui est présent en tous les autres est véritablement le même Seigneur. Mon Bien-aimé demeure partout dans la totalité de l'univers, dans l'eau et dans la terre, dans les arbres, les arbrisseaux et les lianes.

Et puis, toutes ces formes variées et ces façons d'être que nous voyons ne sont-elles pas des expressions de mon Bien-aimé? Car il n'existe nul autre que Lui. Il est plus petit que le plus petit, plus grand que le plus grand. »

Poussés par vos tendances innées, qui sont différentes, vous adorez chacun une autre divinité. Le véritable progrès dans l'ascèse spirituelle est déterminé par la sincérité et l'intensité de l'aspiration. Le niveau spirituel atteint par un individu se mesure à ce que lui témoigne son Ishta, qui ne reste certainement pas inaccessible ni séparé de Son adorateur mais lui permet d'entrer en contact avec Lui de mille façons différentes. Tout conditionné que vous êtes, vous trouverez le tout en vous et d'autre part vous serez capable de comprendre que vos tendances personnelles innées font aussi partie du tout. Tout ceci ne représente qu'un point de vue. Vous ne pouvez pas vous dissocier de l'Ensemble.

Les multiples sortes d'animaux, d'hommes etc., que sont-elles? Et ces innombrables formes et modes de vie, que sont-ils, quelle en est l'essence? Que sont en réalité ces formes toujours changeantes? Graduellement, lentement, parce que vous êtes ravi dans la contemplation de votre Bien-aimé, Il Se révèle à vous en toutes ces formes et variétés; pas le moindre grain de sable qui en soit exclu. Vous comprenez que l'eau et la terre, les plantes et les animaux, les êtres humains ne sont que des formes de votre Bien-aimé. Certains l'éprouvent ainsi. La réalisation ne revêt pas le même aspect pour tous. Infinies en sont les possibilités. C'est pourquoi l'individu moyen ne sait pas d'avance quelle est la voie particulière selon laquelle l'universel se révélera à lui dans son infinitude.

Le moment viendra — et il viendra forcément — où l'on perçoit en fait cette forme universelle de l'Un qui imprègne tout. C'est ce que vous avez entendu dans l'exposé du Bhâgavata-Purâna où il est parlé du corps universel du Seigneur, un corps qui comprend tout, les arbres, les fleurs, les feuilles, les collines, les montagnes, les rivières, les océans, etc. Ses formes et déguisements innombrables varient à l'infini. « Celui qui revêt de multiples aspects, qui crée et détruit sans cesse, c'est Lui l'Unique que j'adore. » Dans la mesure où vous parviendrez à une reconnaissance toujours plus pleine et plus large de la Vérité, vous découvrirez l'unité entre vous et chacune de ces formes innombrables. Cette immensité comprend différentes formes, différents modes manifestés de différentes manières, sans fin, sans nombre — et pourtant, il y a fin et nombre. Quand le *sâdhak* entre dans cet état, il prend conscience de la transformation perpétuelle de toutes les formes, de tous les genres. Il éveille en soi la compréhension vraie, c'est-à-dire il découvre que le Soi suprême Se manifeste en tant que pouvoir de compréhension. Lorsque le cours des pensées d'un être se détourne des choses du monde, se retourne et s'oriente vers l'intérieur, l'Un se révèle Lui-même sous la forme du « talent caché ». Regardez le monde sans cesse changeant; ce qui existe l'espace d'un instant n'existe plus l'instant qui suit, l'être pénètre continuellement dans le non-être — alors qui est ce non-être? Même le non-être existe.

Il faut ajouter à ce sujet que si quelqu'un veut trouver la Vérité, il doit la voir dans chaque chose là où elle est, et non pas la chercher dans une chose de préférence à une autre. C'est un Royaume sans fin où même ce qui est perçu comme non-existence est également une expression de l'Un. En *chinmayi* le monde spirituel pur, toutes formes, quelles qu'elles soient, sont toujours éternelles. Simultanément donc, et au même lieu, il y a non-existence aussi bien qu'existence, et également il n'y a ni existence ni non-existence — et si vous voulez l'on peut aller encore beaucoup plus loin!

De même que la glace n'est rien d'autre que de l'eau, ainsi le Bien-aimé est sans forme, sans qualité, et la question de manifestation ne se pose pas. Lorsqu'on l'a compris, on a réalisé son propre Soi, car si je trouve le Bien-aimé je me trouve moi-même, je découvre que Dieu est mon propre Soi identique à moi-même, mon Soi le plus intime, le Soi de mon Soi. Ainsi, selon les exigences du temps et des circonstances, différentes possibilités peuvent se faire jour; par exemple, la révélation de *mantras* et même des Védas entiers par les anciens *rishis* qui voyaient les *mantras*. Tout cela s'effectuera selon le karma individuel et la disposition intérieure de l'adorateur.

* * *

Lorsqu'un *sâdhak* se rend compte de ce qu'en réalité sont dans leur essence forme et absence de forme, c'est que la Réalisation est effective. Il arrive à comprendre ce que sont *bhâva*, la relation intérieure de la forme au Shabda-Brahman, d'innombrables genres de langues et également le langage en tant que Shabda-Brahman. Les sons, infiniment variés, se manifestent devant lui, chacun avec son apparence caractéristique; et c'est ainsi que toute forme devient visible. Pourtant, la forme est réellement vide; le *sâdhak* voit qu'être libéré de la forme signifie se rendre compte que la forme elle-même est le vide. De cette façon le monde se révèle être vide avant de sombrer dans le Grand Vide *(mahâshûnya)*. Le vide perçu dans le monde fait partie de Prakriti et il est donc encore forme. De ce vide-là, l'adorateur devra poursuivre jusqu'au Grand Vide.

C'est la perception du monde, fondée sur l'identification de vous-même avec le corps et l'esprit qui a toujours été l'origine de votre esclavage. Le temps viendra où cette sorte de perception s'effacera devant la conscience universelle, qui, en s'éveillant, se révélera comme un aspect de la Connaissance suprême. Une fois obtenue cette Connaissance de l'essence des choses, qu'arrivera-t-il à l'essence elle-même? Réfléchissez-y. Lorsque commence à poindre dans son infinité la vision de la forme et du sans-forme, tout est déraciné. Lorsqu'on transcende le niveau où existent forme, diversité, manifestation, l'on pénètre dans un état de sans-forme. Comment pourrait-on l'appeler? La divinité, le Paramâtman Lui-même. Lorsque le Soi individuel se libère peu à peu de ses chaînes, qui ne sont autres que le voile de l'ignorance, il prend conscience de son unité avec l'Esprit suprême (Paramâtman) et se trouve établi dans son propre Être essentiel.

*
* *

Chacun doit suivre son propre chemin. Certains avancent dans la ligne du Védânta et la voie d'un *rishi* s'ouvre peu à peu devant eux. Les pratiques spirituelles, l'adoration, le yoga, l'aide d'images ou d'autres intermédiaires peuvent aussi conduire d'autres adorateurs sur la voie d'un *rishi*. D'autres encore, guidés par des voix ou des paroles venant de l'invisible, n'y distinguent d'abord que des sons, mais peu à peu les perçoivent clairement exprimées dans un langage humain qui en transmet la pleine signification. Peu à peu il leur deviendra évident que ces voix s'élèvent de leur propre Soi et qu'elles sont Lui, Lui-même — qui Se manifeste ainsi. Peu importe quelle sera la ligne d'approche de chacun, quand le moment sera venu, la voie d'un *rishi* ou une voie analogue pourra s'ouvrir d'une manière ou d'une autre. Mais un être humain normal est incapable de savoir quand cela se passera et pour qui.

Prenons maintenant un homme qui suit son propre chemin, l'adoration d'une divinité. Qui est en réalité présent dans cette divinité particulière? Certainement l'Un qui est le Soi sans forme. En conséquence, de même que le Soi sans forme est Lui, de même l'objet de l'adoration est aussi Lui. Celui qui par le Védânta s'est totalement établi dans le Soi peut aussi trouver la Réalité suprême dans le *vigraha*, tout comme l'eau est contenue dans la glace. Il arrivera alors à comprendre que tous les *vigrahas* sont réellement des formes spirituelles de l'Un. Que cache en effet la glace? De l'eau, bien sûr. Il est présent comme le Tout. Dans cette glace se trouvent tous les stades de la fonte, de la glace solide ou en train de fondre, mais dans le Soi pur la question de stades ne peut pas se poser. Bien que la glace soit en train de fondre, elle a été de la glace et elle peut encore exister comme glace. Et Lui qui se manifeste Lui-même sous la forme de glace, il ne peut donc être question de Le considérer comme éternel et non éternel. C'est pourquoi l'on peut parler de *dvaïtâdvaïta*, c'est-à-dire que dualisme et non-dualisme sont tous deux des faits d'expérience — de même que vous pouvez être tout à la fois un père et un fils. Comment pourrait-il y avoir un père sans fils ou un fils sans père? De cette façon vous voyez qu'aucun des deux n'est moins important que l'autre et qu'ici il ne peut y avoir de distinction entre inférieur et supérieur; il n'y a qu'égalité, identité. Il y a cependant un cas où l'on peut parler en réalité d'états supérieurs ou inférieurs. Les deux points de vue sont complets en eux-mêmes. Ainsi, eau et glace participent toutes deux de la nature de l'éternité. De même, Il est indubitablement avec forme et sans forme. Lorsqu'Il revêt une forme — comme dans le cas de la glace — Il revêt d'innombrables formes et apparences, chacune d'elles étant Sa propre forme spirituelle *(chinmayi vigraha)*. Selon notre propre voie particulière d'approche, l'accent sera mis sur une forme ou une autre. Pourquoi faut-il qu'il existe tant de religions, de sectes et de sous-sectes différentes? Par chacune d'elles il donne Lui-même à Lui-même, de sorte que chaque individu puisse avancer selon sa propre unicité.

Selon le *dvaïtâdvaïta*, la dualité et non-dualité sont toutes deux des faits; exprimé sous cet angle, il y a forme aussi bien que non-sujétion à la forme. Et encore, lorsqu'on dit qu'il y a à la fois dualité et non-dualité, quand cette sorte d'affirmation est-elle valable? Il existe certainement un état où différence et non-différence sont perçues simultanément. En vérité, Il est autant dans la différence que dans la non-différence. Du point de vue humain, l'on admet sans aucun doute que des différences existent. Le seul fait que vous vous attachez à trouver votre Soi prouve que vous acceptez les différences et que, comme on le fait dans le monde, vous vous considérez comme une entité séparée. De ce point de vue la différence existe indubitablement. Mais le monde s'en va inévitablement vers sa destruction puisqu'il n'est pas le Soi, pas Lui. Notre monde ne durera pas éternellement. Pourtant qui est-ce qui apparaît même sous les traits de l'éphémère? Pensez-y bien. Qui vient et qui va? C'est un mouvement comparable à celui de la mer; c'est Lui qui s'exprime Lui-même. Les vagues ne sont que montées et descentes, ondulations de l'eau, et c'est l'eau qui se transforme en vagues. Qu'est-ce qui permet à une même substance d'apparaître sous différentes formes comme eau, glace, vagues? Cette question aussi est posée sur un plan de conscience particulier. Réfléchissez et voyez ce que vous pouvez en saisir! En réalité, qu'est-ce que cela vous a fait comprendre? Vous avez compris que ce que vous considérez comme avec forme est sans forme. Cependant ce n'est pas ce genre de spéculation qui peut vous faire réaliser la Vérité; cela aussi vous finirez par le comprendre.

Ce que nous venons de dire implique qu'Il se manifeste de toute éternité, revêtant forme et qualité et que pourtant il est sans forme et sans qualité; plus encore, que la question d'attributs ou de sans attributs ne peut pas se poser puisqu'il y a uniquement l'Un sans second. Vous qualifiez l'Absolu de Vérité, Connaissance, Infinité. En *advaïta* pur il ne peut pas être question de forme, de qualité d'assertion — affirmative ou négative. Lorsque vous dites : « Ceci en fait est Lui et cela aussi est Lui » vous vous êtes limité vous-même par le mot « aussi », et du même coup vous avez assumé que l'objet dont il est question est distinct de tout le reste. Dans l'Un il ne peut y avoir d' « aussi ». L'état d'Unité suprême ne peut pas être décrit à la fois comme CELA et comme autre chose que CELA. Dans le Brahman sans attribut il n'existe rien de tel que qualité ou absence de qualité; seul est le Soi.

Supposons que vous Le croyez avec qualité, incarné. Lorsque vous vous êtes concentré totalement sur la forme particulière que vous adorez, le sans-forme n'existe pas pour vous. Ceci est un état *(sthiti)*. Dans un autre état, Il apparaît avec attributs tout autant que sans attributs. Dans un autre état encore où existent différenciation et non-différenciation — toutes deux étant inconcevables en même temps — Il est au-delà de toute pensée. En outre, vous pouvez adopter le point de vue du Karma-kânda védique. Ceci et tout ce qui a été exposé précédemment est inclus dans l'État suprême dont il est dit que, même si du Tout on retire le Tout, le Tout en reste inchangé. On ne peut rien y ajouter ni en retirer; le Tout reste le Tout. Toutes les voies que vous pourrez prendre représentent un de ses aspects particuliers. Chaque système a ses propres *mantras*, ses propres méthodes, son propre credo positif et négatif — à quelle fin? Pour Le réaliser, votre propre Soi. Qui ou quoi est le Soi? Selon votre orientation, vous le trouverez, c'est-à-dire votre propre Soi, dans les rapports entre le serviteur parfait et son maître, ou dans une partie du tout ou simplement dans le Soi unique (Atman).

* * *

Celui qui croit dans le Svayam Bhagavân admet a priori son Pouvoir divin *(Shakti)*. Ici vous distinguez entre Bhagavân et Bhagavatî, entre le Dieu considéré comme masculin et Sa puissance considérée comme féminine. Pourtant à un certain point de vue il n'est pas question de masculin ou de féminin alors qu'à un autre la Divinité est conçue comme divisée entre ces deux aspects. La Vierge éternelle (Kumârî) ne dépend de personne. Elle est l'Un Lui-même en tant que pouvoir. Là où la réalité suprême est conçue comme Shakti, Elle est reconnue comme Existence pure *(satta)* — avec forme ou sans forme, le Pouvoir seul constituant son essence. Ceci correspond à un autre point de vue encore. C'est seulement lorsque *bhâva* (le désir de créer) se manifeste en tant que *krîyâ* (action) que la forme peut émerger. Ceci aussi est une manière de voir. Ensuite, si vous pensez à Bhagavatî Elle-même comme *bhakti*, innombrables sont les manifestations de Son pouvoir infini. Par ailleurs Mahâ-shakti est la cause fondamentale de tout : création, conservation, dissolution. De même que dans un arbre rameaux et branches proviennent de ses racines, ainsi toutes sortes et catégories de divinités, d'anges, d'archanges, etc., viennent à l'existence comme une manifestation de ce Pouvoir.

Le caractère spécifique de Shiva est une transcendance de tous changements et mutations symbolisés par un cadavre *(shava)*, ce qui signifie que dans la mort de la mort réside l'Immortalité, ce qu'on appelle Shiva. Là où il y a création, conservation et dissolution, Il est présent comme devenir et c'est Lui-même qui préserve l'univers sous le nom de Mahâvishnou. En ce qui concerne les divers aspects cosmiques, Il est en fait en chacun d'eux, Se manifestant Lui-même de diverses façons et aussi en tant que sans forme. Dans chacun d'eux est contenu tout le reste et dans la multiplicité des formes réside l'Un. Lorsque vous fixez une forme, vous ne pouvez pas en voir d'autres, mais dans chacune d'elles le Tout est présent, et chaque forme révèle l'Un. Dans le vide se trouve la plénitude et dans la plénitude le vide. Toutes sortes de possibilités et de descriptions s'offrent à nous, mais la racine en est l'Un, la grande Lumière. Il est infini. Même en ne parlant que d'un seul chemin — comment peut-on en voir le bout? Pourtant, lorsque l'homme est incapable d'aller plus loin, il lui semble que ce soit la fin.

Qu'est l'Existence pure *(satta)?* Le Soi, l'Esprit suprême, appelez-le comme vous voudrez. Ce que vous appelez tour à tour Dieu (Bhagavân), Majesté divine, gloire ou splendeur, n'est que Lui, l'Un. C'est entendu, Dieu est immuable, Il est le non-agissant *(akarta)* puisqu'il n'agit pas. Seul celui qui s'engage dans l'action peut être qualifié d'auteur de l'action. Puisqu'Il est présent dans toute cause et dans tout effet, comment peut-on dire de Lui qu'Il en est maître ou qu'Il n'en est pas maître? Ainsi Il est ici sans action. Mais là où est sa Mâyâ, c'est-à-dire là où l'on perçoit le jeu de Son pouvoir divin, là où la nature évolue selon certaines règles fixes, qui se manifeste? L'Un, naturellement. Muable et immuable — ces concepts partiels que vous avez relèvent du voile de l'ignorance. Vous parlez de Lui comme auteur ou non-auteur, essayant ainsi de Le limiter à l'un ou l'autre rôle. De votre point de vue il est tout à fait normal de percevoir des différences. Il est ce que vous voulez qu'Il soit; vous Le voyez selon votre façon de penser, et Il est ce que représente le portrait que vous vous faites de Lui.

Aussi longtemps que subsiste le rideau, le voile de l'ignorance, l'homme ne peut voir et entendre qu'avec ces restrictions. Tant que ce qui obscurcit n'est pas retiré, comment peut-on s'attendre à ce que la révélation de la Vérité s'opère dans sa totalité? Lorsque le voile se déchire, on découvre que même le fait de déchirer le voile, et en fait tout ce qui existe ou arrive n'importe où, n'est que Lui.

Ainsi, les innombrables croyances et sectes visent le même but : qu'Il puisse Se donner Lui-même par des moyens différents — chacun d'eux a sa beauté propre — et que l'on puisse découvrir Son immanence, qu'Il se révèle Lui-même par des voies sans nombre, sous toutes les formes et dans le sans-forme. Étant Lui-même le Chemin, Il attire chaque personne sur une voie particulière, en harmonie avec les dispositions et tendances intérieures de chacun. L'Un est présent dans chaque secte quand bien même dans certains cas des conflits s'élèvent entre ces sectes à cause des limitations de l'ego. Ce corps-ci toutefois n'exclut rien. Celui qui s'adonne à une croyance ou adhère à une secte particulière doit continuer de monter jusqu'au point où il comprend dans son intégrité tout ce qu'elle peut donner. Lorsque vous avancez sur un chemin, en d'autres termes lorsque vous adhérez à une religion particulière, foi ou croyance que vous considérez comme distincte de toutes les autres et opposée à elles, il vous faut avant tout parvenir à la perfection prescrite par son fondateur; alors, ce qui est au-delà se révélera de lui-même à vous.

Ce qui vient d'être expliqué s'applique à chacune des diverses sectes; il n'en reste pas moins vrai que l'homme qui se satisfait de ce qu'il obtient en suivant un certain chemin n'a pas atteint le but de la vie humaine. Ce qui est nécessaire, c'est la Réalisation qui déracine conflits et divergences d'opinions, qui est complète et en laquelle ne subsiste aucun antagonisme; une Réalisation authentique exclut toute possibilité de querelle avec qui que ce soit. L'adorateur est complètement éclairé sur toutes les fois et doctrines et comprend que tous les chemins sont également bons. C'est cela la Réalisation parfaite et absolue. Aussi longtemps que subsiste la dissension, l'on ne peut pas dire que le but a été atteint. Cependant, vous devez avoir une confiance absolue dans votre Ishta et poursuivre tout droit et avec constance le chemin que vous avez choisi.

Et maintenant quant au fruit de l'action. Quelle que soit la voie que vous suiviez, demandez-vous qui sera révélé là où vous soutenez votre effort sans interruption et avec une concentration intérieure sur le but unique. C'est Lui, l'Un indivisible ! Mais, même dans l'action proprement dite, l'Un parfait est Lui-même révélé. Telle est la véritable signification de chaque action, de cette lutte qui est une caractéristique innée de l'individu. La vraie nature de l'homme le pousse à accomplir des actes qui expriment cette nature; celle-ci fait naître en lui le besoin de faire de telles actions. La nature vraie de l'homme — *sva*, *svayam*, Atman — appelez-la n'importe comment — c'est le Suprême, c'est-à-dire Moi-même.

*
* *

Question : On récolte les fruits de ses actions bonnes ou mauvaises? Comment l'action (karma) *a-t-elle commencé?*

Mâ : L'origine de la première action? Dieu est sans commencement et sans fin. Le monde *(jagat)* appartient au Seigneur; il est né de Sa volonté, de Son imagination. Dieu joue avec Lui-même. Il S'égare Lui-même pour le plaisir de Se retrouver. La création n'a ni commencement ni fin. On ne peut pas demander quand elle a commencé. Tout ceci n'est rien d'autre que le jeu de Dieu. Dieu est ici, juste en face de moi, mais je ne le sais pas. Il ne peut rester un moment sans Se perdre Lui-même, Se perdre et Se trouver à nouveau. Se trouver apporte la béatitude, se perdre le malheur. Quand l'enfant se transforme en adolescent, il disparaît dans le jeune homme. C'est ce genre de changement qu'on appelle la mort. Naissances sans fin et morts sans fin, combien de fois changez-vous de vêtements? Dans l'Atman aucun changement ne se produit jamais. L'Atman est au-delà de la forme. Qui meurt et qui se lamente?

— *Qui actionne l'intelligence?*

— Dieu. Il est l'acteur. Là encore vous pouvez dire aussi : Il n'est pas l'acteur. Il n'est que le témoin de l'action. Dans le monde en changement Dieu monte sa pièce. Nous sommes les marionnettes et Il tire les ficelles. Nous devons faire ce qu'Il veut.

— *Dieu induit-il mon esprit à faire le mal?*

— Les fruits que vous récoltez proviennent de l'arbre que vous avez planté. Faites de bonnes actions et vous obtiendrez des résultats purs. Une mauvaise action entraîne des conséquences fâcheuses. Si vous vous attachez à l'argent, aux biens matériels, votre vraie nature sera masquée par le désir. En accomplissant des actions conformes à sa nature réelle, l'homme s'établit dans son Soi. Plus tard, les actes provoqués par le désir perdent tout attrait. Lorsque vous faites des efforts pour réaliser votre Atman, vous désirez que l'impulsion de votre vraie nature vous le fasse trouver. Mais en réalité vous tentez de découvrir votre vraie nature tout en restant attaché au monde du désir. Quelle merveille! Vous aspirez au pouvoir de la Connaissance, mais en fait vous attirez le pouvoir de l'ignorance. Vous partez à la conquête de la Connaissance parfaite et complète, mais vous n'en recueillez que des parcelles. Le chemin du désir passe par la souffrance; celui de votre vraie nature vous procure le bonheur, la réalisation de Dieu. Toute puissance appartient à Dieu. C'est Lui qui vous accorde la force de raisonner et d'agir. De même que vous faites des efforts pour vous nourrir et pourvoir à vos besoins, employez toutes vos forces et vos talents à chercher Dieu. Celui qui ne progresse pas vers Dieu se dirige vers la mort. Le chemin qui mène à la Réalisation de Dieu est plein de délices. C'est la voie de l'Immortalité. Si votre mental se sent attiré par Dieu, consacrez toute votre force et votre énergie à votre devoir : trouver Dieu. Essayez de vous approcher de Lui, Père suprême, Mère suprême, Ami suprême : votre vraie demeure est en Dieu. Qu'est-ce qui vous appartient en propre? Dieu seul et rien d'autre. Quelque forme que prenne votre désir de Dieu — le Seigneur que vous servez, votre propre Soi — quand vous L'aurez réalisé tout s'ordonnera. Le corps doit expérimenter plaisirs et souffrances. Vous devez supporter manque et vide. La réalisation de Dieu est la jouissance suprême. Celui qui a renoncé à Dieu et au chemin qui mène à

Lui serait vraiment le plus grand et le plus vigoureux des renonciateurs (!!!). Si vous vous laissez porter par le courant du désir, vous ne serez jamais rassasié. Efforcez-vous de trouver le Suprême et vous atteindrez la béatitude suprême, immortelle. Derrière chaque jouissance du monde se dissimule la mort.

— *Puisque Dieu fait toutes choses, pourquoi ne nous gratifie-t-il pas de discernement?*

— La terre est ronde et évolue sans cesse. Le jeu de Dieu comporte tout un éventail de formes et d'apparences; ténèbres et lumière, multitude de chemins. Là tout s'achève dans le mouvement infini, la manifestation infinie, et une infinie variété d'états. Seule est bénéfique l'action qui vise à la réalisation de Dieu. Soyez possédé par ce genre d'action et certainement vous trouverez Dieu. Pourquoi ne Le trouve-t-on pas? Posez-vous la question! Cultivez cette attitude d'esprit que tout ce qui arrive est la volonté de Dieu. Dès à présent décidez-vous, une fois pour toutes, à accomplir des actes dirigés vers Dieu. Mais ici il faut une explication. Du point de vue de la Réalité, il n'existe rien de tel que bien ou mal. Tant que vous vous identifiez à votre corps, vous ne devez rien faire de mal. Dieu ne pousse jamais personne à mal agir. Le croire serait un malentendu. De la perversité naît la souffrance. Il faut purifier sa vision. Si vous saisissiez que tout est le jeu de Dieu, rien ne vous semblerait mauvais.

— *Comment peut-on modifier sa façon de voir?*

— Par la contemplation de Dieu.

∴

Question : Lorsque quelqu'un commet une très mauvaise action et que Dieu incite une autre personne à entreprendre un jeûne afin de convertir le malfaiteur, pourquoi Dieu ne pousse-t-il pas plutôt le pécheur à réparer ses torts? Pourquoi faut-il un « intermédiaire »?

Mâ : Quelle question peut-on se poser si l'on reçoit une telle inspiration? Un malade s'adresse à un médecin et à une infirmière et tous deux essaient de guérir leur patient. Si l'on suit votre raisonnement, à quoi bon recourir à un médecin ou à une infirmière? Dieu guérira Lui-même le malade. C'est pourquoi l'on dit que Dieu varie Son jeu à l'infini.

— *Le malfaiteur peut aussi déclarer que Dieu l'a poussé à accomplir cette mauvaise action?*

— Non, c'est impossible. Pourquoi tombe-t-on malade? On ne se sent pas bien quand on est malade. Là où est Râma, il y a repos et bien-être, et là où Il n'est pas règne un grand malaise. Mais où Râma n'est-Il pas? Le jeu de Dieu comporte d'infinies variations. Bons et mauvais, saints et pécheurs — chacun a son rôle dans la pièce que Dieu fait jouer. On a toujours tort de critiquer. Revisez votre façon de voir. Pourquoi? Le faible est aussi une manifestation de Dieu. Rien n'est mal aux yeux d'un saint. Considérez toute manifestation comme venant de Dieu. Le mal apparaît dès que l'on perçoit des contradictions. Changez d'attitude. Voir le mal nous attriste.

— *Supposez que je veuille tuer quelqu'un. Que puis-je faire contre cette intention perverse?*

— Vous dites que voir le mal est déjà mal. Voyez-vous le meurtre? Cette façon néfaste de voir n'a rien de la vision qui perçoit Dieu partout. Dès que Dieu est vu en toute chose, il ne subsiste pas la moindre trace de mal. Si je vois la perversité, c'est que ma vue est brouillée. Innombrables sont les aspects que revêt un seul objet. Les choses deviennent telles que l'homme les voit. Celui qui décèle la vertu accomplira des actions vertueuses et celui qui voit le mal agira vilement. Supposez qu'un Mahâtmâ soit plongé en *samâdhi*. Celui qui critique tout dira : « Quelle absurdité, ce n'est pas du *samâdhi*, mais du sommeil. » En revanche, celui qui voit le bien partout comprendra qu'il s'agit d'un *samâdhi*. Voir le mal est en soi un péché. Il faut corriger sa vision.

— *Un désir charnel inassouvi vous condamne-t-il à renaître dans le monde des fantômes?*

— Pour réaliser ses désirs, l'individu est condamné à renaître. C'est à vous de dire ce qu'il y a dans les Écritures sur ce cas particulier. Si votre comportement relève du monde des fantômes, vous devrez renaître dans ce monde-là. La nouvelle naissance est déterminée par les tendances et penchants que l'on a eus.

— *J'ai entendu dire que la personne avide de richesses est un serpent dans son incarnation suivante? Comment le désir de richesses pourra-t-il être assouvi dans un corps de serpent?*

— C'est après l'avoir désiré pendant d'innombrables vies antérieures que l'être se voit octroyée la faveur d'un corps humain qui possède le pouvoir de réaliser Dieu. Votre comportement déterminera votre prochaine naissance. Celui qui agit comme un serpent renaîtra sous cette forme. Dans la création, Dieu, en parfaite justice, donne à chacun la place correspondant à ses actes. Votre état d'esprit au moment de la mort détermine la forme que vous recevrez. On peut aussi renaître par suite du désir d'accomplir une œuvre particulière. Le feu du pouvoir du gourou peut consumer les tendances accumulées au cours de nombreuses vies antérieures. Tant que la flamme de la connaissance n'aura pas brûlé tous les désirs, ou que la *bhakti* ne les aura pas consumés, l'action gardera tout son attrait. Pensez à Dieu au moment de la mort et vous Le réaliserez. L'état d'esprit d'une personne à ses derniers moments détermine ce qui arrive à l'âme après qu'elle ait quitté le corps. Comment un désir vertueux pourrait-il au dernier instant germer dans l'esprit de celui qui a fait le mal toute sa vie?

Il était une fois une reine profondément religieuse qui passait tous ses moments libres en prières et en adoration; son cœur était plein de générosité et de compassion pour tous. Son grand chagrin était que le roi son mari, athée, ne prononçait jamais le nom de Dieu. Tout le monde le considérait comme un mécréant alors qu'en fait sa spiritualité était profonde. Secrètement, il passait son temps en communion constante avec le Divin. Mais il se refusait à laisser paraître son attitude réelle; aussi apparaissait-il comme un agnostique. Une nuit il prononça dans son sommeil le nom de Râma. A ses côtés, la reine en fut abasourdie; le lendemain, toute à sa joie, elle organisa de grandes cérémonies et fit des largesses à la ronde. Lorsque le roi lui en demanda la raison, elle lui raconta ce qui s'était produit la nuit précédente. « Quoi! dit le roi, le nom de Râma s'est échappé de mes lèvres! Ainsi, mon trésor le plus précieux et le mieux gardé s'en est allé! » Ce disant, il quitta son corps.

Parfois, il arrive aussi que de bonnes tendances cachées accumulées au cours de vies antérieures provoquent au moment de la mort un changement complet dans l'âme d'un homme qui a passé toute sa vie dans l'erreur.

***

Question : Quelle est la différence entre Atman et Paramâtman?

Mâ : Ce qui est l'Atman est en fait le Paramâtman. Atman signifie en réalité Paramâtman.

— *Atman et Paramâtman sont-ils donc une seule et même chose?*

— Selon un dicton célèbre : « Partout où se trouve un individu *(jîva)* il y a Shiva et dans chaque femme est Gaurî. » C'est parfaitement exact. L'Atman est en fait le Paramâtman. Exactement comme il y a de l'eau pure et de l'eau polluée, mais l'eau est la même dans les deux cas et sa qualité essentielle reste identique. Boire de l'eau pure apporte plaisir et santé. Lorsque l'eau contaminée est filtrée et bouillie, elle devient de l'eau pure. L'eau stagnante est un bouillon de culture. Un *jîva* engendre d'autres *jîvas*. Le *jivâtman* peut se comparer à de l'eau impure. La contemplation de Dieu le purifie et finalement il se révèle être le Paramâtman Lui-même. Ainsi Dieu est en fait l'Atman suprême. L'individu est celui qui est enchaîné, et toute chaîne implique une souffrance.

Avec l'aide de l'Atman, purifiez le *jîva* par la vision de Paramâtman et transformez-le en Paramâtman. En d'autres termes, il faut filtrer l'eau.

— *Comment filtre-t-on?*

— Tournez-vous vers votre gourou.

— *Comment chercher un gourou?*

— La nostalgie de Dieu ne s'éveille pas chez tous. Il faut

que cette ardeur à trouver Dieu surgisse en vous. Par la grâce de Râma tout devient possible.

— *Pourquoi Dieu favorise-t-il certains et pas d'autres?*

— Que dites-vous là! Pour Dieu la distinction entre l'un et l'autre n'existe tout simplement pas.

— *Comment obtenir la grâce de Râma?*

— La grâce de Dieu se répand sur tous. Chez Dieu il n'y a pas de partialité, tout comme une mère qui donne à chacun de ses enfants ce dont il a besoin. Au bébé elle ne donnera que du lait et au grand garçon des aliments solides. Elle nourrit ses enfants avec ce qu'ils peuvent digérer et assimiler. De même Dieu octroie Sa grâce à Ses adorateurs selon leur état et leurs conditions. En fait, tout appartient à Dieu. Votre famille tout entière est Lui et Lui seul. Travaillez de vos mains, mais en même temps répétez le nom de Dieu. Vous avez pris Râma pour refuge; répétez donc constamment son nom. Râma vous fait travailler afin d'épuiser votre karma; allez de l'avant, mais en prenant refuge dans le nom de Dieu.

***

Question : Un karma-yogin *engagé dans le chemin de l'action prétend qu'il n'est nul besoin de Dieu, ni de gourou ni de la compagnie de saints et de sages. Est-ce vrai?*

Mâ : La philosophie Sâmkhya est aussi de cet avis. Le mental ne peut pas prouver l'existence de Dieu. Et quand vous vous concentrez sur Dieu, c'est pour dépasser le mental individuel. Lorsqu'on demanda au Seigneur Bouddha si Dieu existait, il garda le silence. On doit accueillir toutes les théories à la lumière de son état particulier, de son ascèse et de son expérience personnelles. Les pratiques valables pour un individu dépendent du niveau où il est parvenu et de la voie sur laquelle il est engagé. Cela est vrai tant qu'il s'agit de croyances et d'explications. En revanche, quand une poupée de sel entre dans la mer, elle fond et se mêle à l'eau. De même, dans l'état au-delà de mental et intelligence, il n'y a pas lieu à réponse. Là, de quoi parle-t-on et qui parle? Là, je ne vois pas d'« autre ». Je ne vais nulle part, je n'accepte rien de personne, nul ne me nourrit. Il ne peut pas être question de parler. Que vous appeliez cet état inerte ou impérissable, il est satisfaisant. Là, poser des questions ou ne pas en poser revient au même. Mais on ne peut se contenter de connaître cet état par ouï-dire, car cela mettrait fin à tout progrès dans l'ascèse. Il faut en faire soi-même l'expérience. Écoutez plutôt cette histoire :

Au cours d'une *pûjâ*, un homme accomplissait le rite d'insuffler la vie dans une cruche en terre quand celle-ci se mit à lui raconter sa vie :

« Lorsque j'étais encore argile, je me trouvais en un lieu où les gens me marchaient dessus, puis quelqu'un vint faire ses besoins sur moi. Je supportais tout. Un jour, un homme muni d'une bêche me morcela. Je supportai cela aussi. Puis il me mit dans un panier, me porta sur sa tête et me déposa quelque part. Il prit alors un gourdin et me bâtonna sans pitié; après m'avoir couverte d'eau froide, il s'en alla. Pendant un temps je fus en paix. Mais l'homme revint, me pétrit d'abord avec les pieds, puis de ses mains fit de moi une boule. Je fus alors posée sur un tour de potier et l'on me fit tourner, tourner encore jusqu'à ce que je prenne la forme d'une cruche. Avec beaucoup de précautions, l'homme me déposa à terre, dehors, où je fus exposée pendant quelques jours, parfois à un froid extrême, parfois aux rayons brûlants du soleil. On me plaça ensuite dans un feu énorme, dont les flammes me brûlaient effroyablement. La cuisson me rendit rouge, dure et solide. Avec soin on me retira du feu et on me mit de côté. Un jour je fus portée au marché avec d'autres cruches. Ceux qui désiraient m'acheter me soulevaient et me donnaient un coup très sec. Finalement quelqu'un m'acheta et m'emporta. Et maintenant, je suis ici, emplie jusqu'au bord de l'eau du Gange. Si tu es capable de développer en toi une patience comparable, ta vie deviendra un ciboire pour les eaux sacrées du Gange. Il suffit de tout supporter, comme le fait la terre. Alors toi aussi tu seras vénéré. La vie divine s'éveillera en toi. »

*
* *

Question : Seuls les gens bons et normaux recherchent la compagnie des saints et des sages et viennent ici. Les autres, pourquoi viendraient-ils?

Mâ : Lorsqu'un être cultive en lui un défaut, il a peur. Les fautes doivent être déracinées. Lorsque erreurs et illusions seront complètement détruites, alors la Vérité éclatera.

— *Mâ désire nous appeler tous à elle; nous en avons tous envie.*

— Très bien. Lorsque l'enfant est plongé dans son jeu, sa mère l'appelle. Parfois elle lui donne une claque. S'il est sale elle le lave et le prend sur ses genoux. La mère n'ignore pas que la saleté rend son enfant malade, aussi lui enlève-t-elle toute impureté. L'enfant aime se rouler dans la boue, mais sa mère le relève et le nettoie.

— *Nous ne pouvons ni nous dégager des liens qui nous attachent au monde ni aimer Dieu. Quel sera notre lot?*

— Quand on est dans la jungle, il faut débroussailler. Commencez là où vous êtes. Un petit feu que vous allumez peut consumer toute la jungle. Dès que l'on se tourne vers le gourou, tout est accompli. Si le disciple est patient et vigilant, tout devient possible.

— *Parfois la mère abandonne son enfant à lui-même, puis de nouveau elle joue affectueusement avec lui.*

— Mais c'est le jeu même de Dieu! Rien de ce que vous percevez n'est autre que le jeu de Dieu. Tournez votre regard vers vous-même. Qui êtes-vous? Je suis à la fois un et plusieurs. A Lui seul, Il monte la pièce et la joue.

— *Ce jeu semble avoir été inventé par Dieu pour nous enchaîner tous?*

— Partout, c'est toujours le jeu de Dieu qui se déroule. Voilà ce que vous devriez avoir à l'esprit. Vous êtes vous-même l'Un et vous êtes aussi l'innombrable. Essayez de vous trouver vous-même. Sous un autre angle : « Seigneur, Vous êtes tout et je suis une partie de Vous. Vous êtes le Maître et je suis le serviteur. » Essayez de vous connaître vous-même. Qui suis-je? Essayez de réaliser d'abord la partie, et alors vous serez capable de trouver le tout, le Paramâtman. Sans vous connaître vous-même, comment voulez-vous trouver Dieu? Ce qui se passera dans un instant — que vous le sachiez ou non — laissez-le à la volonté de Dieu. Décidez de suivre la Vérité. Lorsqu'un homme est résolu à suivre la Vérité, cela porte parfois des fruits. Parler de Dieu est la seule conversation qui en vaille la peine; tout le reste n'est que bavardage vain et futile. Là où Râma est, se trouvent paix et bien-être; là où Râma n'est pas, règnent agitation et souffrance. Une fois le péché demanda à Dieu : « Seigneur, Vous avez assigné une place précise à chaque créature. Dites-moi où je dois aller? » Le Seigneur répondit : « Ta place est là où ne se trouve pas le Nom de Dieu. »

— *Comment entretenir l'idée de Dieu vingt-quatre heures sur vingt-quatre?*

— Par la pratique. Une pratique constante permet d'accomplir n'importe quoi. Ceux qui méditent, que leur mental soit ou non capable de se concentrer, continuent leur méditation. Que vous aimiez ou non faire du *japa*, essayez de le pratiquer tout de même. Faites un effort afin que votre mental soit de tout temps empli du Nom de Dieu. Que ce soit chez vous ou ailleurs, rappelez-vous que rien n'existe hors de Dieu. L'idée même de dualité est souffrance. Sentez-vous un instrument entre les mains de Dieu. Rien ne vaut mieux que de faire ce que Dieu nous pousse à accomplir. En vérité, Dieu seul régit le monde entier.

— *Pourquoi ne réussit-on pas toujours à se souvenir du Nom de Dieu?*

— Vous oubliez le Nom de Dieu et de ce fait vous ne pouvez trouver Dieu. Ayez toujours présent à l'esprit que tout en ce monde arrive selon la volonté de Dieu. Tout en fait est à Dieu. A l'état de veille entretenez l'idée de Dieu. Faites du bon travail, priez. Il faudrait pratiquer des austérités, la répétition du Nom de Dieu, réciter des prières. Le soir, avant de vous endormir, pensez à tout ce que vous avez fait de bien et de mal dans la journée. Dans une attitude de prière, déposez toutes vos actions devant les pieds de lotus du Seigneur. Priez Dieu de vous accorder l'esprit de consécration. Ne pensez pas : « Peu importe si je fais quelque chose de mal, Dieu me pardonnera. » Appliquez-vous au contraire à n'entreprendre que des actions bonnes et louables. Vous ne devriez même pas accorder une pensée à un travail mauvais ou répréhensible. Priez, abandonnez-vous totalement aux pieds de lotus du Seigneur.

— *Devrait-on aussi déposer aux pieds du Seigneur ce que l'on fait dans son bureau, dans les affaires, etc. ?*

— Efforcez-vous d'exécuter tout travail dans un esprit de consécration. Essayer de s'abandonner est tout autre chose que l'abandon qui arrive sans effort. De même que faire du *japa* n'est pas du tout la même chose que le *japa* qui vient spontanément. La pratique constante de l'abandon à Dieu amènera finalement à s'abandonner à Lui.

— *Pourquoi le mental reste-t-il instable même après avoir prononcé le vœu de* sannyâsa?

— Parce que votre indifférence aux plaisirs du monde n'est pas encore parvenue à maturité. Consacrez chaque parcelle de votre énergie et de votre force à essayer de réaliser Dieu. Tout ce que fait Dieu est parfait. Puisque vous avez obtenu cette bénédiction qu'est un corps humain, utilisez-le à atteindre la réalisation de Dieu. Essayez de toutes vos forces et vous réussirez sûrement. Beaucoup de gens ont l'habitude de regarder en arrière tandis qu'ils avancent. Ne revenez pas sans cesse sur le passé, car cette habitude freinera votre progrès. Continuez votre travail sans vous préoccuper des résultats. Ne sollicitez pas Dieu sans cesse! Sans aucun doute vous récolterez les fruits de votre labeur. Si vous méditez, concentré sur un seul but, Dieu Se révélera certainement à vous. Utilisez les pouvoirs de votre mental et de votre ego pour accomplir votre *sâdhanâ*. Dépêchez-vous de vous engager dans des exercices spirituels, et la lumière viendra à vous. Ne vous souciez pas des résultats de ce que vous entreprenez. Brûlez vos désirs au feu de la discrimination et du renoncement, sinon faites-les se dissoudre dans la dévotion. Utilisez l'un ou l'autre de ces deux moyens.

— *Lequel est le meilleur?*

— Cela dépend de ce qui convient le mieux à chaque personne. Ce qui est consumé par la discrimination et le renoncement peut aussi l'être par la dévotion.

— *Mes désirs n'ont envie ni de brûler ni de se dissoudre. Que faire?*

— Celui qui prétend ne pas le vouloir, en réalité le veut. La nature même de l'homme est de vouloir. Pourquoi êtes-vous pris au filet? Ce n'est pas dans ce filet que votre désir s'apaisera.

— *Il faudrait faire ce qui plaît le plus à Dieu.*

— C'est ça. Vous demandez à Dieu quelque chose et vous le recevez. Mais cela ne vous mène nulle part. Dieu est indivisible. Si vous voulez solliciter quelque chose de Dieu, que ce soit la Réalisation totale. Pour obtenir la réalisation de CELA qui est tout, indivisible, vous devez fournir un effort ininterrompu. Que signifie l'Illumination? L'Illumination réelle est la réalisation de Dieu. Tristesse et souffrance règnent là où manque la vision de Dieu.

***

Question : Comment vos disciples peuvent-ils tirer profit de leur présence ici quand vous n'y êtes pas?

Mâ : Kâlî, Krishna et Shiva résident dans cet âshram. Si vous voulez bénéficier de leur proximité, il faut vous rappeler qu'ils sont réellement ici. Souvenez-vous-en chaque jour à un moment ou à un autre. Ils ne cessent jamais de donner leur *darshan;* profitez-en. Peut-être ne les entendez-vous pas et ne les voyez-vous pas, mais ils ne vous en béniront pas moins. Et toutes les fois que vous en avez envie, mettez-vous en méditation près de la statue de Kâlî. Plus vous méditerez, mieux cela vaudra pour vous. La présence de Kâlî est bénéfique. Il Lui arrive de parler à l'un ou à l'autre pendant la méditation ou le sommeil.

Il faut vous souvenir d'autre chose encore. C'est dans votre mental que tout existe. Essayez donc de voir Dieu autant que possible dans votre mental. Seul l'homme a reçu le privilège et la capacité de parvenir à la réalisation de Dieu. Connaissez votre Soi. Essayez de comprendre qui vous êtes en réalité. Ne pas le faire équivaut à un suicide. Tant que vous entretiendrez un désir, vous ne pourrez réaliser le Soi. Si le désir l'emporte au moment de quitter le corps, il faudra reprendre naissance encore une fois. Abandonner la vie avec des désirs inassouvis signifie vraiment mourir. Les objets des sens sont un poison qui oblige l'homme à revenir sur terre. Les désirs engendrent toujours de nouveaux désirs. Le besoin de jouissance s'étend comme une tache d'huile.

Le *jîva* (individuel), c'est ce qui est lié, et le monde est continuel changement. Dès que le *jîva* a lâché une première prise, sa nature l'oblige, telle une sangsue, à se raccrocher à quelque chose d'autre. C'est ainsi qu'est structuré le monde de l'individu : naissance, mort et renaissance. Et c'est pourquoi Dieu nous paraît si loin de nous. Ce sentiment d'éloignement de Dieu engendre sottises, souffrances, deuils, angoisses et chagrins. La durée de vie de votre femme, de votre fils ou de votre fille n'est pas déterminée par vous. Or, tant que vous dépendez des circonstances de la vie, vous connaîtrez les chagrins. Le monde repose sur les dualités, et elles créent pensées, conflits, obscurité. Or, dans l'obscurité, on a peur de tomber. L'érudit, l'étudiant des choses de ce monde risquent tous de tomber.

Un mensonge vous fâche et pourtant vous en dites vous-même. Vous devriez tout au moins dire la vérité, puisque la vérité est votre vraie nature. Le mensonge vient tout naturellement, et pourtant vous aspirez et cherchez la vérité, car en fait vous êtes pur, vrai, illuminé, libre et tranquille. Si vous voulez que resplendisse CELA que vous êtes en réalité, cessez de penser que Dieu est loin de vous. La *sâdhanâ* ne pourra commencer que lorsque le chercheur aura eu la chance de comprendre qu'il doit se connaître lui-même. Il vous faut établir un rapport entre Dieu et vous, rapport de maître à serviteur, de mère à fils ou encore rapport d'une partie au tout qui est Lui. L'étincelle ne représente qu'une toute petite partie du feu, mais elle a aussi pouvoir de brûler. De même rien ne sépare le monde, Dieu et l'individu. Partout où est le *jîva* se trouve Shiva et chaque femme est Gaurî. Vous êtes en un seul individu père, fils et mari. De même Dieu est à la fois maître et serviteur. L'eau, la glace et la vapeur sont une même substance. Le sans-forme et la forme sont tous deux Brahman. Voyez-Le partout, chantez Son Nom. Il apparaît comme Sîtârâm, comme Râdhâ-Krishna, comme Shiva-Shakti, comme Shakti et son adorateur. La nature du *jîva* veut qu'un homme désire une femme et qu'une femme désire un homme. Mais quand on découvre sa divinité, alors le *jîva* se transforme en Shiva. En fait, intérieur et extérieur ne font qu'un. Mais pour rendre ceci intelligible, il faut parler séparément de l'un et de l'autre.

Certaines gens déclarent : « Notre Père qui êtes aux cieux, restez-y! Moi je jouis de la vie »... comme si ce plaisir pouvait durer! Quelle fadaise que de croire que Dieu est très loin. Pour se débarrasser de cette idée, il faut obéir aux instructions du gourou et cultiver la compagnie des saints, des sages et des chercheurs de vérité. Au milieu de tous ces attraits que vous apportent forme, sons, toucher, goût et odorat, souvenez-vous de Lui. Dans le *mantra*, dans le nom reçu du gourou, Dieu est présent. Répétez Son Nom.

Tant que le chercheur n'a pas trouvé de gourou, il devrait répéter le nom qui l'attire le plus. Ou s'il préfère, il peut contempler la lumière. Qu'est-ce que la lumière? Une réflexion de la lumière intérieure. Lorsque cette lumière intérieure se révélera, alors l'Illumination sera totale. Toute puissance réside dans la tête et c'est là que la forme de Dieu se révélera. Chacune des innombrables formes qui existent sont des réflexions de Lui; pourquoi alors s'acharner à obtenir une forme ou un nom particulier! Tant que vous êtes dans le domaine des noms et des formes, attachez-vous à Lui comme nom et comme forme. Ou, si nom et forme ne représentent rien pour vous, contemplez la lumière de l'Atman. La lumière extérieure est un reflet de Sa lumière. Tout être ne contient que Lui seul, qu'il s'agisse de plantes, d'animaux ou d'êtres humains. Il réside en eux tous.

Mâ ne vous conseille pas de renoncer à votre maison et de vous retirer dans la forêt. Tant que vous ne serez pas libéré du désir, allez où vous voudrez, vous y retrouverez votre maison et tout ce que cela entraîne. Faites votre *sâdhanâ*, méditez là même où vous êtes. Les gouttes d'eau qui tombent finissent par éroder même une pierre; de même une pratique religieuse soutenue finira par déchirer le voile de l'ignorance.

Lorsque sonnera pour vous l'heure de la mort, nul ne pourra vous accompagner. Bien sûr il est arrivé plusieurs fois qu'un couple amoureux ait disparu ensemble. Mais c'est une illusion et ce n'est pas une mort souhaitable. C'est un suicide. Il faut disparaître en Dieu. Le corps humain est destiné à être consacré à Dieu et à Le servir. Le chef de famille doit façonner sa vie sur le modèle des anciens *rishis* qui avaient femme et enfants, également saints, et qui vivaient conformément aux Écritures. Quant à celui qui a fait le vœu de *sannyâsa*, il doit en observer les règles.

Dieu est mon propre Moi, le souffle de ma vie. Il n'est pas loin, mais tout proche. Accrochez-vous à Lui avec ténacité. Il vous libérera de tous les liens matériels. On ne vous demande pas d'abandonner qui que ce soit, seulement agrippez-vous à Dieu de toutes vos forces. Il ne faut pas entretenir les liens familiaux qui sont le fruit de l'illusion *(moha)*. Dans un esprit de détachement, l'illusion dépassée, vivez une vie de service.

Le passé ne revient jamais. Ce que vous devez faire, faites-le aujourd'hui, sur-le-champ.

— *Si j'ai bien compris, ce à quoi il faut renoncer n'est pas grand-chose, mais ce qu'il faut embrasser est ce qui compte.*

— Ce à quoi il faut renoncer et ce qu'il faut embrasser sont tous deux transitoires. Il Se révèle là où il n'est question ni de renoncer ni d'embrasser. Prenez ce qui EST éternellement, CELA qui est et qui annulera la dualité renoncer-adopter. Saisissez-Le, Lui qui est insaisissable. Or, Il ne peut être saisi par le mental. Vous seul êtes, installé en vous-même.

— Pourquoi le mental passe-t-il continuellement d'une chose à l'autre?

— C'est sa nature. Il faut passer outre le mental.

Ce corps-ci ne va nulle part, ne prend rien à personne, ne regarde pas, ne mange ni ne parle.

***

Question : Le svadharma, *qu'est-ce en réalité?*

Mâ : Le *dharma* de chaque être est ce que le gourou dit de faire. Les membres de chaque caste ont leur *dharma* particulier. En fait, ce que vous indique votre gourou est votre *dharma* qu'il vous faut accomplir sans vous préoccuper de savoir si par ce moyen vous progresserez ou régresserez. C'est pour cela que la Gîtâ dit : « Mieux vaut mourir dans l'accomplissement de son propre *dharma* que suivre le *dharma* d'autrui. »

— La Gîtâ dit aussi : « Abandonne tout dharma et cherche en Moi seul ton refuge. » N'y a-t-il pas contradiction?

— Non. Cherchez refuge en Dieu. Vos natures diffèrent. C'est pour cela que le gourou vous montrera votre chemin. Adorez Dieu dans un esprit de renoncement. Cherchez refuge dans le Soi (Atman).

Celui qui vous aide à atteindre la réalisation de Dieu, c'est en fait le gourou suprême. Le *dharma* d'un fils est aussi de servir ses parents. S'il sert son père et sa mère comme des manifestations de la Réalité ou comme des formes de Dieu, une telle attitude le conduira à Dieu. Le devoir de l'homme qui vit dans le monde est de servir ses parents et de leur être dévoué.

— Un fils qui ne servirait pas ses parents mais Dieu seul agirait-il mal?

— Le *sâdhak* qui servirait Dieu de la bonne manière ne verrait aucun obstacle à servir ses parents. Celui qui adore Dieu avec un cœur sincère ne peut haïr personne. Si sa foi en Dieu est réelle, il aura foi en tous. Lorsqu'une foi authentique en Dieu prend naissance, aucun doute ne persiste, et le caractère de l'homme en est complètement transformé.

— *J'ai entendu dire que Dieu a établi sa demeure dans les saints et les Mahâtmâs et que, par conséquent, leurs corps irradient la puissance divine. Alors pourquoi le fait de toucher leurs pieds ne détruit-il pas chez nous passion, colère, cupidité, illusion, orgueil, envie etc.?*

— Si en touchant leurs pieds vous croyez sincèrement toucher les pieds de Dieu, alors tous ces ennemis que vous venez d'énumérer seront détruits. Il faut ajouter, ce qui est important, que le *pranâm* doit se faire de la manière appropriée. Les gens ne le font pas comme il faut. Faire *pranâm* signifie s'offrir totalement au Seigneur — offrir tout ce qui est en vous. Quel sera le résultat d'un tel don? Le vide laissé par cette offrande sera rempli de la puissance de Dieu. Pour vider une cruche de toute l'eau qu'elle contient, il faut la retourner complètement : de même, vous devez vous donner à Lui sans réserve, Lui offrir tout ce qui est en vous, vous vider totalement. Or, un *pranâm* de cette qualité ne se produit presque jamais, et alors toucher les pieds des saints ne donne pas le résultat voulu. L'endroit où s'assied le sage devient également un lieu divin. Si le sage est vraiment possédé par Dieu, la divinité brillera à travers lui. Une radiation divine peut rendre divin n'importe quoi. Si votre cœur était plein d'une ardente et authentique soif de Dieu, vous Le trouveriez certainement. Autant vous donnerez, autant vous recevrez. De même que le beurre fond si on l'approche du feu, de même les saints ont le pouvoir de transformer la vie des hommes simplement en les touchant. Toutefois les saints n'interviennent pas dans le jeu du karma, sauf dans des cas très exceptionnels, mais ceci est une autre affaire. En règle générale ils laissent le karma s'épuiser tout seul.

— *Pourquoi passer vingt-quatre heures aux pieds de saints et de sages ne suffit-il pas pour réaliser Dieu?*

— De ces vingt-quatre heures, combien en consacrez-vous à Dieu? Si quelqu'un se met au service des saints nuit et jour, il en récoltera sans aucun doute les fruits. Si la réalisation ne se produit pas pleinement, cela n'équivaut pas à un échec. Le chercheur doit être déterminé à accomplir à tout prix sa tâche, dût-il en mourir; il faut poursuivre la route jusqu'à la réalisation totale. Comment peut-on s'arrêter tant que l'on n'a pas trouvé Râma? L'homme qui cherche Dieu désespérément ne peut s'intéresser à rien d'autre.

Deux voies mènent à Dieu. La première est de Le servir, la deuxième de faire sauter la porte qui nous Le cache et d'entrer. Accomplissez votre ascèse de telle sorte qu'il n'y ait plus place pour autre chose. Ne trouvez aucun repos tant que vous n'aurez pas réalisé Dieu. Cette attitude transformera votre vie. Sans cesse pensez à Dieu et à Lui seul. Quand vous mangez, pensez que c'est uniquement pour Dieu que vous le faites. Pourquoi subvenir aux besoins de votre corps? Ce privilège rare que représente un corps humain vous a été accordé à seule fin de vous permettre d'accomplir une *sâdhanâ* pour réaliser votre divinité. Les chefs de famille doivent servir également leurs femme et enfants. Mais vous qui êtes moine *(sâdhu)*, vous êtes libre de tout souci. Votre vie appartient exclusivement à Dieu. Le *sâdhak* qui brûle sincèrement de trouver Dieu fera tout ce qu'il fait, se baignera, mangera, etc., pour Dieu seul. En vous astreignant à suivre votre ascèse avec une foi solide et une ferme détermination, vous Le trouverez sûrement. Mais si vous ne voulez pas vivre ainsi, vous récolterez les fruits de vos fréquentations. C'est pour cela que cette petite fille (Mâ) ne cesse de répéter : « En vérité, Dieu est partout. » Quel que soit votre point de départ, Dieu S'y trouve. En réalité, les saints lieux, Kâshî et Vrindâvan sont en vous.

Recourir à la force ne donne rien. Force n'est pas vérité. C'est en se tenant rigoureusement à la vérité qu'on trouve Dieu.

Sans aucun doute, la prière est efficace. Lorsqu'on arrose les racines d'un arbre, l'eau nourrit également chaque feuille et l'arbre reste frais et vert; de même, si vous déposez tout ce que vous êtes à Ses pieds de lotus, tout ira bien. Rendre hommage aux saints et aux sages crée un lien subtil entre eux et vous. Vous ne puisez dans l'océan que ce que vous pouvez en prendre, et de même la quantité de puissance divine que vous absorbez dépend de votre ouverture. Autant vous donnerez, autant vous recevrez.

— *L'invocation du nom de Mâ peut-elle triompher d'ennemis tels que passion ou cupidité?*

— Si vous l'invoquez sincèrement, du fond du cœur, vos désirs s'évaporeront comme l'eau au contact du feu.

— *Devons-nous tout faire nous-mêmes ou Mâ fera-t-elle aussi quelque chose pour nous?*

— Voici les faits : Si Dieu ne vous faisait pas agir vous ne seriez capable de rien. La nature même de l'individu le pousse à avoir une haute opinion de ses capacités et de son pouvoir. N'imaginez pas que vous êtes l'auteur de tout. Si Dieu ne vous incitait pas à agir, vous seriez impuissant. Faites le vide en vous. Abandonnez-vous totalement à Dieu. Vous serez comblés dans la mesure où vous vous effacerez.

***

Un journaliste irlandais : Ai-je raison de croire que vous êtes Dieu?

Mâ : Il n'existe rien d'autre que Lui seul; tout et tous ne sont qu'une forme de Dieu. Dans votre corps aussi Il vient maintenant donner Son *darshan.*

— *Alors, pourquoi êtes-vous dans ce monde?*

— Dans ce monde? Je ne suis nulle part. Je suis moi reposant en moi-même.

— *Quelle est votre tâche?*

— Aucune. Pour qui en accomplirais-je une puisqu'il n'y a que l'Unique.

— *Pourquoi suis-je moi-même dans ce monde?*

— Infinis sont Ses jeux. C'est pour Son plaisir qu'Il joue ainsi.

— *Mais pourquoi suis-je dans ce monde?*

— Je viens de vous le dire. Tout est Lui; Il joue sous d'innombrables formes et de mille façons. Toutefois, pour découvrir pourquoi vous êtes dans ce monde, qui vous êtes en réalité, plusieurs *sâdhanâs* s'offrent à vous. Vous étudiez et passez des examens, vous gagnez de l'argent et vous en profitez. Mais tout ceci appartient au domaine de la mort, où vous vous retrouvez, vie après vie, en répétant sans cesse la même chose. Or, il existe un autre chemin, celui de l'immortalité, qui conduit à la connaissance de ce que vous êtes réellement.

— *Quelqu'un peut-il m'aider ou chacun doit-il se débrouiller tout seul?*

— Le professeur ne peut vous apprendre quelque chose que si vous êtes capable de le comprendre. Naturellement il peut vous aider, mais il faut que vous sachiez en profiter. Vous devez pouvoir saisir ce qu'il vous enseigne.

*
* *

Vous dites que ce corps-ci revêt pour certains adorateurs diverses formes divines. Mais ce ne sont que des mots que vous employez. Vous n'avez pas développé une foi réelle en la divinité des images de Dieu. Sans cette foi vivante, on ne peut comprendre les bases divines de ces formes. Les Écritures parlent de manifestations multiples de l'Être suprême; mais ce ne sont là que des incitations à diriger votre attention vers elles. Dans un horaire de chemin de fer vous trouvez le nom de beaucoup de gares mais ce n'est pas en lisant l'horaire que vous les connaîtrez. De même, pour avoir une expérience réelle de l'Être suprême, il faut passer par diverses pratiques et dévotions qui rendent possible une réalisation concrète.

*
* *

Une psychologue européenne : Les psychologues soignent leur malade en lui parlant. Il semble que ce qui émane de vous guérit les gens sans une parole.

Mâ : Qui peut-on qualifier de normal dans ce monde? Chacun semble avoir son brin de folie. Pour certains c'est l'argent, pour d'autres la beauté, la musique, leurs enfants... personne n'est tout à fait équilibré.

— *Quel remède apporter?*

— L'on n'arrose pas les feuilles d'un arbre, mais ses racines.

De même il faut attaquer le problème à ses racines, qui, pour l'homme, sont dans le cerveau. Le remède à toute maladie est donc de calmer le mental; alors tout sera en harmonie physiquement et psychologiquement.

— *Comment se calme le mental?*

— En suivant le chemin qui amène à prendre conscience de « Qui suis-je? » Vos cheveux ont blanchi, votre corps jeune autrefois a vieilli et ne durera pas toujours. Il n'est pas le Moi réel. L'homme doit donc découvrir qui il est en réalité. S'il essaie d'y parvenir, son mental recevra la nourriture propre à le calmer. Rien de ce qui appartient à ce monde, et qui par conséquent est périssable, ne peut apporter au mental l'aliment approprié; seul l'Éternel peut le donner. La saveur de l'Éternel calmera le mental.

L'univers est né de la joie et c'est pour cela que vous en trouverez dans le monde. Sans elle, la vie est une épreuve. Vous devez essayer d'atteindre à cette joie d'où est jailli le monde.

— *Quel est l'apport particulier de la femme?*

— Une femme est essentiellement une mère, et sa tâche est donc de servir autrui. Puis, étant tout à la fois fille, épouse et mère, elle doit reconnaître l'unité des trois rôles. D'autre part, en chaque homme est contenu une femme et en chaque femme un homme. C'est pour cela que vous pouvez reconnaître les hommes et que les hommes peuvent reconnaître les femmes. C'est une des tâches les plus importantes de la femme que de reconnaître l'homme en elle-même.

— *Quel est l'apport particulier de l'homme?*

— L'homme est la projection du Purusha suprême qui soutient l'univers. Virilité authentique signifie divinité. Mais il y a aussi l'Atman qui est au-delà de l'homme et de la femme. Chacun doit découvrir l'Atman qui se cache en lui. Tout être humain a pour tâche de dévoiler l'homme et la femme contenus en puissance en chacun de nous et de réaliser l'Atman qui est au-delà de l'homme et de la femme.

∴

Question : De nos jours est-il possible de voir Dieu?

Mâ : Pourquoi « de nos jours »? Cela a toujours été possible.

— *Je pense à voir, de nos yeux voir!*

— Une vision aussi claire que la lumière du jour! Sans aucun doute. C'est Sa nature. Si vous L'appelez, Il est toujours prêt à apparaître. Il Se manifeste visiblement, et c'est pour cela que l'on dit que Bhagavân (Dieu) est toujours à la disposition de Ses adorateurs. La nature d'un être vivant veut qu'il donne la vie. L'âme humaine est appelée *jîvâtman* et non Paramâtman. Le *jîva* se meut dans un cercle étroit de naissances et de morts. Dans une eau stagnante les germes de vie croîtront et se développeront en êtres vivants. Filtrez l'eau, elle deviendra pure. A l'origine était l'eau pure et elle redevient pure. Ainsi le *jîvâtman* est en réalité le Paramâtman. L'Atman reste présent tout au long, avant et après. La croyance que Dieu n'existe pas en vous enchaîne le *jîva;* c'est l'écran de fumée appelé Mâyâ qui recouvre votre vrai Soi. Écartez-le et Dieu apparaîtra dans toute Sa gloire.

La paix n'existe pas dans le monde. Parfois une étincelle de bonheur jaillit dans votre famille et votre visage resplendit de joie. Puis viennent chagrins, doutes et désespoir. Lorsqu'un enfant naît, vous poussez des cris de joie. Mais il meurt et la nuit s'abat sur votre mental. Toute votre joie s'est transformée en deuil. Joies et peines sont aussi inséparables que votre corps et son ombre; c'est cela la vie humaine.

Comment éviter ce dilemme, cette oscillation du pendule entre bonheur et malheur? Vous vous laissez aller dans ces petites joies de la vie de tous les jours, mais vous ne vous souciez pas de découvrir la source, Paramânanda (Béatitude suprême), d'où jaillissent tous bonheurs. Pendant combien de temps tournerez-vous ainsi en rond? Choisissez une voie de pratique spirituelle. Pouvez-vous espérer vous complaire dans tous les plaisirs du monde et capter en même temps la source suprême de la joie?

Il existe sûrement un moyen pour trouver la source du bonheur suprême. Vous tous le désirez. *Ananda* est l'essence même de votre vie : votre nature est pure et immortelle; *jnâna-chit* est l'unique base de votre être.

Vous ne désirez ni ignorance, ni affliction, ni déchéance et mort, car vous êtes par nature plein de lumière, béni, immortel. Mais les événements du monde font prendre à votre vie un cours différent, et cela vous cause peines et désespoirs. Personne ne vous demande de vous retirer dans une forêt ou de devenir inerte comme une pierre sans réaction à tout ce qui se passe autour de vous.

Vous devez entreprendre votre quête là où Dieu vous a placé. Si vous vous retirez dans la forêt, que votre mental sente qu'alors elle est votre propre maison. A partir de là le chemin s'ouvrira à une vie supérieure. En votre fils voyez Balagopal (l'enfant Krishna), en votre petite fille Kumârî, en votre femme Griha Lakshmî. Ne faites de mal à personne. Que votre attachement pour les personnes qui vous entourent soit réduit au minimum. Et lorsque se fera entendre l'appel à la sortie définitive, tous les liens de votre vie se dénoueront et vous n'aurez pas un instant d'hésitation. Pourquoi pleurez-vous? Ne voyez-vous pas que ce monde n'est qu'une auberge de passage. Nous y rencontrons d'autres pèlerins. Le but de la réunion finale est le Soi (Atman). Mais cela, vous l'oubliez; vous vous identifiez à votre propre corps et forgez ainsi le premier maillon de la chaîne de toutes les misères de la vie. « Monde » signifie mouvement perpétuel, et l'ego, c'est ce qui est enchaîné. Vous désirez savoir à quoi vous donne droit votre naissance, vous aspirez à la liberté, à rejeter vos chaînes. Essayez de savoir d'où vous venez. Lorsque le corps est sérieusement malade, vous ne pensez plus à votre fils, à votre femme, à votre frère ou ami. La seule idée qui occupe votre esprit est celle de vous guérir. Vous pouvez alors vous rendre compte de ce qui vous tient le plus à cœur : c'est vous-même. Le Soi n'est autre que Râma qui habite en chacun de nous. Les animaux passent leur vie à manger, dormir et procréer. Mais à quoi un homme doit-il consacrer sa vie?

S'il est vrai qu'un voile d'ignorance obscurcit votre vision, il est tout aussi vrai qu'il existe un moyen de s'en sortir. Ceignez-vous les reins et dites : « Je dois m'employer de mon mieux à m'en sortir! » Cette volonté d'être libre est votre bouée de sauvetage. « Dieu existe et il faut que je Le trouve » doit devenir le leitmotiv de votre vie. Veillez à ne pas gaspiller un seul souffle de vie à la recherche de ce qu'apporte le monde.

Hari-bhajan, l'adoration de Dieu, constitue un des chemins qui devraient vous conduire à Lui. Ce qui n'exclut aucune autre voie. Vous pouvez aller à la gare depuis toutes les maisons de la ville. Ce qui importe, c'est de se fixer un chemin et de le suivre. Que la vérité soit votre refuge, car Dieu est vérité. Attachez-vous à la Vérité dans tous les détails de votre vie et Dieu Se révélera. Il est Vérité, Connaissance, Beauté. Vous avez un si beau corps, Dieu interdit qu'un trésor si précieux soit gâché par le poison qu'apportent les jouissances de ce monde!

***

Cette petite fille (Mâ) vous implore, vous tous, de choisir un chemin, ici et maintenant. Vous ne devez pas grignoter votre temps à de vains efforts. Qui sait si vous serez encore en vie dans quelques instants?

A tout instant, pensez à l'Un. Cela vous donnera la paix. Nous obtenons facilement les biens de ce monde que nous désirons. Dans votre quête de Lui, ne priez que pour obtenir Sa grâce. Il est indivisible, parfait, complet, le but unique de tout homme.

***

Tout devient possible par la concentration pure. Cependant, la moindre trace d'égoïsme entrave le développement spirituel. Celui qui désire mener une vie spirituelle doit être complètement transformé et changer toute son échelle de valeurs.

L'origine de nos souffrances, c'est que nous nous agrippons à un aspect que nous croyons réel. Ce qu'il faut comprendre, c'est que la joie vraie n'existe que dans la vie spirituelle. Le seul moyen d'en faire l'expérience est de connaître et de comprendre ce qu'est réellement l'univers. Nous devons orienter notre esprit pour voir que le monde entier est divin. L'Isha Upanishad dit : « Tout ce qui se meut dans l'univers doit être recouvert du Seigneur. » Notre vieux monde doit disparaître. En revanche, nous devons voir le monde tel qu'il est, voir Dieu en toute chose, sous toutes les formes et sous tous les noms. Il n'existe pas un pouce de terre où Dieu ne soit pas. La seule chose que nous ayons à faire est d'ouvrir nos yeux et de Le voir, dans le bien, dans le mal, dans le bonheur et le malheur, dans la joie et dans la tristesse, et même dans la mort. Les mots Dieu et vie sont interchangeables. Prendre conscience de ce que « Toute vie est l'Un » octroie une félicité qui ne change pas. Si vous vous sentez malheureux et agité, cela provient de ce que vous ignorez cette vérité, de ce que vous êtes imbu de l'idée de la diversité et des différences entre individus et entre objets. Toutes les choses ne sont que des variantes de CELA qui est le centre, qui est l'Un.

***

Question : L'homme peut-il s'absorber dans l'adoration et la contemplation de Dieu avec la totalité de son être?

Mâ : Où est le siège du mental?

Un swami : Le mental physique est dans le cœur, mais il y a aussi un mental subtil. Le mental est invisible.

— Tant que l'être se meut dans le domaine du mental, tout ce que l'on peut dire est juste.

— *Les noms, les formes, le monde, tout est illusoire. Si l'on doit trouver la Réalité, il faut que ce soit quelque chose d'impérissable. Pour accomplir une* sâdhanâ *un corps subtil spécial doit être créé.*

— Le corps subtil capable d'accomplir une *sâdhanâ* est créé pendant la *dîkshâ* (l'initiation), au moment où le gourou transmet le pouvoir au disciple. « Mon être tout entier appelle Celui dont tout l'être est moi », dit Râdhâ. Une vraie *sâdhanâ* se pratique simultanément avec toutes les parties de l'être.

— *L'adoration commence lorsque toutes les parties du corps ont été apaisées. Une* sâdhanâ *peut être accomplie lorsque le corps tout entier est fixe. C'est ce que nous enseignent les Upanishads; celui dont le mental se concentre sur le corps et peut l'immobiliser peut aussi concentrer son mental sur Dieu.*

— Qu'allez-vous chercher dans le Gange?

— *De l'eau du Gange (Brahmavâri).*

— Nous nous y plongeons tout entier. Brahmavâri donne la libération. Alors peut-on laisser de côté une seule partie de son être?

Ce que j'entends et ce que je dis, c'est toujours Lui sous un certain aspect, le Brahman qui est l'Un sans second, manifestation et non-manifestation, dedans et dehors, tout est le Brahman Un.

Une doctrine selon laquelle il n'existe que le Brahman Un exclut toute question de pouvoir ou ne pas pouvoir faire quelque chose. Ainsi, l'être tout entier peut s'adonner à son ascèse. Là où des questions se posent, tout ce qui peut être dit est valable; tout est possible. Théorie et pratique sont des formes de Lui. Vous seul êtes; il n'existe nul autre. Comprendre signifie échanger un fardeau pour un autre. Il faut dépasser la compréhension, c'est-à-dire aller au-delà de l'intelligence. Comprendre avec le mental fausse tout.

Celui qui parle, ce qu'il dit et celui à qui il le dit, tout n'est que Brahman. Il ne peut pas y avoir de contradiction. Tout est vrai. Dans la division est le Brahman Un et dans la non-division aussi il y a Lui-même, vous. Tout est vrai, rien n'est exclu. Il existe un seul Atman — même si un problème surgit.

*
* *

Question : Comment la sâdhanâ *peut-elle être intense?*

Mâ : Il faut viser un seul but; *ekalakshya* signifie diriger la flèche vers le but, n'avoir à l'esprit que le but et le but seul.

S'Il est très bon de chanter des *kîrtans*, de psalmodier des textes sacrés, d'accomplir certains rites, il ne doit intervenir aucun orgueil, car ce serait un obstacle au progrès et le cours de l'ascèse en serait interrompu. Supposez que quelqu'un vous dise : « Comme vous chantez bien; puis-je copier votre chant? » Il note alors votre adresse, un échange de correspondance s'ensuit et il commence à vous envoyer des cadeaux. Cela ce n'est pas une *sâdhanâ*, mais un plaisir de ce monde.

— *Faut-il donc cesser de chanter des* kîrtans?

— Non, chantez tant que vous pouvez, mais chantez pour Dieu seul. Chantez ses louanges, absorbez-vous en Lui. Ne sachez pas si les gens vous admirent ou ne vous prêtent aucune attention.

***

Votre façon de suivre votre ascèse ressemble à un voyage dans un char à bœufs comme il y en a des quantités sur la route. Parfois le charretier s'endort, les bœufs partent dans une mauvaise direction et il faut faire demi-tour. Vous devez donc veiller constamment et garder l'œil ouvert.

Question : Mais si je voyage en chemin de fer, je n'aurai aucune raison de m'inquiéter?

Mâ : Le mécanicien doit être vigilant, mais vous aussi car si vous vous endormez, vous pouvez rater l'arrêt et rester trop longtemps dans le train.

***

Dieu, l'Esprit, est une présence éternelle et concrète. Mais vous, vous êtes mortel. Or, naissance et mort s'accompagnent d'aspiration spirituelle et d'un désir de réalisation. L'ascèse doit entraîner l'adorateur au-delà même de la réalisation de son désir. En effet, là où se trouve la Présence concrète éternelle, rien n'est périssable. Peut-on entreprendre le pèlerinage vers Dieu sans qu'Il le veuille? La question que vous posez témoigne, elle aussi, de Sa volonté. Votre question et la réponse donnée sont des instruments dans les mains de Dieu. C'est Lui qui est à la fois la solution et l'absence de solution. Situer Dieu très loin provoque des petitesses mesquines, des incompréhensions et des afflictions. Le moyen de les détruire, c'est de contempler CELA qui est. Il faut que meure la mort qui est la conséquence des désirs et des passions. Car si vous quittez ce monde avec un billet d'aller et retour, vous devrez bien y revenir. Lorsque vous aurez la rare bonne fortune que meure la mort, vous vous révélerez pur, illuminé et libre. L'heure écoulée ne revient pas. On est un homme lorsqu'on est devenu totalement conscient. Ne gaspillez pas un temps précieux, ne détruisez pas votre Soi, l'Atman, mais réalisez-Le. Essayez de découvrir en vous-même le serviteur éternel du Seigneur. Découvrez que les chemins de la connaissance, de la dévotion et du service ne font qu'un. Tous les noms sont les noms de Dieu et en même temps Il est sans nom et sans forme. Lorsqu'il parvient au but d'une ascèse particulière, l'adorateur comprend que toutes les ascèses ne font qu'Un. Hommes et femmes sont également aptes à se réaliser. Le devoir de l'homme veut qu'il utilise de son mieux le privilège rare d'être né dans un corps humain, sinon il renaîtra et re-mourra.

***

Question : Doit-on viser à l'extinction du Soi, à l'effacement du Soi? Ou faut-il détruire le sens de « Je », ou encore donner à la Mère plein pouvoir sur ce soi non encore développé?

Mâ : Si l'idée de « donner » subsiste, l'effacement ne s'est pas produit; celui-ci survient tout seul. Ce qu'il faut faire disparaître, ce n'est pas soi-même, mais son désir, son ego. Aussi longtemps que l'homme est sous l'empire du mental, l'extinction ne s'est pas produite ni ne peut se produire. Pour discriminer, le mental doit être utilisé. Il faut faire un effort pour éveiller sa bonne volonté. Mais l'effacement ne survient que lorsque le mental a été dépassé. Toutefois, le mental contient d'innombrables niveaux, et à l'un de ces niveaux, on dirait que le Soi s'est éveillé. D'autre part, le mental aussi est Lui.

A quoi faut-il renoncer, que faut-il balayer? Dans le royaume du mental il y a « faire », et au-delà du mental il y a « être » (sans effort). Qui faut-il effacer? Qui efface qui? Effacer signifie réaliser, la réalisation de Lui. Jusqu'à ce qu'Il Se soit révélé Lui-même, l'individu tente de s'effacer. S'effacer signifie éliminer petit à petit (c'est la méthode de *neti neti*, pas ceci pas ceci), éliminer l'impermanent, ce qui est sujet à destruction. C'est dans le royaume au-delà du mental que Tu règnes sous toutes les formes. En fait, qu'est-ce qui est éternel et qu'est-ce qui ne l'est pas? En réalité, tout est Lui seul. Sur le plan du mental, il existe un bonheur relatif, mais ce n'est pas la béatitude parfaite. Et ce bonheur relatif s'accompagne toujours de chagrins. La béatitude parfaite est la béatitude du Brahman *brahmânanda,* et qu'est-ce que *brahmânanda?* Toi considéré d'un certain point de vue, tout est Toi et Toi seul, et d'un autre point de vue, ce que Tu es, je le suis également. Décantez le mental de toute chose, et il apparaîtra comme le Soi, comme l'Atman. Pour commencer, vous devez utiliser votre mental *(man)* afin de pouvoir le dépasser *(aman)* et de réaliser le Soi (Atman) pour parvenir à l'Illumination.

*
* *

Question : Pris comme nous le sommes dans les filets de Mâyâ, comment nous en sortir?

Mâ : C'est avec une hachette qu'on se fraie un chemin dans la jungle, mais pour cela il faut s'enfoncer dans la jungle. C'est la Mâyâ de qui? La Mâyâ de Dieu n'a pas de commencement, et malgré cela on peut trouver une issue. En tailladant la jungle on y crée une clairière. De même qu'un récipient ne révèle sa qualité réelle que s'il est bien astiqué, CELA qui EST resplendit quand le voile en est arraché. Alors, par quel moyen peut-on retirer l'écran de Mâyâ, de l'illusion? Par le *satsang*, en agissant selon les instructions de son gourou.

Tant que le gourou n'aura pas été trouvé, tous les noms représentent Son nom, toutes les formes Sa forme, toutes les qualités sont celles de Dieu. Méditez constamment sur cette question. Comme me libérer de l'illusion? Quel est le chemin, quels sont les moyens? D'une façon ou d'une autre, il faut toujours penser à Lui. Toutes pensées ou paroles doivent se rapporter à Dieu, le reste n'est que futilité et souffrances.

*
* *

Question : Depuis trente ans, je fais du satsang *et pourtant mon esprit n'a pas trouvé la paix. Tel un bœuf qui tourne la roue d'un moulin à huile, je me tourne et me retourne. Comment puis-je trouver la paix?*

Mâ : Oui, vous avez fait du *satsang* mais vous n'avez pas réfléchi à ce qui vous a été dit. Vous avez écouté des paroles de sagesse, mais vous n'avez pas agi selon les directives du sage; vous n'avez pas réfléchi profondément, votre contemplation n'a pas été conforme aux conseils que vous avez reçus. Comment pouvez-vous alors obtenir la grâce du gourou?

— *Pourquoi le sage ne partage-t-il pas avec moi ce qu'il a gagné?*

— Ainsi, vous désirez récolter les fruits du travail d'un autre? Aussi longtemps que vous ne méditerez et n'agirez pas comme il vous a été dit, le chemin ne s'ouvrira pas. Si vous pratiquez une *sâdhanâ* correspondant à votre tempérament et à vos capacités, votre pouvoir intérieur se développera et augmentera. Dieu est la vie de la Vie, le Soi. Il n'existe qu'une Vie, qu'un Soi. Pour Le réaliser et Le connaître, vous devez recourir aux exercices spirituels qui vous attirent du plus profond de vous-même. Qu'avez-vous fait pour Le trouver? Quelle somme de travail à des fins humaines ne faites-vous pas, que de mal ne vous donnez-vous pas! Et pourtant vous ne vous inquiétez guère d'avoir oublié votre vraie nature — qui est l'Atman — et d'avoir oublié que vous êtes vous-même la Paix! Avez-vous fait un effort soutenu pour le comprendre? Commencez immédiatement quelque exercice spirituel afin d'atteindre à cette révélation. Dieu vous a donné une telle capacité de travail! Consacrez-Lui au moins un peu plus de temps, et tout le travail que vous effectuez dans le monde, déposez-le en offrande à Ses pieds. Considérez-vous comme le gérant et non pas comme le patron et servez le Seigneur dans chaque être humain. Chez vous se trouvent les Déesses Lakshmî, Kumârî et Devî, et aussi Balagopal. Servez-les, ne les négligez pas et vous serez en paix. Dès que vous avez un instant, matin ou soir, asseyez-vous dans la solitude de votre oratoire et contemplez la forme divine de Dieu, méditez sur Lui, adorez-Le. Commencez dès aujourd'hui, ne perdez plus une seule de ces précieuses minutes.

— *La* sâdhanâ *que je pratique m'apportera-t-elle la vision de Dieu?*

— Il ne rejette ni ne refuse rien. Il acceptera tout ce que vous pourrez Lui offrir. Quelle que soit la voie que vous preniez pour vous approcher de Lui, Il viendra à vous. Toutes les *sâdhanâs* sont autant de chemins qui vous préparent à la réalisation de Dieu.

— *L'homme est conditionné par son* prârabdha-karma. *Alors où intervient le libre arbitre?*

— Vous devez utiliser votre libre arbitre pour trouver le Suprême. La pratique *(kriyâ)* choisie pour avancer vers Lui (le Purushottama) est cela même qui est appelé *purushkâra* (libre arbitre ou pouvoir de décider par soi-même). La grâce de Dieu peut modifier même notre destin. Si un adorateur a une foi inébranlable dans la grâce de Dieu qui peut corriger son *prârabdha-karma*, un tel changement deviendra éventuellement possible. Il existe certainement des lois dans la création de Dieu, mais pour Lui rien n'est impossible. Si vous pensez que la grâce de Dieu est régie par le Destin, ainsi en est-il pour vous. Si au contraire vous pensez fermement que Dieu est plus puissant que le Destin, alors Il peut faire n'importe quoi pour vous. Dieu pourvoit aux besoins — aussi bien matériels que spirituels — de ses adorateurs.

*
* *

Question : Peut-on comparer la sushumnâ *au gonflage d'un pneu?*

Mâ : Pour chaque individu, la réalisation se trouvera au

bout du chemin qu'il suit dans son ascèse; en faisant le travail qui correspond à sa propre nature, l'homme parviendra à l'union éternelle. La *sâdhanâ* a pour but de préparer l'être humain à ce contact sublime. Répéter ou écouter le nom de Hari ou faire du *japa* régularise le rythme de la respiration, le *prânâyâma* s'établit spontanément avec un état de repos, de bien-être naturel, sans maladie ni problème. Le rythme du travail dans le monde provoque ennuis, maladies, soucis; il n'apporte ni repos, ni satisfaction, ni équilibre. Si vous êtes plongé dans le courant des activités terrestres, vous obtiendrez des résultats matériels : une connaissance du monde, un intérêt dans les choses du monde. C'est le courant du désir incessant et non le courant qui conduit à la réalisation de Dieu. Une vie pleine de désirs ne Lui laisse aucune place et ne comporte aucun chemin pour parvenir à Lui. Passions et appétits insatiables imposent â l'homme un billet d'aller et retour et l'obligent à revenir dans ce monde de souffrances. Désirer des objets des sens — tout ce qui est empoisonné — ne conduit qu'à la mort, et le rythme respiratoire correspondant oblige à renaître.

L'homme qui ne le veut pas rejette l'idée fausse que Dieu est très loin de lui; il découvre que son Soi est plus près que ce qui lui est le plus proche — et il a beaucoup de chance. Le rythme de la respiration doit être modifié. Celui qui pratique une *sâdhanâ* conformément aux instructions du gourou verra sa respiration changer d'elle-même. La répétition constante du nom de Krishna, de Kâlî ou de n'importe quel autre nom de Dieu transformera la respiration. Lorsque l'on est parvenu à cet état, le *mantra* prend vie sans effort.

Didi et d'autres observèrent un jour que ce corps-ci prononçait distinctement des *mantras* tandis qu'il était assis ou en conversation avec quelqu'un. Le *Shivoham-mantra* était spontanément répété très clairement. Cela s'était fait très longtemps en secret et ne fut remarqué que plus tard.

Ceci est rapporté pour illustrer que ce corps-ci étant pur bien qu'il vive en famille, le rythme de la respiration s'harmonisant parfaitement aux mouvements de l'esprit, *prânâyâma* et manifestations spirituelles surgissaient d'eux-mêmes. Une *sâdhanâ* authentique ne peut pas se faire de force. Par l'action de la force vitale, lumière, *mantras* etc., se manifestent.

Pour modifier le rythme de la respiration, il faut s'exercer régulièrement. L'adorateur commencera à répéter celui des noms de Dieu qu'il préfère. S'il avance dans le chemin tracé par le gourou, la respiration sera modifiée, et de ce fait les tendances du mental le seront également. Cela accompli, la *sushumnâ* entrera en action en un clin d'œil. Tant que ces choses ne se seront pas produites d'elles-mêmes, l'homme devra continuer à lutter.

La tendance du mental de chaque individu le poussera dans une certaine direction et le fera vivre en conséquence. La vibration de la force vitale de chacun est conditionnée par ses propres *samskâras*. Chacun a un *prânâyâma* différent. L'homme qui a de la chance et dont les *samskâras* sont excellents n'aura plus besoin d'un « billet d'aller et retour ».

Chacun comprendra ce qui s'applique à sa propre voie de progression. Le type de méditation qui convient à une certaine personne peut aussi se révéler. Aussi longtemps que cela ne se produit pas, il y a des difficultés, des combats, l'impression de ne pas avancer, d'être incapable de réussir. Lorsque le temps est venu, chacun trouve sa voie. Exactement comme l'eau d'une source trouve son chemin pour rejoindre une rivière et doit continuer à couler jusqu'à ce qu'elle la trouve. Si à un moment donné la source tarit, rien n'aura été perdu, car on ne peut jamais savoir quand il se produira un grand jaillissement. A un moment ou à un autre, l'homme sera béni par le contact avec son être vrai.

Comment s'opérera cette union reste un mystère. Le fleuve qui y conduit est quadruple. Une partie n'est pas manifestée et les trois autres le sont. Grâce à l'action de *prânâyâma* et de *dhyâna* (méditation) les trois parties manifestées devront rejoindre le non-manifesté [1]. Par son *kriyâ* particulier, par la

1. Il s'agit probablement de ce qu'Aurobindo appelle en l'homme le physique, le vital et le mental, et le non-manifesté, l'être psychique ou l'âme. (N. d. T.)

répétition du Nom, par le *prânâyâma*, l'homme devra s'unir à ce courant.

L'homme peut aussi s'unir à Lui par le service désintéressé accompli avec la conviction que tous les êtres sont la manifestation de l'Un. Il faut persévérer avec grande régularité et constance. Et il faudra s'appliquer tant que la révélation spontanée n'aura pas eu lieu.

Il y avait l'Un. Il S'est divisé pour créer le monde. Il a toujours été en vous. Ce qui est dans le microcosme est aussi dans le macrocosme. Il faut donc vous démener pour réaliser votre Soi. Le Seigneur est manifesté dans chaque créature. Trouver Dieu ne signifie que trouver son propre Soi. Il faut avancer obstinément dans le chemin. Toutes les voies spirituelles sont bonnes et débouchent sur la libération. Il est libre, et ainsi la voie qui conduit à Lui mène à la liberté. Avez-vous bien saisi que tout est contenu dans l'UN et que l'UN est présent en tout?

*
* *

Dieu est la source du Bien. Le moyen qu'Il choisit pour attirer chacun à Lui échappe à l'entendement. Tout ce qu'Il fait, Lui qui est tout Amour, est pour le mieux. Jamais, au grand jamais, bonheur ou paix n'existeront en dehors de la contemplation de Dieu. Toutes nos frustrations dans la vie ont également des répercussions infinies. Quant à l'être qui accepte de rester attaché et empêtré dans ce domaine, il ne récoltera naturellement pour tout fruit qu'agitation, lassitude et stérilité. Ne laissez donc pas vos pensées s'appesantir sur tout ce qui est de ce monde; que votre esprit s'élève au contraire vers l'idéal le plus haut, vers votre But sublime qui échappe de loin à toute compréhension humaine. Qui peut dire dans quel événement ou dans quel coup du sort Son appel retentira? Ne vous laissez pas abattre. Vous êtes vrai, pur, illuminé, libre, éternel. Pour avancer dans cette direction, vous devez ramasser vos propres forces et continuer sous l'impulsion que vous donne votre nouvelle attitude envers la vie. Il est exact que Dieu demeure aussi en vous en tant que compréhension et discrimination. Vous devez donc en profiter dans votre pèlerinage vers la révélation de la vérité. Le temps vole. Le Père suprême, la Mère, l'Ami, le Bien-aimé, le Seigneur, tous sont Lui en une seule personne. Pour toute contemplation, il faut se prosterner à Ses pieds.

DEUXIÈME PARTIE

Si votre soif pour l'objet de votre désir imprègne toutes les fibres de votre être, vous pourrez obtenir tout ce que vous voudrez.

⁂

Si vous vous tournez vers Dieu pour être libéré de vos désirs matériels, votre force intérieure s'en trouvera renforcée. Il faut vous engager dans quelque pratique spirituelle. Que vous puissiez vous concentrer ou non, restez rivé à la méditation sur Dieu. Il y a des chances pour qu'un jour ou l'autre vous y preniez intérêt et que vous vous y laissiez absorber.

⁂

Pour les pèlerins qui avancent sur la route, il faut absolument avancer avec vigueur, énergiquement, droit devant soi et à toute allure. Vous installer dans une voiture bancale ne vous servira à rien. Il faut toujours faire preuve d'un esprit fort et viril. C'est vous et vous seul qui modelez votre vie, ne l'oubliez pas!

⁂

L'homme qui veut résoudre ses problèmes doit s'adonner à une pratique spirituelle.

*
* *

L'instant passé ne revient pas. Le temps doit être bien utilisé et il ne l'est vraiment que lorsqu'il est consacré à rechercher : « Qui suis-je? »

*
* *

Vous avez déjà tant fait dans le monde de l'action! Maintenant efforcez-vous de consacrer entièrement votre esprit à l'Éternel. Ne perdez pas un temps précieux. Ceux qui ne pratiquent pas la contemplation de Dieu — ou en d'autres termes, qui n'avancent pas vers la Réalisation du Soi — se détruisent eux-mêmes. Attachez-vous au Bien, renoncez à ce qui n'est que plaisir.

*
* *

Les bavardages vains et oiseux créent des pierres d'achoppement sur la route qui conduit à Lui; sur cette route, vous avez déjà gaspillé des siècles et des siècles. Maintenant rebroussez chemin et revenez chez Vous. Lambiner ne fait que prolonger les souffrances et les tribulations du pèlerin. Celui qui se dirige vers Dieu et qui est tout absorbé par Son nom et par l'amour de Lui progresse, dans quelque état qu'il soit. Ne l'oubliez jamais. Dire « Je n'ai pas éprouvé Son contact » et par conséquent continuer à rechercher les joies du monde ne peut jamais être pour votre bien.

*
* *

Dire « Je ne peux pas faire cela, ce but est impossible à atteindre » ne fait qu'inciter à l'indolence. Le jour passé ne revient jamais.

Un homme partit un jour au bazar pour y faire des achats. Mais il y avait tant de gens qu'il décida d'attendre jusqu'à ce que la foule se soit dispersée. Quand tout fut tranquille, il s'approcha des échoppes et s'aperçut que tout ce qui en valait la peine avait été vendu.

Le jeu du monde comporte toujours confusion et ennuis. C'est inévitable. Affrontez les difficultés et vous pourrez acheter ce que vous vouliez.

*
* *

Dans un acharnement sans faille, empli d'une patience si importante dans une ascèse, vous devez aller de l'avant joyeusement à la quête de Dieu, sans rien laisser vous ralentir. Celui qui réside dans le cœur doit Se révéler au-dedans et au-dehors.

*
* *

Aussi bien dans le train-train quotidien que dans le domaine spirituel, ce qui compte le plus, c'est la patience.

*
* *

Certains avancent vers leur but en char à zébus, d'autres en train, d'autres encore en avion. Il peut se produire que l'avion ou le train aient un accident et que le char à zébus arrive le premier.

*
* *

L'éternité est dans le temps et le temps est dans l'éternité. Il faut aller au-delà du temps.

Question : Est-il vraiment possible d'aller au-delà du temps?

Mâ : Oui, on peut dépasser temps et espace. Ils n'existent que dans le domaine du Prakriti.

— *« Temps » signifie changement, n'est-ce pas?*

— Prakriti contient ce changement constant. Le monde n'est rien d'autre qu'un jeu du temps.

*
* *

Question : Comment la connaissance limitée par le temps peut-elle conduire à l'essence des choses?

Mâ : Lorsque vous aurez atteint la connaissance réelle, vous aurez trouvé l'essence des choses.

*
* *

C'est vous qui créez le désir, et c'est vous aussi qui pouvez le détruire. Vous devez vous-même tendre de toutes vos forces vers la réalisation du Soi. En choisissant de vous nourrir de ce que vous apportent vos sens, vous vous orientez de votre plein gré vers le royaume de la mort. Apprenez à savourer l'ambroisie et nourrissez-vous de ce qui est immortel. Marchez sur la voie de l'immortalité où n'existent ni maladie ni mort.

*
* *

Si vous voyez une pierre, vous ne pouvez pas l'appeler *vigraha*, dire que Dieu est présent en elle, et lorsque vous voyez le *vigraha* vous ne pouvez pas l'appeler une pierre. Lorsqu'on la considère comme un foyer où se concentre la présence de Dieu, Il y est en réalité. Ainsi on dit que toute chose est un *vigraha* de Dieu. Ce fait une fois admis, il n'est que naturel d'aspirer à le percevoir directement. Tant que l'on parle de pierre, sottement, on n'a pas saisi l'immanence de Dieu. Les joies que l'on trouve dans les objets des sens sont évanescentes. Elles ne sont ni durables ni permanentes. Mais là où se révèle Dieu, Dieu seul, il n'existe rien de tel que l'impermanence. Votre attention est tournée vers le monde, non vers l'Éternel. Vous vous identifiez avec ce qui passe, ce qui change constamment. Qu'y découvre-t-on? Le périssable, et là le Soi ne se révèle pas. Comment la réalité, l'Être vrai peut-il être cela?

Car ce qui est destructible n'a pas été détruit. Ce qui est périssable devra périr.

*
* *

Pour acquérir le pouvoir d'atteindre l'infini, il faut d'abord connaître le fini et se laisser diriger par lui. Tant que l'âme s'identifie avec le corps, il est indispensable de se laisser guider par ce que les règles enjoignent ou proscrivent. Et cela demande de la patience et de la constance. La nature a beau être elle-même changeante et fuyante, elle ne vient jamais en aide au pèlerin agité ou hésitant.

*
* *

Chacun doit lutter pour la révélation de la Vérité éternelle. Employez-vous à retourner à votre vraie demeure. Vivre ailleurs, en compagnie d'autres personnes, provoque conflits et souffrances. Dualité entraîne obscurité, obscurité signifie ignorance.

*
* *

Question : Si le Soi est un, pourquoi le chagrin d'un homme n'est-il pas ressenti par les autres?

Mâ : Il en est ainsi seulement lorsque existe le sens de séparation. Aussi longtemps qu'il y aura « d'autres », l'expérience sera multiple. Mais lorsqu'il n'est plus question de différence, alors le chagrin de tous sera éprouvé par chacun comme son propre chagrin. Quand s'est effacée la distinction entre la connaissance, l'objet de la connaissance et le connaissant, l'unité est réalisée. Jusque-là l'expérience varie selon les individus. Ce que vous recevez dépend de votre attitude. Ce qui est en mouvement perpétuel est appelé le monde. Et ce qui est lié se nomme l'individu. Dans le monde des individus, on récolte ce que l'on a semé. Quelle merveilleuse dispensation divine! Il joue sous une variété infinie de formes et d'aspects.

*
* *

Question : L'expérience spirituelle (anubhâva) *et le souvenir* (smriti) *de sa propre réalité sont-ils la même chose?*

Mâ : Ces deux mots désignent deux états différents. Dès que ce souvenir apparaît, la question d'oubli ne se pose plus. Dès que s'éveille ce souvenir, l'oubli ne peut plus intervenir, car l'oubli provient de l'ignorance, tandis que ce souvenir est dû à la connaissance. Lorsque s'éveille le souvenir suprême, l'expérience et celui qui l'obtient se fondent en un. Le souvenir de « je suis éternel et indivisible » est en fait le souvenir suprême. Alors cesse la division dans l'expérience; dans la réalisation de la connaissance suprême les trois aspects : connaissance, objet de la connaissance et connaissant ne sont plus séparés.

*
* *

C'est merveilleux d'être un pèlerin sur la route suprême, car c'est ce chemin-là qu'il faut suivre. Lorsque le Chemin suprême s'est révélé, le But ultime est atteint.

*
* *

Que désormais, ce soit le vin d'immortalité qui vous désaltère. Marchez sur la voie de l'immortalité où n'existent ni mort ni maladie.

*
* *

L'homme doit chercher à réaliser la grandeur réelle, le surhomme. Le voyageur qui progresse sur le chemin suprême peut espérer parvenir à la Béatitude ultime, ce qui est le principal devoir de l'homme.

*
* *

L'être humain est un voyageur en route pour devenir un surhomme. Chacun devrait avancer en fixant son regard dans cette direction. Une atmosphère spirituelle et le *satsang* y aideront.

*
* *

Pour les pèlerins de l'Ultime, Dieu est le seul et unique ami. Dans cet esprit, l'homme devrait agir de sorte qu'il puisse arriver à L'accepter comme son Tout en tout. Les obstacles ne s'élèveront à chaque pas que pour le pèlerin qui ne se concentre pas.

*
* *

Ici, tout est parfaitement ouvert et libre. Mais ordinairement le rythme de la vie dépend d'une chose dans le domaine de la *sâdhanâ* et d'une autre dans le domaine de la vie du monde. Du point de vue du monde, l'homme parle de « ma maison, ma femme, mon fils, mon ennemi, mon ami ». Aussi l'idée du « je » conditionne le rythme de la force vitale, tandis que dans le domaine de la *sâdhanâ* il est conditionné par l'aspiration vers la Réalisation. Le *sâdhak* est toujours concentré sur son but et donc il ne prend pas garde, en avançant, aux détails du chemin. Le but une fois atteint, il pourrait être en mesure d'expliquer le chemin suivi, car alors tout serait illuminé par la seule et unique Lumière. En réalité, il n'y a qu'une seule chose, le chemin, le but — appelez-le comme vous voulez — rien n'est distinct du Soi.

*
* *

1° On obtient la pureté du cœur et du mental par la concentration sur une pensée unique selon ses dispositions particulières.

2° Au fur et à mesure que l'homme progresse, toutes ses idées et ambitions dispersées s'ordonnent vers ce but unique.

3° Puis lorsque différents courants de pensées coulent dans le même canal l'adorateur semble devenir immobile et inerte.

4° Enfin il trouve le repos dans l'Être universel unique et il est happé dans l'existence une.

*
* *

Question : Je désire n'avoir aucune volonté propre.

Mâ : Que votre volonté soit fondue avec celle du divin.

*
* *

Question : Certaines personnes conseillent d'adorer Krishna, d'autres d'adorer Mahâdeva, d'autres d'observer des jours de jeûne ou de bien manger pour fortifier son corps. D'autres encore disent que révérer son mari est la véritable pûjâ. *Que faut-il donc faire pour réaliser Dieu et comment?*

Mâ : Vous mangez tous les jours des lentilles, du riz, des galettes de blé, des légumes, du chutney, etc. Vous ne mangez pas le riz ou le chutney tout seul. C'est le mélange judicieux de l'un et de l'autre qui rend la nourriture saine et savoureuse. De même façon, consacrez-vous à tout ce qui conduit à Dieu. Le péché ne réside que là où le souvenir de Dieu est relégué à l'arrière-plan et où les choses éphémères occupent la première place. Le gourou, le *satsang* et votre propre conscience vous conduisent toujours vers Dieu. Ne traînez pas et n'étouffez pas la voix de Dieu.

*
* *

Le chagrin ne vous quittera pas tant que vous n'aurez pas trouvé Dieu. Si l'on veut Le réaliser, il faut pratiquer la répétition de Son nom, Le contempler, L'adorer, chanter Ses louanges. Il n'existe pour l'homme aucun autre chemin qui conduise à la Béatitude suprême. La compagnie des sages, des saints et des chercheurs de vérité, les réunions religieuses et l'étude des Écritures sont aussi d'une grande aide sur cette voie. Ce corps-ci insiste constamment sur deux choses : les plaisirs des sens sont un poison qui conduit peu à peu à la mort : il faut donc vous efforcer de vous laisser posséder par Dieu dans toute la mesure du possible.

*
* *

Question : Mâ, faites-nous un discours!

Mâ : Il n'est pas question ici de prononcer un discours. Il n'y a ici qu'un seul Atman. De même que votre main n'est pas distincte de vous, de même vous ne pouvez parler à personne d'autre qu'à vous-même. Car nous sommes tous un. On devrait parler de ce qui mène au-delà de l'opposition parole/silence. De quoi s'agit-il? De la pensée de Dieu. Pratiquez le *japa*, un *mantra*, ce que vous avez reçu. Prenez conscience de Dieu, contemplez-Le de telle sorte qu'Il Se révèle à vous. Ne gardez pas l'esprit vide; de même que l'eau s'échappe d'un récipient percé, de même le mental non maîtrisé laisse s'échapper ce qui est véritablement le plus important, et il s'intéresse à des choses sans importance au lieu de se tourner vers Dieu. Dieu est vérité. Il faut rechercher le *satsang* et lire des livres sacrés. Et il faut suivre les instructions, quelles qu'elles soient, que vous donne votre gourou.

*
* *

La quête de la Vérité devrait déterminer toute l'orientation de la vie humaine. Le désir authentique ouvre lui-même la voie à la réalisation.

*
* *

Utilisant les transformations toujours nouvelles qui jalonnent une vie consacrée à la recherche suprême, l'homme doit s'efforcer de s'établir fermement dans le vrai Soi unique *(svarûpa)*.

*
* *

C'est gaspiller le pouvoir divin que de l'utiliser à des fins de ce monde au lieu de le concentrer sur l'œuvre divine. Utiliser l'énergie spirituelle à rechercher des plaisirs matériels interrompt le courant de cette force. Celui qui — après une ascèse soutenue — a reçu de Dieu du pouvoir n'a pas le droit de l'employer à tort et à travers.

*
* *

Dans ce monde, il n'y a rien, et pourtant tout individu poursuit plus ou moins ce rien.

*
* *

Dans la Réalité, il ne se passe jamais rien! C'est une grande chance de pouvoir le comprendre; si vous vous en rendez compte, béni êtes-vous car la vision intérieure vous a été accordée.

*
* *

Un horaire bien précis règle le travail au bureau, à l'école, au magasin; fixez donc aussi quelques minutes par vingt-quatre heures que vous consacrerez à la contemplation divine, de préférence le matin ou le soir. Il faut prendre la ferme résolution de donner à Dieu ces quelques instants tout au long de votre vie, et pendant ce temps vous ne devez laisser aucune activité de ce monde troubler votre contemplation de Dieu. Il faut donner à tous les membres de la famille, y compris les serviteurs, un moment précis qui sera consacré à la prière et à la méditation. Si l'on continue longtemps cette pratique, la contemplation de Dieu deviendra partie intégrante de votre nature. Une fois que l'habitude est instaurée, le cours de la vie en est facilité. Vous sentirez couler cette grâce divine mystérieuse qui alimentera toutes vos pensées et vous donnera une force nouvelle.

Après des années de rude labeur, vous touchez une pension qui vous dispense de gagner votre vie. Dans le domaine spirituel la récompense d'un travail sincère et désintéressé est bien plus grande et bien plus facile à obtenir. Votre pension de retraite cesse avec votre vie, tandis que la pension divine continue bien longtemps après la mort. Ceux qui amassent de l'argent le cachent dans leur maison, en ajoutent quand ils peuvent et le surveillent constamment. Réservez donc aussi un petit coin de votre esprit et de votre cœur à Dieu et saisissez chaque occasion d'augmenter votre trésor en invoquant Son nom ou par quelque travail pieux ou pensée de Dieu.

⁂

Prenez grand soin de ne pas laisser voir les efforts que vous déployez pour votre développement spirituel. Gardez-les aussi jalousement qu'un avare ses richesses. Vous n'avez pas à claironner que vous êtes engagé dans une ascèse. C'est une affaire uniquement entre Dieu et vous.

⁂

Les Écritures nous disent : « N'énoncez pas de vérités déplaisantes. » Qui êtes-vous pour prétendre enseigner aux nations? Pourquoi devraient-elles vous écouter? Votre parole ne sera juste et appropriée que si vous avez le pouvoir de vous faire entendre de tous. Sinon votre mental sera distrait et votre ascèse bloquée.

⁂

La vie de l'homme doit être orientée vers la réalisation de la Vérité. Le Seigneur est amour. Si l'on veut trouver le refuge suprême, il faut se conformer à chaque instant aux pratiques et aux activités voulues.

*
* *

L'homme est né pour faire l'expérience des joies et des tristesses de ce monde. Ceux que leur bon sens pousse à vouloir dépasser bonheurs et malheurs doivent chercher refuge en Lui.

*
* *

Vous avez toujours tous été bons; vous ne venez pas de le devenir. Seule la bonté intérieure peut se matérialiser.

*
* *

A une cantatrice célèbre.

Mâ : La mélodie, l'air et le rythme peuvent mettre en contact avec l'Un qui est tout. Tout comme Râm Prasâd qui trouva la Mère suprême par l'intensité de ses chants, vous devriez consacrer à Lui votre talent. Essayez de L'atteindre à travers la musique.

*
* *

Naître dans un corps humain représente un privilège rare. Celui qui a obtenu cette immense chance et qui ne consacre pas son temps à la contemplation du Bien-aimé devra un jour demander : « Qu'ai-je fait? » Négliger la contemplation de la Réalité conduit sur le chemin de la mort.

*
* *

Le don inestimable qu'est une naissance humaine ne doit pas être gaspillé en vaines pensées. Ne vous attardez donc pas dans l'auberge de passage *(dharmashâla)* et essayez de trouver votre vraie demeure.

*
* *

Les plantes et les animaux aussi quittent ce monde après y avoir séjourné quelque temps et produisent de nouvelles plantes et de nouveaux animaux de leur espèce. Si vous ne faites rien de plus, quelle différence y a-t-il entre eux et vous? Chacun devrait s'efforcer avec acharnement de ne pas prendre de billet de retour lorsqu'il quitte ce monde.

*
* *

Respirer sans penser à Dieu, c'est du gaspillage. Seul l'être humain a été doté du pouvoir de chercher et trouver Dieu.

Posez-vous la question : « Qu'est-ce que je fais de mon temps? » On oublie si facilement que pas une heure écoulée ne reviendra jamais. Les jours s'envolent sans que vous vous en aperceviez. Un beau jour, vous constatez que vous êtes trop âgé et trop faible pour fournir un effort soutenu. La quête de Dieu ne doit pas être remise à vos vieux jours lorsque vous n'aurez plus rien d'autre à faire. C'est la tâche de toute votre vie et elle exige le maximum de ce que vous pouvez donner. Celui qui n'a pas encore commencé doit se mettre à l'œuvre dès aujourd'hui, dès maintenant, immédiatement.

*
* *

Qui appelle-t-on un ami? Celui qui vous oblige à tourner votre esprit vers le Bien-aimé, c'est celui-là qui en vérité est votre ami réel et vrai. Mais celui qui détourne votre pensée de Lui et qui vous pousse à progresser vers la mort, celui-là est votre ennemi et non pas votre ami. Essayez de vous corriger vous-même. L'homme qui ne fait aucun effort pour s'améliorer commet en fait un suicide. Les plaisirs des sens agissent comme un poison lent qui peu à peu vous conduit à la mort. C'est pourquoi la qualité d'être humain impose à l'homme le devoir d'avancer sur le chemin de l'Immortalité.

*
* *

Le gourou n'est pas un précepteur ordinaire. Le gourou, c'est celui qui peut délivrer l'homme du devenir *(bhava sagara)*.

Il n'existe aucune différence entre Dieu, le gourou et le Soi. La grâce de Dieu, qui est immanent, prend pitié de Ses adorateurs et Se manifeste à eux selon leur degré de développement. L'adorateur pense qu'il s'agit d'un homme et s'attend à avoir avec lui les relations humaines habituelles. Mais le gourou, qui est Dieu ou le Soi incarné, œuvre de l'intérieur... Ainsi le gourou est à la fois extérieur et intérieur. De l'extérieur il provoque le choc qui oblige le mental à se tourner vers l'intérieur, de l'intérieur il l'attire vers le Soi.

L'expérience de l'éveil spirituel du disciple déclenchée par la grâce du maître est comparable à celle de l'éléphant qui se réveille parce que dans son sommeil il a vu un lion. De même que l'apparition en rêve d'un lion tire l'éléphant de son sommeil, de même un seul regard du maître dissipe la brume de l'ignorance qui entoure le disciple et le met face à face avec le réel.

Le charbon s'allume très lentement, tandis que le charbon de bois s'allume relativement plus vite et que la poudre de canon s'enflamme sur-le-champ.

Le tigre ne lâche jamais sa proie; de même le gourou n'abandonne jamais celui sur qui il a porté son regard.

*
* *

La signification réelle de la notion de gourou est extraordinairement profonde. Le gourou doit être considéré comme Dieu. Lorsqu'on renonce à son gourou, cela signifie que l'acte qui a créé la relation entre gourou et disciple n'a jamais eu lieu. Le gourou ne peut jamais rien faire de mal ou de faux. Le pouvoir du gourou qui doit nous guider une vie après l'autre et la dévotion envers lui ne peuvent jamais se relâcher. Celui qui est dans la quête de la vérité est la vérité elle-même; Dieu se préoccupe de parvenir à ses fins.

*
* *

Si le contact avec le gourou a été vraiment réalisé, rien ne pourra le rompre. Le gourou est toujours avec son disciple. Seul Dieu est le gourou de l'homme. Il faudrait Lui faire confiance totalement. *Kriyâ* et *yoga* ne peuvent être pratiqués sans gourou, tandis que *japa* et méditation peuvent se faire n'importe où. Entraînez-vous à rester assis, immobile, dans une contemplation soutenue afin de calmer votre mental. Essayez de fixer votre attention sur la Quête suprême. Alors seulement vous pourrez espérer vous apaiser.

*
* *

Question : Que doit faire le gourou et que doit faire le shishya?

Mâ : On dit que le *shishya* doit abandonner son ego et devenir comme une page blanche. On raconte qu'un roi invita dans son palais d'excellents artistes pour y peindre une fresque. Deux d'entre eux travaillaient sur les murs opposés d'une même salle, divisée par un rideau qui empêchait chacun d'eux de voir ce que faisait l'autre. Des pinceaux de l'un sortit un chef-d'œuvre qui suscita l'admiration de tous les spectateurs. L'autre, pour sa part, avait passé tout son temps à polir son mur. Et il l'avait fait si parfaitement que lorsque le rideau fut tiré, l'œuvre de l'autre peintre s'y refléta et parut plus merveilleuse encore que l'original. Il incombe au disciple de lisser son ego jusqu'à le faire disparaître.

— *Mais alors, le disciple doit faire la plus grosse partie du travail?*

— Non, car c'est le gourou qui peint le tableau.

*
* *

Au lieu de compter uniquement sur le pouvoir salvateur du gourou ou du *mantra*, mettez donc un peu l'accent sur votre effort personnel! On ne peut se cultiver religieusement ni par procuration ni en s'en remettant passivement à des aides artificiels; il faut compter sur les efforts honnêtes et sincères que l'on fait soi-même.

*
* *

Régler sa vie selon les directives du gourou est le moyen qui conduit à la Réalisation du Soi.

*
* *

La manière la plus parfaite de servir consiste à se conformer aux instructions du gourou. Il est écrit que : « faire ce que l'on veut et chercher son propre plaisir est égoïsme; faire ce que veut Krishna selon Son plaisir à Lui est amour ». En conséquence, mettre en pratique, sans discuter et à quelque stade que vous soyez, les ordres du gourou revient à s'adonner au plus grand service qui soit.

*
* *

C'est pour parvenir à la concentration parfaite que l'on accomplit les pratiques qui conduisent à l'idéal indiqué par le gourou. Comment peut-on dire qu'il n'existe pas d'idéal pour le disciple qui, animé d'une dévotion totale, avance vers le but unique? S'efforcer d'atteindre le but selon les instructions du gourou, voilà en fait ce que l'on appelle foi sincère *(nishta)*.

*
* *

Si un homme décide de régler sa vie selon les directives de quelqu'un et que pourtant il agisse selon sa fantaisie dans un sens, cela crée une entrave.

*
* *

Grâce aux instructions du gourou, le chercheur de Vérité trouvera en lui-même son propre Soi véritable. Dans le *mantra* donné par le gourou, le gourou se trouve Lui-même présent. Son corps peut mourir, mais le gourou ne vous quitte jamais. Alors que vous pleurez de tout votre cœur la perte de son enveloppe physique, pourquoi donc dressez-vous des obstacles sur la voie qu'il vous a tracée? En vérité, le gourou est un.

*
* *

Les paroles du gourou sont des *mantras*. Pratiquez votre ascèse avec de profonds sentiments religieux selon les directives du gourou et Dieu devra répondre. De même que les parents savent ce qui profitera à leurs enfants, de même Dieu sait parfaitement ce qui vous sera bénéfique ou maléfique. Il est déplacé — sauf à votre point de vue — de demander : « Pourquoi Dieu a-t-Il fait telle ou telle chose? » Dieu et Ses dons ne forment qu'un. Ne vous croyez pas si loin de Lui. Dieu, et Dieu seul, est partout. La fortune du père appartient à son fils. Essayez de voir Dieu sous toutes les formes et toutes les existences. L'homme reçoit selon ses désirs. Dieu Se manifeste aussi sous les traits de la séparation. La séparation entre Râdhâ et Krishna possède aussi un certain charme, n'est-ce pas?

*
* *

Un homme seulement sur un milliard est un Instructeur du monde, un Sauveur du monde. Lorsqu'un gourou ordinaire donne un *mantra*, il ne s'effectue aucune transmission de pouvoir. Cependant, les *mantras* révélés par les *rishis* qui les avaient « vus » sont parvenus jusqu'à nous par la chaîne ininterrompue des gourous et contiennent donc un certain pouvoir. Ainsi, le *mantra* qui vous a été transmis est le véhicule d'un pouvoir qui peut se développer selon les aptitudes innées de chacun et un contact est établi dès l'instant où le pouvoir a été donné. Cependant, le pouvoir du gourou peut être communiqué même sans initiation par un *mantra*.

*
* *

Question : Qu'est-ce qu'un mantra-chaitanya?

Mâ : Un *mantra* qui a pris vie; c'est-à-dire la révélation de ce que le *mantra* représente. La graine est semée par le gourou, mais l'arbre ne pousse que si le sol a été convenablement préparé. Alors qu'une graine ordinaire peut mourir si on la néglige, il est vrai que la graine semée par le gourou est immortelle. Ce qui n'empêche pas qu'il faille retourner la terre, l'amender, l'alléger, retirer les cailloux, tamiser la terre. Si l'on n'arrose pas, la graine ne poussera pas non plus. C'est en faisant régulièrement ce que vous dit le gourou que vous apporterez à la graine la nourriture qui lui permettra de se transformer en arbre.

— *Est-il possible, par la grâce du gourou, d'effacer le désir* (vâsanâ kshaya)?

— Oui, la grâce du gourou se déverse toujours, mais il vous faut avoir pitié de vous-même et laisser cette grâce vous atteindre. Si votre vase est sens dessus dessous, la grâce ne fera que glisser le long des bords et vous n'en aurez rien [1].

*
* *

Là où la quête de la vérité est réellement authentique, il ne peut y avoir d'échec. Pour purifier corps et esprit, sentez toujours la présence de Dieu, répétez Son nom, méditez, chantez Ses louanges, étudiez les Écritures. Les instructions du gourou ont une importance capitale. Les disciples prient pour obtenir

1. En d'autres occasions, Mataji a expliqué que le vase sens dessus dessous signifie être orienté vers l'extérieur. Lorsque l'attention est centrée sur Dieu ou la Vérité ou la réalisation du Soi, alors la grâce divine peut avoir prise. (N.d.T.)

la grâce du gourou et le pouvoir du gourou travaille en eux. Tout ceci est la manifestation, la forme de Celui qui se révèle en nous. Il faut solliciter sans répit la grâce du gourou.

*
* *

Question : Si l'on vit dans l'âshram du gourou, qu'est-ce qui vaut mieux : le servir (gourou seva) *ou s'adonner à la méditation* (japa-dhyâna)?

Mâ : Il faut faire ce que vous dit le gourou.

— *Mais si le gourou ne dit rien?*

— Alors ce n'est pas un gourou. Servir personnellement le gourou n'est pas à la portée de tout le monde, cela requiert une aptitude particulière. Supposez que, pendant un certain temps, vous soyez au service personnel du gourou et qu'ensuite ce travail soit confié à quelqu'un d'autre qui le fera différemment et que cela vous agace. Ce n'est pas ce qu'on appelle le « service ». Au contraire, vous devez éprouver de la joie qu'une autre personne ait également la chance de servir votre Bien-aimé, à sa façon.

N'oubliez jamais que celui que vous servez, c'est Dieu *(Janjanârdana)* qui a pris cette apparence. Aussi beaucoup de gens viennent à l'âshram et innombrables sont alors les possibilités de les servir. Même si certains sont méchants ou mesquins, n'oubliez pas qu'ils sont venus dans le temple de Dieu. Pour cette raison, servez-les dans toute la mesure de vos forces, même si leur attitude doit changer lorsqu'ils quitteront l'âshram. Servez l'intention pure qui les a animés pour le moment. Que vous leur donniez de la nourriture ou de l'eau, ou que vous balayiez l'endroit où ils sont ou que vous les aidiez d'une façon ou d'une autre, vous servez Dieu sous une apparence humaine. Ainsi dans un âshram il existe mille façons de servir.

Obéissez au gourou aveuglément. Quoi que ce soit qu'il vous demande, essayez de le faire. Si c'est désagréable ou gênant, acceptez-le comme votre *tapasyâ.* Il est vrai bien sûr qu'aussi longtemps que l'homme est enchaîné par les nœuds *(granthi)* de son moi, une foi parfaite est impossible; entraînez-vous cependant à obéir de votre mieux aux ordres du gourou. Si vous êtes capable de rester continuellement en méditation, il ne viendra à l'idée de personne d'attendre de vous aucun service. Mais si vous traînez sans but pendant une partie du temps, il faut absolument que vous rendiez des services.

*
* *

S'il veut voir sa progression vers Dieu couronnée de succès, le voyageur doit obéir aux ordres du gourou. Toutefois, en l'absence de telles instructions, le chercheur devrait, selon les impulsions de son cœur, se consacrer à invoquer Dieu par la prière et la méditation. Celui qui Le prie d'un cœur simple et sincère verra son désir réalisé. L'homme doit de tout son être aspirer à Dieu.

*
* *

Quelle inquiétude pourrait avoir un homme dont le seul et unique but dans la vie est la Quête suprême? L'Unique qui est le but du voyage réside en toutes choses. Ce qu'il faut, c'est Sa révélation. Cependant la nostalgie de Lui doit être toujours plus pure. S'Il se manifeste comme nostalgie, Il se manifestera également comme accomplissement. Regardez les choses avec l'œil du spectateur et remettez-vous-en au gourou dans tous les domaines. Le gourou est très, très proche.

*
* *

On nous dit qu'après avoir donné le *sannyâsa*, le gourou se prosterne de tout son long devant son disciple pour prouver qu'il n'y a aucune différence entre gourou et disciple; car en fait tous deux ne font qu'un. Il y a une étape où l'on ne peut en aucune façon se prendre pour un gourou, ni considérer qui que ce soit d'autre comme un gourou. A une autre étape, il est impossible d'imaginer gourou et disciple comme distincts l'un de l'autre. A une autre étape encore, tous ceux qui dans le monde guident ou enseignent sont considérés comme des gourous. Pour progresser vers la réalisation du Soi, l'homme dispose d'innombrables méthodes et syllabes sacrées, et quelle que soit celle qu'il utilise, il pourra se rapprocher de son but.

En se concentrant sur les problèmes qui surgissent à l'esprit, il devrait être possible de dénouer les nœuds qui constituent l'ego. C'est pourquoi cette méthode n'est en contradiction avec aucune autre. Dire que gourou et disciples sont « sur un pied d'égalité » est juste aussi, car dans ce monde-ci les gens doivent s'entraider et s'instruire mutuellement dans beaucoup de situations dans la vie; on a donc le droit de dire : tout le monde est un gourou. D'un certain point de vue, on peut qualifier de gourou tous ceux qui vous ont appris quelque chose, si peu que ce soit. Mais le véritable gourou, c'est Lui qui, par son enseignement, vous aide à avancer vers la réalisation du Soi.

Supposez un homme qui marche dans l'obscurité et que tout à coup un chien se mette à aboyer furieusement tout près de lui. Pourquoi? L'homme allume une lampe de poche et se trouve devant un serpent venimeux. Il lui suffit alors de faire attention pour éviter d'être mordu. Peut-on dire dans ce cas que le chien a été un gourou? Certains ne l'admettraient pas, car si le chien a aboyé, ce n'était pas pour alerter l'homme. Mais Celui qui vous arrachera à l'illusion peut aussi prendre l'apparence d'un chien.

*
* *

Dans ce monde, chacun a quelque chose à nous apprendre. Et dans ce sens tout homme est un maître, un gourou. Le meilleur maître au monde est celui qui nous enseigne à trouver Dieu, le grand Gourou de l'univers.

*
* *

Fréquenter les grands sages et les âmes nobles signifie mettre en pratique précisément ce qu'ils enseignent.

*
* *

Question : Quelle est la bonne façon de faire le pranâm[1]?

Mâ : Lorsque vous faites *pranâm* à un Dieu ou à un saint vivant ou à un mahâtmâ, ayez tout d'abord le *darshan* de son être tout entier. Commencez par les pieds et laissez vos yeux remonter jusqu'à la tête tout en inspirant lentement. Imaginez qu'en ce faisant vous absorbez en vous du pouvoir émanant de celui devant qui vous vous inclinez. Puis, laissez votre regard descendre lentement jusqu'aux pieds tout en exhalant; en même temps, offrez-vous à Dieu, avec tout ce qui en vous est bon ou mauvais. Essayez de vous donner sans aucune réserve. Lorsque votre front touche les pieds de la divinité ou du saint, son pouvoir pénètre dans votre tête. On dit que la tête est la racine de l'être humain. Lorsque le saint pose sa main sur votre tête alors que vous touchez ses pieds, son pouvoir se transmet à vous par ses doigts.

Faire *pranâm* signifie vous consacrer à votre Ishta ou à Dieu avec tout ce qui constitue — à cet instant-là — votre nature, que ce soit désirable ou indésirable, vos vertus et vos vices, vos capacités, vos défaillances — tout; c'est mettre votre Être tout entier à Ses pieds. Alors, purifié par son contact, c'est en quelque sorte vous recevoir vous-même en retour comme son *prasâd.*

Le *pranâm* est fait uniquement à Dieu, jamais à une personne. Il peut donc se faire n'importe où, car Dieu est partout.

Faire *pranâm* c'est se décharger complètement à Ses pieds, se lier étroitement à eux — c'est-à-dire à Lui — appartenir à Lui qui seul est.

1. Rendre hommage soit en s'agenouillant et en touchant le sol de son front, soit en s'étendant de tout son long face contre terre.

Chaque fois que se fait un *pranâm*, il y a immanquablement un échange de pouvoir. Les qualités, bonnes ou mauvaises, d'une personne à qui l'on rend hommage sont transmises à celui qui s'incline — que la salutation soit venue du fond du cœur ou n'ait été qu'un geste extérieur. Donc, toutes les fois que vous vous inclinez devant un être spirituellement avancé, que vous le fassiez ou non avec une foi et un respect réels, de par l'acte même de saluer cet être, quelque chose passera de lui à vous. Lorsque quelqu'un fait *pranâm* à ses parents, il exprime son amour et son respect sincères. S'incliner devant eux est donc un geste bénéfique.

*
* *

Lorsque vous vous inclinez devant Dieu, abandonnez votre « moi » et ne pensez qu'à Dieu; plus vous le ferez, et plus vous en récolterez joie et pouvoir. Si vous ne pouvez rien faire d'autre, au moins déposez à Ses pieds à heure fixe le matin et le soir votre corps, vos pensées et votre vie. Que ce soit une prosternation, un abandon; pensez un peu à Lui!

Il existe deux sortes de *pranâm :* ou bien offrir à Dieu votre corps tout entier, votre esprit et toutes vos pensées, désirs, impressions des sens, amour, affection, dévotion, exactement comme si vous vidiez jusqu'à la dernière goutte une cruche de son contenu. Ou bien secouer quelques grains de poudre à travers les tissus de votre poudrier, tout en conservant la majeure partie de vos pensées et de vos désirs dans une chambre secrète de votre esprit.

*
* *

Quand vous vous prosternez devant quelqu'un, c'est toujours devant Lui, même si ce sont des animaux, des oiseaux, des arbres, des pierres.

*
* *

Question : Beaucoup de gens voudraient savoir ce que pense Mâ du culte qui est rendu à elle et à ses photos.

Mâ : Si vous demandez à ce corps-ci ce qu'il en pense, il ne peut dire ni oui ni non. En fait, il n'y a rien à répondre. Croyez-vous que quelqu'un rende hommage simplement à un corps? D'un certain point de vue personne ne vénère personne. On ne fait de *pûjâ* qu'à son propre Soi. Qu'est-ce qui est votre Soi et qu'est-ce qui ne l'est pas? Réfléchissez-y! Appelez-le « Lui » ou « Toi », c'est toujours le Seigneur de la vie, l'Atman. Ne dites-vous pas : Il n'y a qu'un Brahman sans second? Quelle que soit la ligne d'approche que vous ayez choisie, il vous faut continuer sur cette voie. On prétend que Dieu est sans forme, Sachchidânanda (Être-Conscience-Béatitude). Là où Il se manifeste comme le Pouvoir de création sans action, Il revêt de nombreuses formes et modes. En fait, tout est contenu en Lui, en vous, en autrui et en ce que vous possédez... Pour ce qui est du culte rendu, vous devriez comprendre qu'afin de connaître son propre Soi, de trouver son propre Soi, on se vénère en somme soi-même. Demandez-vous donc à qui le culte est rendu. Qui adore qui? Vous adorez votre propre Soi, et c'est vous-même qui êtes aussi le culte...

C'est Celui qui est le Père suprême, le Purushottama, l'Ishta, le Gourou qui revêt toutes ces formes. C'est Lui seul qui est adoré. Vous consacrez une image, vous établissez un lien avec la divinité qu'elle représente, et ainsi vous lui insufflez la vie avant de l'utiliser pour le culte. Vous adorez aussi des arbres, le Gange, la Jamunâ, le feu, la vache, Shiva, l'enfant Krishna. *Pûjâ* signifie Sa *pûjâ*. L'adoration de tout ce qui est se manifeste de beaucoup de manières diverses; c'est l'adoration de Lui seul. En adorant, l'adorateur se trouve lui-même — c'est l'accomplissement suprême. Et puis, lorsque vous aimez parler et discuter avec un ami, un proche, un être cher et que vous avez obtenu ce que vous cherchiez, vous êtes content. Le but ultime, quand on cherche un compagnon et sa conversation, c'est le bonheur suprême.

*
* *

Question : Supposez que quelqu'un rende hommage à un soi-disant grand saint qui n'est en réalité qu'un être pervers. L'influence sera alors mauvaise. Comment s'en protéger?

Mâ : En considérant tous les êtres que l'on salue comme l'Être suprême. Tous, bons ou mauvais, ne sont qu'une manifestation de Lui. Si vous vous en souvenez et ne faites *pranâm* qu'à l'Un seul sous quelque apparence qu'Il prenne, il ne peut rien vous arriver de mal. Faire *pranâm* signifie poser la tête là où elle devrait être, aux pieds de Dieu. Ses pieds de lotus sont partout et l'on peut donc rendre hommage n'importe où pourvu que l'on pense à Ses pieds. Faire *pranâm* veut dire s'ouvrir à la puissance divine qui se déverse continuellement sur tous. Seulement, en général, les êtres s'en tiennent à l'écart. Faire *pranâm* signifie remettre son esprit, son moi entre Ses mains, s'abandonner à l'Un de sorte que n'y ait plus place pour vous, mais pour Lui seul. Consacrez-vous à Lui sans rien retenir, avec tout ce que vous possédez, les vertus comme les défaillances et les fautes. L'adorateur qui fait *pranâm* reçoit Son pouvoir en inhalant, et en exhalant il devrait sentir qu'il rejette son ego, il devrait rester le plus longtemps possible en *kumbhaka.* (Rester sans respirer, les poumons vides.) Que *pranâm* soit offert à un être vivant ou à un *vigraha,* l'adorateur devrait toujours regarder d'abord l'objet de son adoration afin d'en recevoir l'*adhikâra* (le droit et la capacité de rendre hommage).

*
* *

Question : On prétend que les choses sont ce qu'on les croit et seulement ce qu'on les croit. Par exemple, si je crois que le prasâd *m'apporte une bénédiction, il le fera, mais si je ne le crois pas il ne le fera pas. Qu'est-ce qui est alors imagination ou vérité réelle?*

Mâ : L'imagination est une des activités du mental. Le

prasâd apporte toujours des bénédictions, que vous le croyez ou non. Je vais vous raconter une histoire : Un voleur, surpris par un terrible orage, se mit à l'abri dans un temple à Vishnou. Comme l'orage ne s'éloignait toujours pas, il fut obligé de rester là toute la nuit et, pour avoir un endroit sec où dormir, il balaya soigneusement toute l'eau qui se trouvait dans le temple et ainsi le nettoya. Peu après il mourut. Le messager de la mort vint chercher sa proie, mais le messager de Vishnou s'interposa et revendiqua l'âme du voleur qui, sans même savoir à qui ce lieu était consacré, avait nettoyé le temple du Seigneur Vishnou. Cette histoire illustre le rôle que joue effectivement le *prasâd*. Que vous y croyiez ou non, n'importe quel objet consacré à Dieu vous apporte une bénédiction. C'est pourquoi je conseille toujours d'offrir à Dieu la nourriture que l'on va prendre. Une fois quelqu'un me rétorqua : « Comment peut-on offrir à Dieu de la viande, du poisson, des œufs? Or c'est cela que je mange. » Ce corps-ci répondit : « Alors dites à Dieu dans votre prière : " Seigneur, voyez avec quelle sorte de nourriture vous soutenez mon corps. " » La personne en question mit cette suggestion en pratique. Au bout de quelque temps elle revint me voir et me raconta qu'elle était tombée malade et que le médecin lui avait interdit de manger de la viande, du poisson et des œufs. Aussi fut-elle obligée d'y renoncer. Ceci prouve à quel point il est bénéfique de s'en remettre à Dieu. Il fera Lui-même en sorte que vous soyez purifié.

***

Un homme reçut un *mantra* en rêve. Il eut la vision d'un Être immense qui lui donnait un *mantra*, ou plutôt il eut la vision du *mantra*. A son réveil, l'expérience du *mantra* subsista pure et simple; en fait, à l'état de veille aussi il continuait à être sous l'influence de sa vision. Quelles en furent les conséquences? Un problème qui se posait depuis longtemps fut résolu. Il fut libéré du conflit et commença de vivre dans un tout autre état d'esprit. Il ne désirait plus recevoir d'initiation. Est-il nécessaire, même pour une personne dans cet état, d'accepter à nouveau une initiation, cette fois à l'état de veille?

— *Elle peut être nécessaire ou ne pas l'être. Cela dépend de la capacité de l'individu, de son stade d'évolution.*

— C'est-à-dire que tout n'est pas identique pour tout le monde. Je vais vous raconter l'histoire de quelqu'un dont je tairai le nom. Il était devenu *sannyâsin* conformément aux rites *(viraja homa)* définis par les Shâstras et il avait pris le bâton de pèlerin. Mais aucune réalisation ni expérience d'aucune sorte ne lui fut accordée. Pris d'un profond désespoir, il renonça finalement à son bâton de pèlerin et il devint sceptique, pour ainsi dire. Complètement déprimé, il n'avait même plus envie de bouger. Et tout à coup, un beau jour, il eut une expérience. Il se rendit compte : « Tout est contenu en moi-même. » Son abattement s'évanouit en même temps que ses souffrances. Croyez-vous qu'après avoir abandonné l'ordre des *sannyâsins* et toutes les pratiques spirituelles et avoir obtenu une réalisation d'un ordre aussi élevé il lui soit encore nécessaire de recevoir une initiation? Il peut se produire bien sûr que, même après avoir reçu un *mantra* en rêve, quelqu'un reçoive à nouveau une initiation à l'état de veille.

Beaucoup de gens viennent voir ce corps-ci et lui disent : « Selon ce que vous me conseillerez, je prendrai la *dîkshâ* ou je ne la prendrai pas. Si vous me dites de prendre l'initiation, j'y suis disposé. Si vous me dites que non, j'obéirai également. » On ne peut pas donner la même réponse à tous; pour certains, elle aura été : « Ne prenez pas l'initiation tant que vous n'en éprouverez pas intérieurement le besoin. Continuez à pratiquer le *mantra* reçu en rêve. » A d'autres, au contraire, il aura été suggéré de recevoir une nouvelle initiation de quelqu'un en qui ils ont confiance.

— *L'initiation se produit à des niveaux très subtils; elle ne se réalise pas simplement en prononçant un* mantra. *De même, l'initiation reçue en rêve se situe sur des plans très subtils au-delà des sens. Alors est-il nécessaire de recevoir la* dîkshâ *oralement?*

— L'acte de l'initiation est instantané aussi bien extérieurement qu'intérieurement. Tout est déjà contenu en vous. Mais il se peut que quelqu'un vous ait donné sa bénédiction de façon tangible à seule fin que ce fait soit révélé et qu'extérieur et intérieur puissent fusionner en un. Après l'initiation, certains peuvent parvenir à la perfection en pratiquant une *sâdhanâ* alors que d'autres semblent n'arriver nulle part et meurent.

Du point de vue du monde, à l'état de veille, on peut dire que l'initiation reçue en rêve est susceptible de donner le même sentiment de plénitude que l'initiation orale. Si ce sentiment de satisfaction existe, on dira : « Je n'ai pas besoin de recevoir une nouvelle initiation. » L'initiation peut ainsi aboutir au même résultat si elle survient en rêve que si elle est donnée à l'état de veille. Dans ce cas, pourquoi faudrait-il encore recevoir une initiation orale?

— *Cela revient-il à dire que le sentiment de satisfaction confirme que l'initiation a bien eu lieu?*

— Non, il n'est pas seulement question de satisfaction. Au fond de vous-même, le « contact » ressenti vous fait comprendre que vous n'avez désormais plus besoin d'initiation. A ce stade, si vous éprouvez le désir de consulter une certaine personne, vous serez peut-être alors apte à le comprendre. Inutile de dire que cette personne doit être tout à fait impartiale et en mesure d'expliquer le sens réel de votre expérience. Évidemment, il est difficile de juger de la capacité qu'a quelqu'un de le faire. D'une manière générale, on découvre que parfois les gens ne sont qu'en apparence à des niveaux spirituels élevés. Toutefois, si l'aspirant est parfaitement sincère et s'il est devenu pur comme l'or, il parviendra lui-même à comprendre à temps [si son expérience était authentique].

L'initiation est constituée par la transmission de pouvoir. C'est ce don du pouvoir du gourou qui importe, qu'il se fasse dans un rêve ou à l'état de veille. Si la manifestation du pouvoir s'est réellement opérée intérieurement, le besoin d'un apport extérieur n'existe plus.

— *Quel en est le signe?*

— Après que ce pouvoir vous ait touché intérieurement, même si on ne le ressent pas au début, ce sentiment que l'on a besoin d'un nouvel apport disparaîtra au fur et à mesure de vos progrès. Cela dépend de l'action conjuguée de différents facteurs. Dans certains cas par exemple, le pouvoir peut au début ne pas avoir été ressenti intérieurement; on n'en prend conscience que plus tard. Ou encore, on s'en rend compte peu à peu, graduellement; c'est aussi une possibilité. Là aussi, le résultat de cette initiation pourra n'être ressenti ni tout de suite ni au terme d'une longue vie. En revanche, vous pouvez trouver quelqu'un qui a été immédiatement transformé par l'initiation; dans ce cas, son action a instantanément porté ses fruits. S'il en est ainsi, il ne se pose évidemment aucun problème. Cependant, même si l'effet de l'initiation n'est pas perceptible pendant très longtemps, le pouvoir n'en continue pas moins son œuvre de l'intérieur.

*
* *

En quelque endroit que Dieu vous ait placé, à n'importe quel moment, c'est de là que vous devez entreprendre le pèlerinage vers la réalisation de Dieu. Dans toutes les formes, dans l'action et la non-action, c'est Lui, l'Unique. Pendant que vos mains sont occupées à votre travail, restez lié à Dieu par le *japa*, par le souvenir constant de Lui dans votre cœur et dans votre esprit. Dans cette vie, qui est le royaume de Dieu, c'est L'oublier qui nous fait du mal. Le chemin de la paix se trouve dans la pensée de Lui et de Lui seul.

*
* *

Quand on fait du *japa*, on devrait le dédier à l'objet de son culte. Si on ne le fait pas et que l'on se contente de l' « amasser », il risque de se perdre, puisque l'on ne se rend pas compte de la grande valeur de ce que l'on garde pour soi. De même, si l'on confie à un petit enfant un bijou précieux, l'enfant risquera de le jeter sans se rendre compte de sa valeur. Cependant, même si l'on garde pour soi le *japa*, l'on en profitera, mais l'on ne recueillera pas tout le bénéfice de son accumulation. Si l'on garde le *japa* pour soi, on n'en obtiendra pas le fruit total et entier que l'on aurait si on le consacrait à l'objet suprême de sa dévotion. C'est pourquoi il faut offrir le *japa* à son Ishta ou à son gourou.

Quand un enfant reçoit quelque chose, il l'apporte à sa mère, car il ignore le prix de ce qu'il a reçu. A peine la mère a-t-elle vu l'objet qu'elle en apprécie la grande valeur. Elle l'enlève donc aussitôt à l'enfant pour le mettre en lieu sûr. Mais lorsque l'enfant a grandi et appris à comprendre, sa mère lui rend l'objet inestimable en lui disant : « J'ai conservé pour toi ce trésor, maintenant reprends-le. »

Lorsqu'on a acquis l'aptitude nécessaire *(adhikâra)*, on peut saisir complètement ce qui auparavant ne pouvait pas être compris. La compréhension atteint sa plénitude avec l'âge et la sagesse. En offrant régulièrement son *japa* à son Ishta, l'on parvient lentement et graduellement à savoir ce qu'est le Nom et qui est Celui dont on répète le nom, qui l'on est et ce que signifie la réalisation du Soi. Lorsque tout cela s'est révélé, le but du *japa* a été parfaitement atteint. Nul ne peut prédire à quel moment précis cela se produira. Continuez donc toujours votre ascèse.

Infinies sont les *sâdhanâs*, infinies les expériences spirituelles, infinie la manifestation — et pourtant Il est le non-manifesté. La nature de votre *japa* dépend de votre ligne d'approche particulière. J'utilise le terme « infini »; pourquoi? Les feuilles d'un arbre sont en nombre incalculable et bien qu'elles soient toutes formées sur le même modèle, leur dessin varie à l'infini. Considérée aussi sous cet angle, la diversité est infinie. Finalement, lorsque survient l'Illumination, c'est la fin et à ce moment précis Il se révèle au milieu d'une diversité sans fin. La graine comme telle reste ce qu'elle est, rameaux et branches font de même, et pourtant l'infinité existe en chacun d'eux. Dans le domaine de la *sâdhanâ* également, tout est infini. Lorsqu'on prononce le *mantra* le nombre de fois qui a été prescrit, à un moment ou à un autre, le feu s'allumera. Le feu existe partout, seulement on ne sait pas à quel moment le frottement suffira pour faire jaillir une flamme. Soyez donc toujours prêt! Évidemment, certains yogins peuvent dire combien de fois il faudra répéter le nom ou le *mantra* pour qu'apparaisse la Lumière.

C'est pour cette raison qu'il vous faut persévérer dans la pratique du *japa*. Ce trésor s'accumulera pour vous comme si votre mère vous le mettait soigneusement de côté. L'instant peut venir n'importe quand où vous comprendrez que tout est en UN et que l'UN est en tout. Quand la répétition sera-t-elle achevée et que trouvera-t-on alors? Que le Nom et l'UN dont c'est le nom sont indissociables; ainsi ce que vous aurez offert reviendra à vous.

Question : Et si le japa *n'est pas consacré au maître mais qu'on le garde pour soi, ses fruits seront-ils perdus?*

Mâ : Si c'est le gourou qui ordonne de ne pas dédier le *japa*, il n'en restera pas moins entre ses mains; car alors, on ne fait que lui obéir. Le gourou peut amener le *japa* à son aboutissement soit en le préservant lui-même, soit en le laissant au disciple. Le gourou seul sait comment se produira l'accomplissement. D'autre part, absolument rien n'est complètement perdu. Si le *japa* a été pratiqué constamment, il portera obligatoirement des fruits un jour ou l'autre. Cependant, il peut aussi être stérile si, par exemple, le *mantra* est incorrect, ou si le *japa* est récité sans tenir compte des lois qui lui sont inhérentes. On ne peut exclure complètement aucune possibilité.

Il se peut qu'un homme pratique régulièrement et avec foi le *japa* et des austérités sans pour cela obtenir de résultats. Dans son profond désespoir, il abandonne toutes ces pratiques. L'acuité de sa souffrance l'empêche même de dormir et de manger. Ici, son désir est tout aussi ardent, bien qu'il renonce à tout effort. Si cet homme est complètement obsédé par la soif de l'Illumination, celle-ci se produira forcément et immédiatement.

*
* *

Question : Comment nous vient l'état d'ajapa?

Mâ : Pour commencer, vous devez faire du *japa.*

— *Comment se fait-il que le* japa *continue pendant le sommeil? Cela n'indique-t-il pas que l'on est dans l'état* d'ajapa?

— Comment savez-vous que vous faites du *japa* pendant votre sommeil? Parce que vous vous éveillez en en faisant? Mais êtes-vous jamais éveillé? Même maintenant, vous dormez! Commencez par appliquer toute votre personnalité, tous vos efforts, toute votre force et toutes vos possibilités dans des exercices tels que le *japa*, le *dhyâna*, etc. Alors l'état d'*ajapa* viendra tout seul. Il y a des gens qui disent : « A quoi peut servir un tel état, de faire spontanément du *japa* jour et nuit? » Pas du tout. Par là vous deviendrez *japâtîta*, c'est-à-dire que vous dépasserez le *japa*, que vous irez au-delà, et alors se révélera le *svarûpa*, l'essence même des choses.

Lorsqu'on pratique le *japa* selon le rythme de la respiration, chez certains *sâdhaks* il s'y mêle pour ainsi dire et s'y joint de façon tellement indissociable qu'il devient impossible de respirer sans faire du *japa*. Et celui-ci se poursuit pendant vingt-quatre heures par jour. C'est ce qu'on appelle *ajapa*.

*
* *

Chaque sorte de *pûjâ* nécessite une fleur différente; de même il existe plusieurs *mantras* et plusieurs sortes de chapelets et les grains en sont certainement nécessaires pour pratiquer le *japa*. Mais lorsque le *japa* vient spontanément, pas besoin de compter. Toutefois, il le faut tant que le *japa* exige un effort. C'est toute la différence entre faire du *japa* et le *japa* qui se fait tout seul. Le mental doit en arriver à ne plus pouvoir oublier Dieu.

* *

Question : Comment un homme peut-il maîtriser l'agitation de son mental?

Mâ : Le mental n'est jamais en repos. C'est sa nature même. Il est toujours en train de chercher son vrai trésor — l'objet véritable de son amour; tant qu'il n'y est pas parvenu, il ne peut se calmer. Pour apaiser le mental il faut concentrer toutes ses forces sur un objet divin ou sur le nom de Dieu. La répétition du nom divin ou d'un *mantra*, une méditation constante sur sa signification *(padârtha bhâvana)* et sur l'entité divine *(paratattva)* qu'il symbolise purifient à la fois corps et esprit — de même qu'à être frottés constamment les ustensiles de cuisine deviennent de plus en plus brillants et éclatants. Lorsqu'en dépit de tous vos efforts pour le maîtriser, vous vous apercevez que votre mental est en train de vagabonder, vous devriez continuer à prononcer le nom de Dieu soit oralement, soit intérieurement, même contre votre gré. Restez en contact avec la pensée ou le nom divin, tout comme le cerf-volant qui se promène dans le ciel reste lié à une main par un fil ténu. Lorsqu'une telle relation est établie entre l'homme et son Maître, le mental se calmera tout seul dans la répétition du *mantra* ou du nom. Alors vous éprouverez, se dégageant du nom de Dieu, une joie que vous n'aurez jamais encore ressentie. C'est la béatitude-du-nom *(nâma-rasa)*. Essayez de consacrer trois heures par jour à cette pratique puis passez progressivement à six heures. Le nom de Dieu vous donnera ce bonheur réel et total que votre mental recherche en vain dans les objets fugitifs du monde.

* * *

Les *rishis* enjoignent aux hommes d'accomplir des sacrifices à diverses fins. Autrefois les *rishis* déclenchaient la pluie par des *mantras* védiques, mais les *mantras* pouvaient aussi arrêter un violent orage. Ce qui manquait aux Dieux leur était fourni par des *mantras*.

* * *

Tandis que vous chantez les noms ou les *mantras* divins votre esprit se purifie graduellement; l'amour et la vénération pour l'Être suprême s'éveillent et vos pensées deviennent plus subtiles et raffinées. Alors un aperçu de plans de conscience plus élevés se fait jour en vous et vous aide à vous épanouir.

* * *

De même qu'une graine qui vient d'être semée doit être arrosée et fumée, de même la graine-*mantra* que vous aurez semée en faisant du *japa* germera lorsqu'elle recevra la nourriture-*satsang* nécessaire. Que vous désiriez Dieu dans une forme particulière ou sans forme, vous Le trouverez.

* * *

Que Sa présence, Son nom vous accompagnent toujours. Son nom doit devenir pour vous un refrain obsédant, que vous marchiez, mangiez ou dormiez. Une plante poussera plus ou moins vite selon qu'elle aura été bien ou mal arrosée et fumée. Si vous progressez lentement, il faut bien vous rendre compte que vous en êtes seul responsable. Dites-vous que vous n'avez pas été capable de dépasser un mode de pensées qui vous a entraîné de naissance en naissance et jetez-vous à Ses pieds. Vous êtes toujours seul fautif.

* * *

Mâ : Ayez toujours un morceau de sucre candi à la bouche!

Question : Qu'entendez-vous par là?

— Le saint Nom de Dieu. Dans Son nom Il est Lui-même présent. Pour d'autres actes d'adoration, il faut aller dans un temple ou un âshram, tandis que pour sentir Sa présence dans Son nom il n'est nécessaire d'aller dans aucun lieu particulier.

*
* *

L'Un et Son nom sont identiques. Car c'est Lui qui apparaît Lui-même en tant que Nom. Lorsque le Verbe prend vie, il agit comme la graine qui donne naissance à l'arbre. Celui qui répète constamment le Nom particulier qui le touche le plus parviendra à comprendre que tout nom est un de Ses noms, toute forme une de Ses formes. Après quoi la notion qu'Il est sans nom ni forme apparaîtra peu à peu.

*
* *

Essayez de rester imprégné du nom de Dieu autant que vous pourrez. De même que vous vous épanchez dans le sein d'un ami, si vous établissez un contact avec l'Ami suprême, Il vous révélera Son être véritable. Les vagues de la mer vous empêchent-elles d'aller vous baigner? Au milieu des difficultés et des tempêtes de la vie dans le monde essayez en tout temps de Le garder présent à votre esprit et de répéter Son nom.

*
* *

Si vous êtes conscient de votre incapacité à vous concentrer sur le nom de Dieu, c'est aussi par Sa grâce. Même si cela ne vous intéresse pas, servez-vous de Son nom comme d'un médicament. Cela aussi donnera un bon résultat. Vous progresserez. Le nom de Dieu n'est pas comme un médicament humain qui parfois réussit et parfois échoue. Le nom de Dieu a toujours de l'effet. C'est ainsi que l'on dit : « Ou bien vous entrez à l'hôpital, vous y prenez les médicaments ordonnés par le médecin, vous adaptez votre régime et vous guérissez, ou bien vous utilisez les médicaments du médecin et suivez un régime tout en restant chez vous. » De même, vous pouvez soit renoncer à tout et vous réfugier dans Son seul nom, soit rester dans votre famille, agir conformément aux instructions de votre gourou et mener une vie ordonnée. De cette façon aussi vous pouvez espérer guérir. Qui aime se faire vacciner? Et pourtant c'est bénéfique. Quel enfant aime apprendre à lire? Pourtant c'est en étudiant régulièrement avec l'aide de ses parents ou de ses maîtres que l'enfant s'instruira. De même vous pouvez acquérir *brahmavidyâ*, la connaissance de la Réalité, vous pouvez espérer recouvrer la Richesse suprême. Qu'est-elle? Rien d'autre que Dieu Lui-même.

*
* *

Seul l'amour de Dieu est désirable pour l'homme. Celui qui vous a mis au monde, qui est votre Père, Mère, Ami, Bien-aimé et Seigneur, qui vous a tout donné, qui vous a nourri de l'ambroisie jaillie de Son être, quel que soit le nom que vous Lui donniez, ce nom doit rester constamment présent à votre esprit.

*
* *

Le nom de Dieu triomphe du péché. Un dicton veut que l'homme ne puisse jamais accômplir autant de péchés que le nom de Dieu ne peut en annuler. Une simple étincelle ne peut-elle pas consumer bien plus de choses que vous n'en pourrez jamais accumuler? La contemplation de Dieu, l'ardeur à vous approcher de Lui effaceront tous vos péchés. Le destructible sera détruit et la Réalité resplendira.

*
* *

Tout n'est qu'allée et venue autour de Celui qui crée et conserve. Tout est contenu en Lui, et en fait est Lui. Aussi, par le seul souvenir, la réalisation de Dieu, tout nous arrive : paix et béatitude suprêmes.

∴

Vous devez sans cesse penser à l'Unique pour qui vous avez choisi ce chemin afin de Lui consacrer votre vie. Ne parlez que pour Lui. Souvenez-vous de toutes Ses paroles, soyez toujours conscient de Lui, n'écoutez que Lui seul.

∴

Toute la force et l'impulsion de vos pensées viennent de Lui. Il faut donc que Lui seul soit l'objet de vos pensées et de vos actions. Il faut vous rendre compte que c'est Lui qui guide tous vos raisonnements. Votre seule tâche est de continuer votre adoration et votre contemplation à l'heure dite.

∴

Jour et nuit la pensée de Dieu doit occuper l'être humain; ainsi il sera purifié de ses erreurs et de ses imperfections.

∴

Il faut s'astreindre à rester constamment dans la contemplation de CELA. Toute autre pensée engendre en nous l'anxiété. Il vous tient déjà par la main; alors pourquoi vous inquiéter? Ne vous laissez pas accabler; plongez-vous toujours dans la contemplation du Suprême.

∴

Vos expressions d'amour et d'adoration planent au-dessus de votre corps et de votre esprit comme autant de petits nuages. Tant que vous n'aurez pas ouvert le dernier recoin de votre âme pour permettre à la vraie dévotion de se déverser à flot, comment pouvez-vous offrir amour et adoration réels — et non pas une pâle imitation?

*
* *

La contemplation du Soi vous entraîne dans la bonne direction. La poursuite des plaisirs de ce monde L'amène à Se manifester comme absence. Tout est inutile et erroné sauf la pensée de Dieu. Le devoir de l'homme est de s'affermir dans la pratique qui l'aidera à trouver la révélation de son propre Soi.

*
* *

L'invoquer constamment, aspirer sans cesse à Le réaliser, Lui seul — tel est le devoir de l'homme. Être en tout temps dans Ses bras, pris dans Son étreinte, dans le sein de la Mère. Quand on a trouvé la Mère, il ne manque plus rien.

*
* *

Connaître la Mère signifie La trouver, devenir la Mère.

*
* *

Question : J'ai cherché refuge auprès de la Mère; pourquoi ne me prend-Elle pas dans ses bras?

Mâ : C'est parce que le sens de la dualité a subsisté et que vous vous sentez séparé d'Elle. Il ne suffit pas de donner un petit peu, dans votre intérêt, donnez-vous tout entier, cela dépend de vous.

*
* *

L'Un qui se manifeste dans le désir de trouver le gourou se manifeste également dans la réalisation de ce désir. Mais il faut que ce désir soit authentique. Pour parvenir à la Réalisation, soyez à chaque instant conscient de Sa présence.

*
* *

Le Bien-aimé doit devenir le but de la vie. Toute la création témoigne du pouvoir suprême de Dieu *(vibhûti);* c'est Lui la Puissance créatrice. Qu'est-ce qui apparaît comme dualité? Nul autre que Lui. Le sentier spirituel est forcément jalonné d'expériences. Le fait même qu'on a choisi cette voie prouve que depuis longtemps déjà un contact était établi. Oubliant que Dieu est le seul Aimé, l'homme a laissé son amour se porter sur les objets des sens. La contemplation de n'importe quoi d'autre que Dieu fait que notre affection est divisée. Quand pourra être déracinée cette conception erronée et pernicieuse? Une discrimination minutieuse est nécessaire. Examinez-vous vous-même : « Qu'ai-je fait de toute la journée? Combien de temps suis-je resté sans penser à Dieu? » Quelle part de votre temps consacrez-vous à penser au Bien-aimé et quelle part à ce qui est nocif et vous conduit à la mort? Soyez-y attentif.

*
* *

Continuez, tout au moins essayez de réaliser Dieu. C'est cela la vraie folie. Être fou de quelque chose suppose une concentration intense et orientée vers un seul but, et qui entraîne la réalisation. Celui qui est obsédé par cette folie de Dieu voit s'évanouir sa passion pour le monde des dualités. Certaines personnes sont folles de quelqu'un d'autre. Par cette sorte d'absurdité, elles deviennent la proie d'un engouement *(moha)* et de l'illusion (Mâyâ) et minent leur corps. Devenir fou de Dieu n'affecte pas le corps.

*
* *

Le seul moyen de se libérer des anxiétés et des soucis du monde, c'est de chercher refuge dans la contemplation de Dieu. Engagez-vous dans n'importe quelle pratique qui vous aide à garder votre esprit centré sur Lui, Lui qui se manifeste dans la création, la protection et la dissolution. Se plaindre de son sort ne fait que troubler l'esprit et affaiblir le corps, ne l'oubliez pas. Seul Celui dont la Loi régit toutes choses mérite que l'on pense à Lui.

*
* *

Dieu ne peut être servi que dans un esprit de consécration. La mort est l'issue fatale d'une intelligence abusée par l'illusion. Très sage est Sa loi. En vérité, je vous le dis : que chacun entreprenne le pèlerinage qui conduit au Très Haut, ce pèlerinage qui met fin à tous les autres. Il ne faut pas gaspiller son temps à ce qui n'en vaut pas la peine. Vivez chaque instant dans la contemplation de votre vrai Soi. Ne laissez pas votre esprit s'appesantir sur ce qui est évanescent.

*
* *

Question : Vous dites : « Cherchez-Le pour Lui seul. » Ne le trouverai-je donc pas si je Le cherche pour des motifs égoïstes?

Mâ : Si vous cherchez Dieu, pour quelque motif que ce soit, vous en recevrez quelque chose, et si vous priez pour un résultat de ce monde, il se peut aussi que vous l'obteniez. Cependant, les choses de ce monde ne valent pas la peine que l'on prie pour elles. Vous ne devriez chercher Dieu pour aucun motif particulier mais uniquement pour Lui tout seul. Vous ne devez pas non plus vous préoccuper de vos progrès spirituels, car cela aussi est intéressé. Cherchez Dieu parce que votre nature le veut, et que vous ne pouvez vivre sans Lui. Quand et comment Il se révélera à vous dépend de Lui. Appelez-Le à grands cris, constamment et avec insistance et ne gaspillez pas votre énergie pour autre chose. Cela ne rime à rien de comparer et de juger, de dire : « Untel s'est engagé depuis des années dans une ascèse qui ne l'a mené nulle part. » Comment pouvez-vous juger de ce qui se passe à l'intérieur d'autrui? Il semble parfois qu'une *sâdhanâ* ait rendu plus mauvais celui qui la pratiquait. Qui peut dire si certaines tendances néfastes cachées en lui n'ont pas été mises en lumière par l'entraînement spirituel? Dire : « J'ai accompli beaucoup de *sâdhanâs* sans qu'il se produise aucune transformation » n'est pas non plus une attitude à prendre. Tout ce que vous avez à faire, c'est de L'appeler sans cesse et sans relâche, et non pas de vous inquiéter des résultats. Qui peut affirmer que vous ne seriez pas par hasard l'homme sur un million qui réussira?

— *Je suis parfois complètement désespérée car je semble incapable de réussir.*

— Vous êtes désespérée lorsque vous éprouvez des désirs et qu'ils ne sont pas exaucés. Mais aspirer à Dieu rend tout désespoir impossible.

Il est bon de se souvenir que lorsqu'on savoure des joies de ce monde, de la bonne nourriture ou autre chose, cela épuise d'autant les mérites *(punya)* que l'on a accumulés. Il est donc recommandable de se souvenir de Dieu à tous les instants et d'accueillir tout ce qui nous arrive comme venant de Dieu. De même, il faut essayer de se rappeler que toute souffrance, toute adversité que l'on doit traverser brûle un peu du mauvais karma accumulé.

⁂

Faites l'impossible pour ne jamais succomber à l'influence de quelqu'un. Pour devenir ferme, calme, profondément sérieux, plein d'héroïsme, si l'on veut par sa propre force garder sa personnalité parfaitement intacte pure et sainte, il faut se centrer sur Dieu.

⁂

Ce corps-ci vous le répète constamment. Devenez un pèlerin sur la route de l'Immortalité. Fuyez le sentier de la mort, cheminez vers l'Immortalité. Montrez-vous impérissable, immortel.

*
* *

La contemplation de l'Atman vous conduit au But ultime, alors que les actions du monde ne créent rien de beau.

*
* *

Question : Combien de sortes de foi existe-t-il?

Mâ : Il en existe beaucoup. Toutefois on peut en distinguer quatre grandes catégories :

1° La foi du *jnânin* — ferme, stable, fondée sur l'expérience directe.

2° La foi aveugle qu'une violente secousse peut ébranler.

3° La foi aveugle vivante qu'aucune secousse, si violente soit-elle, ne peut détruire. La foi en une créature peut fluctuer, mais la foi dans la réalité que représente cette personne ne peut baisser.

4° La foi aveugle qui, même si elle porte sur un objet indigne, est tellement aveugle qu'elle en devient rédemptrice : « Mon gourou serait-il un ivrogne, il n'en reste pas moins le dispensateur de la Béatitude éternelle. » Un disciple qui est dans cet état d'esprit est propulsé par la force même de sa foi au-delà de ce qu'a réalisé son gourou, et il peut même délivrer le gourou.

*
* *

Pour aller au-delà de croyance ou non-croyance, il faut croire en Lui. Tandis que vous, vous croyez en toutes sortes d'autres choses.

*
* *

Celui qui cherche le chemin de la spiritualité *paramârtha* ne doit jamais se laisser tenter par les bonheurs de ce monde. La route qui mène à Dieu est ardue. La seule chose à faire est de s'abandonner à Dieu. Tant que bonheurs et plaisirs du monde occupent l'esprit de l'homme, ce dernier ne peut sentir le moindre contact avec Dieu. Tant que le cœur n'appelle pas Dieu à grands cris, comment espérer la moindre bribe d'une expérience divine? Telle est la voie de *paramârtha*. Pour celui qui se languit vraiment de Dieu, plus il consacrera de temps à répéter des *mantras*, à faire du *japa*, à se souvenir de Dieu *(dhyâna)*, à chanter les louanges du Seigneur, à lire les livres sacrés, plus grandes seront ses chances d'entrer en contact avec Dieu et de progresser. Il faut essayer et essayer encore. Le chercheur ne doit même pas gaspiller son temps à se demander s'il obtient des résultats.

*
* *

Lorsqu'on se tourne vers le monde, le sens du manque s'éveille, mais à l'étape suivante l'on passe de cette condition de désir et de vide à sa vraie nature. On se rend compte que sans Dieu le monde est privé de lumière et d'attrait. Se languir de Lui aussi marque un progrès.

*
* *

Il existe deux sortes d'impatience : la première est provoquée par les activités du monde, la seconde vous pousse à avancer sur le chemin spirituel. La seconde est ce qui vous conduit à la paix authentique, car Lui, qui est paix, l'Atman, Dieu Lui-même alors Se révèle. Seule cette intense nostalgie de Lui vous apportera la paix suprême, qui est la même chose que la béatitude éternelle.

*
* *

La nostalgie de Dieu est l'essence même de toute adoration et de toute prière. Dans votre cœur se trouve la source éternelle de pouvoir divin. Tous les besoins de l'Être — création, conservation, destruction — ont leurs racines dans les efforts que vous faites.

* * *

Vous ne L'avez pas vu, et pourtant vous vous languissez de Lui, mais c'est parce qu'Il est vous-même. Peut-on se sentir privé de ce que l'on a? C'est ce qui nous appartient qui a été perdu ou plutôt caché derrière un écran, et c'est pourquoi on le désire si ardemment.

* * *

Dieu est Tout — et c'est vers Lui que vous devez aller pour obtenir une réalisation totale. Seule la notion d'absence de Dieu provoque les souffrances du monde. Là où Dieu est manifesté, la dualité n'existe pas et la douleur ne peut y trouver place.

* * *

Question : Si quelqu'un ne parvient pas à entrer, même en forçant la porte, s'il ne peut pas non plus s'abandonner lui-même et se laisser tomber devant cette porte, est-ce que la Mère Elle-même ne lui ouvrira pas pour venir à lui?

Mâ : Mais si, Elle vient!

— *S'il en est ainsi, ceux qui ne réussissent ni par leur confiance en soi ni par l'abandon de soi n'ont aucune raison de désespérer?*

— Ils n'en ont effectivement aucune. C'est à Lui qu'il faut aspirer désespérément. La souffrance atroce de n'avoir pas réussi à Le trouver, le désespoir de ce qu'Il n'ait pas été réalisé, tout cela vous conduira à Lui.

— *Devons-nous aller à la Mère, ou est-ce Elle qui vient à nous?*

— (Montrant l'image de Kâlî :) La Mère vient à vous et

pourtant Elle vous attire à Elle. Aller et venir suppose dualité. Mais il existe un état qui est au-delà d'aller et venir.

⁂

Question : En essence, qu'est viraha?

Mâ : Dans ce monde d'allées et venues traîne toujours une certaine insatisfaction. Cette impression que quelque chose vous manque, ce sentiment d'ignorance engendre la souffrance. Tant qu'il vit dans la dualité, l'homme n'a pas obtenu ce qu'il veut et il en désire la réalisation. Et lorsqu'il l'obtient, qu'arrive-t-il? Le bonheur du point de vue du monde. Retrouver l'enfant perdu provoque une grande joie, un grand bonheur. Au niveau où il s'agit encore d'obtenir ou de ne pas obtenir, la joie réelle *(ânanda)* n'existe pas, pas plus que *viraha*. De quelle sorte de bonheur s'agit-il donc? Du bonheur propre au royaume du désir. Et pourquoi? Ce qui a été reçu, ce que l'on a accompli appartient au monde, fait partie du mouvement du mental. En effet, là le sens du désir apparaîtra de nouveau. Celui qui n'a pas de fils en est affligé au plus profond du cœur. La naissance du fils déclenche une joie intense. Mais cela ne dure pas, l'insatisfaction réapparaîtra. Le bonheur de ce monde, le contraste bonheur-malheur appartient au domaine du désir. Tant que l'homme n'aura pas trouvé ce qui écarte toute question de recevoir ou de ne pas recevoir, et qui une fois qu'on l'a trouvé fait que l'on possède tout, il n'est que naturel de continuer à attiser le désir de réaliser Dieu. Qu'est-ce qui caractérise la vraie nature de l'homme *(svabhâva)?* Lorsqu'on réalise Dieu, tout est réalisé. Lorsque Dieu se révèle avec forme et attributs, qu'éprouve-t-on? L'union. Pour commencer, l'homme est incapable de Le trouver. Puis l'adorateur s'engage dans son ascèse avec fermeté et persévérance et Dieu Se révèle à lui. A ce moment-là c'est la béatitude parfaite de l'aboutissement final. C'est pour cela que le *bhakta* déclare : « Je désire goûter au sucre, mais je ne veux pas devenir le sucre. »

Et alors? La *sâdhanâ* ayant été suivie pendant longtemps,

le Seigneur dans Sa miséricorde apparaît et dit : « Que désires-tu? Tu peux exprimer un vœu. » Le *sâdhak* répond : « Accordez-moi votre *darshan* chaque fois que je voudrai Vous voir. — Qu'il en soit ainsi. » Et la vision s'évanouit. L'adorateur en est éperdument heureux, car dès qu'il désire la présence du Seigneur, ce dernier lui apparaît. Finis les chagrins! Un jour le *sâdhak* demande : « Ne me quittez plus, restez constamment avec moi. » Ce vœu-là aussi est exaucé. Le Seigneur demeure avec lui. Jour et nuit, Dieu est présent. Le *sâdhak* est plongé dans la béatitude. Qu'en résulte-t-il? Un jour l'adorateur songe : « Lorsque le Seigneur ne se montrait pas à Moi, je Le désirais désespérément. Maintenant, qu'il n'en est plus ainsi, ce qui me manque, c'est ce désir de Lui. » Et il prie le Seigneur : « Donnez-moi à nouveau ce désir ardent que j'avais de Vous. » Et son vœu est exaucé.

Cela nécessite une explication. Celui qui a trouvé Dieu réalise naturellement ce qu'Il est. Le désir ardent éprouvé avant d'avoir réalisé Dieu représente une certaine sorte de *viraha*, mais celui ressenti ensuite est le *viraha* authentique. L'adorateur a déjà trouvé Dieu, et pourtant il ressent à nouveau Son absence. Au contraire, union et séparation dans ce monde appartiennent au domaine du désir. Mais le *viraha* qui suit la rencontre avec Dieu est l'expression de l'être vrai *(svabhâva)*. Là, trouver équivaut à devenir. Être devenu un avec Dieu, et pourtant distinct de Lui, signifie la Réalisation de Dieu même, de Celui qui resplendit par Lui-même. C'est pour cette raison que l'on considère l'état de *viraha* comme un état avancé, puisque la Réalisation totale a déjà eu lieu. Vous éprouvez à nouveau ce besoin de Lui alors que vous L'avez déjà trouvé. Ainsi, l'on peut parler d'un serviteur du Seigneur, de serviteur perpétuel, de révélation et de *lîlâ* perpétuelle. Sur ce plan, la mort n'existe pas.

« La conscience individuelle *(jîva)* est la servante éternelle du Seigneur Krishna. » Qu'est-ce que cela veut dire? Le *jîva* dont la nature est d'être lié, a été lié à Dieu. Enchaîné à l'Éternel, il est devenu Son éternel serviteur.

— *A quoi aboutit cette* viraha? *N'y a-t-il plus union?*

— L'union dans la séparation, l'expérience de Son absence — tout cela est Dieu Lui-même. On ne peut jamais L'avoir trouvé et néanmoins être sans Lui. Dans ce cas, union et séparation sont une seule et même chose. Une fois que la béatitude du Soi, l'Atman, a été réalisée, on ne peut plus parler de prendre conscience ou d'oublier. Il est éternellement révélé comme *viraha*. La séparation n'existe pas en tant que telle, car Il est toujours présent dans la séparation, qui en réalité est union. De même ressentir « Il n'est pas avec moi » alors qu'Il est toujours présent.

***

Ne pleurez que pour Dieu; seul le désir de Sa réalisation doit vous arracher des larmes.

***

Question : Quel est le chemin le plus facile qui mène à Dieu?

Mâ : Des larmes abondantes.

— *Et si les larmes ne viennent pas?*

— Alors, recherchez la compagnie de ceux qui versent des larmes, c'est-à-dire qui font du *satsang*. Le chemin le plus facile pour aller à Dieu, c'est l'amour et la dévotion.

— *Pendant des années j'ai fait du* satsang *et pourtant je n'ai constaté en moi aucune amélioration sensible.*

— Votre présence ici, vos questions mêmes sont des larmes, c'est-à-dire une dévotion persévérante dans la quête de Dieu. Comment pouvez-vous dire que vous n'avez rien tiré de ces années de *satsang?* Sans elles, vous ne seriez pas où vous êtes.

— *On nous demande d'adorer Dieu, de chanter Sa gloire, d'accomplir des* pûjâs, *de répéter Son nom constamment, et il faut faire tout cela sans savoir qui est Dieu.*

— Dieu est toute connaissance et l'homme ne peut en connaître la vraie nature tant qu'il n'a pas réalisé le Soi. A ce moment, l'homme découvrira que Dieu n'est autre que lui-même, l'Atman unique, le Soi unique, qu'Il est avec forme en tant que monde et sans forme en tant que *chit*, la Conscience pure. En attendant, il faut faire des prières, des cultes, des *japas*, *dhyâna*, etc.

*
* *

Si vous pouvez aimer Dieu, le chagrin disparaîtra. Même le sentiment d'être séparé de Lui est joie. C'est votre amour de Lui qui suscite chez vous cette angoisse d'être séparé de Lui. Seul l'homme en qui Dieu réside d'une manière toute particulière peut ressentir consciemment la douleur de la séparation.

*
* *

Ayant pénétré chaque chose, Lui, le Soi, la Mère, subsiste; Il *est*. A l'appel désespéré de l'homme, l'Un Se révèle. Une mère sait lorsque son enfant l'appelle du fond du cœur, alors elle abandonne son travail et se précipite vers son enfant chéri.

*
* *

L'amour humain provoque d'indicibles souffrances et ne dure pas, tandis qu'aimer Dieu procure un bonheur intense.

*
* *

L'être humain doit vivre dans son for intérieur pour que Dieu qui y réside puisse Se révéler.

*
* *

Vous seul existez. En vérité, vous êtes contenu en chaque chose, vous êtes Cela même. Dans l'infini il n'y a que Lui. Seul je suis.

*
* *

Dieu est le souffle de vie, le cœur des cœurs, le Soi. Le trouver c'est se trouver soi-même. Ce que l'on appelle le monde, c'est ce qui éloigne l'homme de Dieu et le pousse vers l'aberrance et la souffrance. Le seul bon chemin reste donc celui qui mène à la connaissance et à la réalisation du Soi.

*
* *

Tout le pouvoir est en vous. Il faut le découvrir. Trouvez qui vous êtes et vous aurez trouvé Dieu et aussi les autres hommes. Le pouvoir est en vous, vous n'avez qu'à le développer.

Ceux qui ne cherchent pas à se connaître commettent un suicide à chaque instant.

*
* *

Que le jeu de Dieu dans la création est merveilleux! Le Soi, l'Atman est évidemment Un. Cependant, il y a « vous » et « moi », « mien » et « tien », etc. Si vous ne pouvez abandonner le « mien » et le « tien », alors soyez le serviteur éternel du Seigneur. Combien de vies n'avez-vous pas consacrées à la famille, à l'illusion du « ceci est à moi, cela est à moi ». Dites-vous : « Je suis immortel, le Soi. Il n'y a qu'un Brahman sans second. Je suis Lui et Lui seul. » Si la distinction entre « vous » et « je » subsiste, que le « vous » soit Dieu. Qu'y a-t-il dans la glace? rien que de l'eau. Il est à la fois sans forme et avec forme. Qu'est-Il lorsqu'Il est avec forme? Il est Lui-même en action — mais une action sans action.

*
* *

N'essayez pas de marchander avec Dieu, ne maquignonnez pas en pensant : « Depuis tant et tant d'années j'ai pratiqué la méditation et pourtant je ne suis parvenu à rien. » Ne prenez pas cette attitude. Il est le souffle de votre vie, le Soi de vous-même. Il est un avec vous.

*
* *

L'homme semble n'être que désir; or, le désir naît de ce qu'on y pense. Il est donc impérieux que l'homme pense à sa vraie nature. Autrement, désir, mauvaises actions, orientations fausses, malheurs, mort se succéderont. C'est Lui seul qui est dans le mouvement, tout autant qu'Il est dans l'être pur. Je suis le Soi bienheureux et je dois m'ancrer dans la connaissance. Il n'existe que Vous et Vous seul. Vous êtes présent en toutes choses. Vous êtes Lui. Dans l'innombrable il n'y a que Lui, il n'y a que Moi.

*
* *

Si l'on veut atteindre l'Immortel, il est utile de voir CELA en tous et en tout. Pour pouvoir avancer vers l'immortalité, l'homme doit chercher la Vérité.

*
* *

Tout est Son œuvre. Lui seul est : votre unique devoir est de ne jamais l'oublier. Tant que « je » et « moi » subsistent, il y a forcément chagrins et insatisfactions dans la vie de l'individu.

*
* *

Comment l'ego pourrait-il coexister avec l'Atman? Dans le cercle du « mien » et du « tien », l'ego existe, n'est-ce pas? Renoncement et attirance vont de pair. Il est à la fois changement et immobilité. Dans la vie ayez pour but de découvrir le Soi caché en vous, sinon vous commettez un suicide. Essayez de lever le voile de l'ignorance en contemplant Dieu.

Employez-vous à progresser vers l'immortalité; suivez l'Immortel.

⁂

Tendre de toutes ses forces à noyer l'ego ou le « je » éphémère dans le « Je » éternel nous conduit vers ce qui est le vrai Bien. Pour garder l'esprit fixé sur la Quête suprême, l'homme devrait toujours pratiquer des exercices spirituels, étudier les Écritures, rester conscient de la présence de Dieu. A un certain moment propice de sa vie, l'adorateur verra sa prière exaucée. Ne regardez même pas dans l'autre direction. Astreignez-vous uniquement et avec une détermination inébranlable à la pratique qui vous conduira au but de votre pèlerinage.

⁂

L'attachement à l'illusion *(moha)* vous embourbe, tandis que l'amour de Dieu *(prema)* vous conduit à la réalisation du Soi. Si vous vous embourbez en *moha*, vous ne pourrez que vous lamenter et éprouver des remords.

⁂

Question : Comment doit-on méditer? Est-il préférable de se concentrer sur un objet, une fleur par exemple, ou d'essayer de faire le vide dans son esprit?

Mâ : Il existe plusieurs méthodes. L'une d'elles consiste à se concentrer sur une divinité : Shiva, Kâlî, Dourgâ, Krishna, Râma; elle convient à ceux qui se sentent attirés par un aspect particulier de Dieu. Selon un autre procédé, on vide le mental et on le regarde de l'extérieur en témoin. Tout dépend du tempérament et de l'inclination de la personne qui médite. Toutefois, pour la plupart des gens, il est extrêmement difficile de garder l'esprit vide. Il faut donc se concentrer sur la lumière intérieure, cette même lumière qui permet de percevoir les objets extérieurs. Même un aveugle voit la lumière intérieure. Une autre méthode encore consiste à s'asseoir parfaitement calme et à observer les mouvements de sa respiration. Cette attitude calme le mental.

*
* *

Une concentration profonde sur l'élément de base de l'un quelconque des cinq sens — ouïe, toucher, odorat, goût et vue, c'est-à-dire l'air, la terre, l'eau, etc. — conduit l'homme à fondre son identité en eux, et au fur et à mesure que la concentration s'approfondit, le corps pour ainsi dire se glace peu à peu. Alors, cet objet particulier des sens envahit l'être tout entier; son ego se dissout progressivement en lui et s'intègre dans l'unique entité universelle. A ce moment-là, la conscience du Soi universel unique fond à son tour et ce qui reste dépasse tous les mots, toutes les expressions, toutes les expériences.

*
* *

Question : Lorsque je m'éveille le matin, je me sens près de Dieu, mais, le temps que je me lève et m'assoie pour méditer, cette tendance s'est atténuée. Peut-on méditer couché?

Mâ : Quand vous apprenez quelque chose par cœur, peu importe dans quelle position vous le faites. Certains apprennent mieux s'ils sont assis, d'autres s'ils sont couchés. S'il vous semble facile de penser à Dieu lorsque vous êtes couché, restez donc couché, mais bien droit. Toutefois, la meilleure position pour méditer, c'est d'être assis, droit, parfaitement immobile; cette posture est plus confortable pour la plupart des gens.

*
* *

Question : Quel avantage y a-t-il à méditer dans une caverne? Celle-ci représente-t-elle le ventre de la mère ou les cavités du cœur humain?

Mâ : Méditer dans une caverne favorise la concentration

absolue. La caverne extérieure symbolise la caverne intérieure. La maison du chef de famille devrait posséder un coin retiré, un oratoire, qui serait utilisé comme une caverne. Pour déchirer le voile de l'ignorance, un endroit devrait être isolé dans chaque maison par un rideau. Derrière ce rideau, on pourrait méditer et accomplir les rites. Le chef de famille doit servir sa famille et en considérer chaque membre comme une manifestation de l'Un. Travaillez pour votre petite fille en pensant qu'elle représente Kumârî, la Vierge Mère de l'univers et pour votre fils, comme s'il était Gopal, l'enfant Krishna. Le mari qui prend soin de sa femme ne sert que Lakshmî, la Déesse qui préside aux destinées de la maison et du foyer, et la femme adore en son mari le Seigneur de l'univers. Les parents doivent être révérés comme maîtres spirituels, les jeunes frères comme Gopal, les petites sœurs comme Gaurî, le frère aîné doit être respecté comme un père, la sœur aînée comme une mère. En quoi la vie de famille entraverait-elle l'ascèse de celui qui pourrait servir chacun dans cet esprit? Où que vous vous trouviez, le fait de servir vous aidera à vous accomplir vous-même, à atteindre la perfection. Lorsqu'on se consacre à servir, il faut aussi réserver un lieu et un moment donnés à l'adoration et à la contemplation de Dieu dans la solitude. Tout le reste du jour, continuez à penser à Son nom ou au *mantra*. La voie de la révélation de Dieu se trouve là, partout où vous êtes. En revanche, l'isolement dans la caverne convient mieux à la méditation pour le *brahmachârin* ou le *sannyâsin;* la *sâdhanâ*, son résultat et le lieu où on la pratique doivent varier selon la capacité et l'état de chacun.

*
* *

Question : Les âshramas *(stades de la vie) du* vânaprastha [1] *et du* sannyâsa [2] *sont-ils appropriés aux conditions de la vie moderne?*

1. Le troisième stade de la vie, où le chef de famille quitte sa famille et se retire dans la forêt pour méditer dans la solitude.
2. Le quatrième stade, celui de la renonciation complète.

Mâ : Il faudrait s'efforcer de vivre les différents *âshramas* conformément aux injonctions des Écritures sacrées. Les étapes de *vânaprastha* et de *sannyâsa* sont particulièrement difficiles, mais chacun devrait essayer de faire le plus possible.

— *Les Écritures prescrivent à l'homme de se retirer à cinquante ans dans la forêt et d'adopter le* vânaprastha âshrama. *Comment suivre actuellement cette règle?*

— Quel est l'âge de la retraite aujourd'hui? cinquante-cinq ou cinquante-huit ou soixante ans? Alors l'homme devrait au moins à soixante ans abandonner sa vie du monde et, se libérant de ses attaches, vivre dans un âshram. Pourquoi se raccrocher à ce que l'on laisse derrière soi? Si l'esprit de renonciation se fait sentir à cinquante-cinq ans, prenez votre retraite et devenez un *vânaprasthi*.

*
* *

Au cours d'une méditation, un vieil Occidental tombe inconscient, l'écume aux lèvres.

Mâ : Depuis trente ans, cet homme pratique la méditation sur la base d'instructions puisées dans des livres et non pas reçues d'un maître compétent. Ce qui lui arrive en est la conséquence normale : dès qu'il s'assied en posture de méditation, il tombe presque en transe. Ce n'est pas de la vraie méditation, son esprit n'a pas été purifié de la bonne façon. Il ne peut ni réaliser l'équilibre ni trouver la Paix éternelle dans son cœur. Ainsi, il s'égare sur différentes voies et en subit les conséquences malheureuses, ce qui souligne la nécessité d'être guidé par un vrai maître. Les prescriptions et directives que donne le maître correspondent exactement aux besoins réels et aux capacités du disciple, et celui-ci se trouve ainsi à l'abri des troubles rencontrés sur la mauvaise voie. Celui qui n'a pas dans son cœur la soif de Dieu et qui se contente de pratiquer machinalement le contrôle du souffle récoltera de piteux résultats. Vous en voyez un exemple.

*
* *

Les affinités spirituelles sont indubitablement bien plus fortes que les liens du sang. Toute spéciale est la joie qu'elles apportent. Votre attitude spirituelle, l'atmosphère créée par votre méditation doivent rendre si merveilleux l'endroit où vous vivez que même les gens qui viennent de l'extérieur s'en rendent compte. Il faut que la vie dans un âshram soit digne du but qu'elle vise. C'est ce qu'il faut! Alors vos yeux, votre visage, toute votre manière d'être irradieront paix et tranquillité.

*
* *

La prière est le pont qui relie l'âme universelle à l'âme individuelle. Il faut qu'il y ait communication régulière entre l'une et l'autre, soit pendant le sommeil, soit pendant l'état de veille. Pour purger l'esprit de toute pensée impure, la contemplation du Divin est aussi nécessaire que les médicaments en cas de maladie physique.

*
* *

Notre souffle a son rythme et nos prières doivent aussi avoir le leur. Les forces vitales en nous se développent si nous apprenons à employer le rythme de la vie dans nos exercices de dévotion.

*
* *

La prière est une sorte de méditation. Si vous pouvez vous concentrer parfaitement quand vous priez, accrochez-vous à cette sorte de *sâdhanâ*.

*
* *

Question : Quelle est la différence entre prière et méditation, dans la mesure où l'on ne prie pour rien de particulier?

Mâ : Lorsqu'il prie, l'homme demande qu'un de ses désirs soit exaucé, même s'il s'agit du désir de devenir un avec Dieu, ou de Le servir ou de Le réaliser. Tandis que méditer *(dhyâna)*, c'est être absorbé dans la contemplation de Lui; aucune place n'y est laissée au désir.

— *Comment parvenir à une telle méditation?*

— Elle vient spontanément. Au début, vous pensez à Lui et réfléchissez à Lui et alors la méditation s'installe d'elle-même. Exactement comme le souvenir, l'image de votre maison et de vos enfants surgit devant vous et absorbe votre attention. Ainsi, la contemplation du Bien-aimé vient toute seule, tout naturellement.

— *La prière est-elle efficace?*

— Oui, la prière donne invariablement un résultat — qui n'est pas nécessairement celui qu'on a cherché. Mais la prière établissant un contact entre Dieu et vous, elle est toujours bénéfique. Supposez que vous priez pour la guérison de votre enfant malade et que l'enfant meure. Votre prière n'a pas été exaucée; et pourtant, elle aidera votre enfant d'une manière ou d'une autre. Vous ignorez ce qui est véritablement pour votre bien. Imaginez que vous priez pour trouver un emploi, vous l'obtenez mais vous tombez malade; ou encore vous priez pour avoir de l'argent, mais un brigand vous tend un guet-apens et vous tue pour vous dépouiller. Dieu seul connaît vos besoins réels. Parfois, de même que l'on donne un biscuit à un enfant pour qu'il s'arrête de pleurer, vous ne recevez pas ce que vous avez demandé, mais autre chose.

— *Pourquoi prier Dieu? De toute façon Il fait tout ce qui est nécessaire.*

— Oui, cela aussi est vrai à un certain niveau. Mais la prière est une bonne chose en ce sens qu'elle oriente vos pensées vers Dieu.

Il existe différentes sortes de prières. Pour commencer l'homme prie pour des choses matérielles comme la richesse, la santé, la famille, la position, etc. A ce niveau, s'il ne priait pas pour obtenir ce genre d'avantages, il ne penserait pas du tout à Dieu. Se souvenir de Lui est bénéfique, quelle qu'en soit la raison.

Ensuite vient une étape, spécialement dans la voie de la *bhakti*, où la prière jaillit spontanément du cœur. L'adorateur se languit de Dieu et ne peut s'empêcher de prier. « Je ne peux pas supporter d'être sans Toi. Révèle-Toi! Quand m'accorderas-Tu la grâce de Te voir? » C'est comme une fièvre que rien ne peut apaiser si ce n'est l'union avec Lui. Le premier type de prière vient de l'ego; le second appartient encore à l'ego, mais à un ego qui est sur le point de se dissoudre; lorsque cette prière aura été exaucée, il n'y aura plus d'autre prière.

Il existe un autre état où l'homme dit : « Fais de moi ce que bon Te semble. Je suis un outil entre Tes mains; accorde-moi seulement la force nécessaire pour supporter ce que Tu exigeras de moi. »

Dans un autre stade encore, l'homme ne prie pas du tout. Il pense : « Dieu fait tout ce qui est nécessaire, pourquoi donc devrais-je prier? » Alors, sûr qu'Il pourvoira à tous les besoins de Ses créatures, l'homme se libère de toutes préoccupations et reste absorbé dans une profonde méditation.

*
* *

La prière joue un rôle essentiel dans la pratique de la religion. Son pouvoir est irrésistible; les êtres humains se révèlent dans leurs prières. Toutes les pensées jaillies de votre cœur devraient être offertes à Dieu. Priez avec ferveur et abandon pour obtenir Son aide. Si vous pratiquez le *samyama* (contrôle de soi), actions, paroles, pensées sont naturellement disciplinées; pensée juste, parole juste, conduite juste deviennent votre seconde nature et vous n'avez plus à faire aucun effort. Tout mouvement inutile de l'esprit et du corps cesse.

***

L'appeler à grands cris n'est jamais en vain et il faut continuer à prier tant que vous n'avez reçu aucune réponse. Ce n'est que le Soi qui s'appelle Lui-même, et nul autre que le Soi ne Se réalise Lui-même. Une prière incessante permet de trouver Celui qui est la totalité *(akhanda)*. Son propre Soi (Atman), Vie de sa vie, Bien-aimé de son cœur, voilà Celui qu'il faut chercher passionnément. Combien de fois n'êtes-vous pas revenu sur la terre pour y chercher ardemment ses joies et ses chagrins. La prière, l'invocation adressée à Lui qui efface la contradiction entre renonciation et jouissance, cette invocation-là vous devez la chérir.

***

Votre foi doit être celle d'un enfant. Une pratique constante en renforcera la source. Lorsqu'une foi pure prend racine dans votre esprit, une prière sincère sort de votre âme. Par la dévotion, l'esprit vrai de la prière s'éveille dans l'âme et alors la grâce divine se manifeste dans les résultats désirés.

***

Question : Je pense souvent que je devrais m'arrêter de prier. Qu'on le veuille ou non notre prière se transforme habituellement en requête. N'essaie-t-on pas alors de s'opposer en quelque sorte à la Volonté de Dieu?

Mâ : Il faut prier. En fait vous ne pouvez jamais prier suffisamment. Et vous pouvez aussi solliciter quelque chose, mais que ce soit seulement Dieu Lui-même, Sa venue. Lorsque le moment viendra de vous arrêter de prier, vous cesserez tout naturellement. Alors la question « faut-il prier ou non? » ne se posera plus.

*
* *

Question : Est-il bon de demander à Dieu toutes sortes de choses?

Mâ : La prière la meilleure est celle qui demande Dieu.

*
* *

Tant que le langage vous est nécessaire pour communiquer avec autrui, employez-le, mais très parcimonieusement. Écoutez ce que les gens vous disent et ne répondez que lorsque c'est nécessaire, par quelques mots, à dose homéopathique.

La valeur d'un homme ne se mesure pas au volume ou à la force des arguments qu'il peut présenter. Argumentez en vous-même, dans l'introspection, et maîtrisez vos passions; alors vous constaterez bientôt que l'envie de parler a presque disparu.

*
* *

Quand vous parlez, vous avez tendance à flotter à la surface mais quand vous plongez profondément, vous ne pouvez plus parler. Ce n'est que lorsque vous flottez que les paroles sortent.

*
* *

Si vous désirez observer le silence véritable, votre cœur et votre esprit doivent se fondre si intimement dans une pensée unique que toute votre nature intérieure et extérieure doit se figer et devenir inerte comme une pierre. Mais si vous ne désirez que vous retenir de parler, c'est une tout autre affaire.

*
* *

Question : Vous conseillez souvent aux fidèles d'observer des périodes de silence. Aident-elles au progrès spirituel?

Mâ : Lorsqu'on s'abstient de parler on conserve son énergie.

Garder le silence *(mauna)* signifie que le mental a fait demi-tour, en d'autres termes qu'il s'est tourné vers Dieu.

— *Grâce à l'observation du silence on atteint la Connaissance suprême* (jnâna).

— Comment? Pourquoi dites-vous « grâce à »? Lorsqu'on cesse de parler, l'activité du mental continue.

Cela n'empêche pas que le silence aide à maîtriser le mental. Quand le mental plonge plus profondément, son activité se relâche et l'on arrive alors à sentir que Celui qui pourvoit à tout arrangera les choses. Si votre mental est agité par la pensée de choses terrestres, vous perdez tout ce que vous gagneriez à observer le silence. Vous pouvez, par exemple, le conserver dans un instant de colère, mais à un moment ou à un autre vous ne pourrez vous empêcher d'éclater. Lorsque le mental est centré sur Dieu, il continue sa progression régulière, et le corps se purifie en même temps que le mental. Laisser la pensée s'appesantir sur les objets des sens est un gaspillage d'énergie. Dans ce cas, si l'on ne garde pas le silence, le mental trouve un exutoire dans la parole. Autrement, cette sorte de silence peut soumettre les sens à une tension excessive et l'on peut en tomber malade. Mais lorsque le mental est tourné vers l'intérieur, non seulement la santé ne peut pas en être affectée, mais encore, si l'on fixe sa pensée sur Dieu, tous les nœuds *(granthi)* dont est composé l'ego sont démêlés, et ainsi ce qui doit être réalisé sera réalisé.

Observer le silence signifie garder le mental fixé sur Lui. Au début, on se sent poussé à parler, puis on n'a plus envie ni de parler ni de ne pas parler. C'est aussi comme l'abeille qui récolte le miel; tout ce dont vous avez besoin se rassemble tout naturellement. Lorsque l'union avec Lui devient de plus en plus intime, le nécessaire se présente tout seul, s'offre de lui-même pour ainsi dire.

Lorsqu'on se retient entièrement de parler et même de communiquer par signe ou par geste, comment le corps peut-il rester en vie? Tout se rejoint, et la personne silencieuse ne fait qu'observer en spectateur. Dans la mesure où l'on progresse vers l'union, on remarque que les obstacles disparaissent et l'on voit venir à soi le nécessaire. Une chose peut arriver toute seule, et l'on peut aussi faire des efforts pour l'obtenir, mais c'est tout différent. Le silence vrai signifie que le mental ne peut plus se tourner nulle part ailleurs. A la fin, parler ou non, que le mental existe ou n'existe pas, cela ne change rien.

Dire : « Par le silence, il est parvenu à la réalisation » n'est pas exact, car la connaissance suprême ne vient pas « par » quelque chose. La connaissance suprême se révèle d'elle-même. Pour détruire le « voile » il existe des disciplines et des pratiques spirituelles appropriées.

— *Qu'en est-il de ce* sâdhu *qui toute la journée gardait le silence en pose de lotus et que l'on croyait en* samâdhi [1]?

— Il est parvenu à l'immobilité du corps en se livrant à certaines pratiques, mais son mental n'avait pas été transformé du tout; c'était un cas de maîtrise physique pure et simple. S'il en avait fait autant pour son mental, cette sorte de comportement dans le monde lui aurait été impossible. Cependant, même semblables pratiques ne sont pas complètement inutiles et conduisent à certains résultats. Mais l'on n'a pas trouvé CELA dont on a véritablement besoin.

* * *

A un Indien contaminé par l'occidentalisation :

Ne soyez pas si volubile. Vous vous trouvez maintenant dans un état où Dieu se manifeste par Son absence. Alors, contemplez l'Unique qui est présent même sous l'aspect de l'absence.

* * *

Au faîte suprême de l'amour *(mahâbhâva)* exubérance, émotions excessives et tout ce qui s'en rapproche ne peuvent tout simplement pas se produire. Aucune comparaison n'est

1. Observé par Mâtaji, il lui avait avoué qu'il se comportait ainsi pour obtenir de l'argent et il renonça à cette pratique.

possible entre excitation émotive et amour suprême; ils sont totalement différents l'un de l'autre.

*
* *

Astreignez-vous à garder un corps sain et un mental entièrement absorbé dans le *japa* et la méditation. Évidemment, il est tout naturel que l'homme soit agité de temps à autre. Néanmoins, essayez de dépasser rapidement le stade de l'agitation. Le temps passe vite.

*
* *

Pourquoi vous laissez-vous aller à vous agiter et à vous exciter? Telle n'est pas l'attitude qui convient au pèlerin sur la voie spirituelle. Au contraire, si vous passez votre vie dans la pensée de Dieu, dans la compagnie des saints, des sages et des chercheurs de vérité, vos vœux et vos aspirations s'accompliront.

*
* *

A un disciple :

Ces jours derniers j'ai remarqué votre agitation. La paix et la tranquillité ne peuvent pas venir s'il n'y a pas eu au début une certaine inquiétude dans votre esprit.

Vous devez allumer le feu d'une façon ou d'une autre, que ce soit avec du beurre clarifié, du bois de santal ou même de la paille. Une fois allumé, le feu continue à brûler; tous les soucis, les ténèbres et la tristesse disparaîtront peu à peu. Le feu réduira en cendres tous les obstacles. Vous le savez bien, une étincelle suffit à provoquer un incendie, à réduire en cendres des centaines de maisons et même de palais.

*
* *

L'agitation ne peut certainement pas s'introduire là où l'expérience spirituelle a mûri. On parle de transformation dès que se relâchent les liens avec le monde. On progresse vers la joie dans la mesure où l'on s'intéresse moins au monde.

*
* *

Question : Comment dominer la colère?

Mâ : Buvez un verre d'eau froide et regardez-vous dans un miroir; votre colère s'évanouira très rapidement.

*
* *

Le blâme ressemble à une bouse de vache. En soi elle ne sert à rien, mais mélangée à de la terre, transformée en engrais, elle permettra à la plante de porter fleurs, fruits et graines. De même, le chercheur qui saura utiliser blâmes et critiques pour améliorer son caractère en tirera grand profit, comme le sol enrichi par l'engrais. Vous rendez-vous compte du bien que peut vous apporter un blâme? Le blâme lui aussi n'est autre que Lui, l'Un.

*
* *

Dans la vie du monde, il faut bien tenir compte de la louange et du blâme, et diriger son activité en conséquence, mais dans les affaires spirituelles, il faut rester indifférent à l'un et à l'autre et s'élever au-dessus des deux pour acquérir la sérénité.

*
* *

Les punitions sévères sont réservées à ceux qui peuvent les supporter. Si vous voulez abattre un arbre, vous prenez d'abord une hache, puis une hachette et enfin un couteau pour couper les petites branches et les rameaux. Le châtiment est plus ou moins sévère selon les besoins.

*
* *

N'oubliez jamais que manger, dormir, marcher, être debout, assis — tout en fait — doit être contrôlé strictement et tendre à la libération. De plus, tout exercice spirituel, rituel ou autre, dans lequel on est engagé doit être pratiqué avec foi et amour. Tout rituel doit s'accompagner de vénération. C'est Lui qui est venu sous la forme d'exercices spirituels. L'exercice de la patience et de l'endurance n'est pas parfois sans nous faire souffrir, mais ces souffrances sont une manifestation de Celui qui détient toute souffrance, et Il se manifeste ainsi pour la détruire.

*
* *

Il faut se réjouir de voir s'éveiller l'insatisfaction. Elle rend capable de suivre le chemin celui qui ne l'était pas. En fait, sous le masque du désir et du vide, Tu es présent, Seigneur. En Toi je prends mon refuge, en Toi je prends mon refuge.

*
* *

Quelle que soit notre ligne d'approche, au début apparaissent tourment et perplexité; l'homme est incapable de s'en sortir. Puis vient une sorte de suspense, de vide pourrait-on dire; on ne peut ni rentrer en soi ni jouir des plaisirs matériels.

*
* *

Il faut essayer de Lui consacrer chaque action de sa vie. En fait, vous n'êtes qu'un instrument entre Ses mains et quoi que ce soit qui se fasse par vous doit donc Lui être consacré. Si vous persévérez, vous vous direz peu à peu : « Comment puis-je offrir à Lui qui m'est si cher, qui est mien, des choses aussi laides que la cupidité, la colère, le désir de posséder? Donne-t-on à son Bien-aimé quelque chose d'indésirable? » En pensant de la sorte, l'individu ne peut plus s'engager dans rien qui ne soit parfait. Lorsque vous avez déposé à Ses pieds jusqu'à la moindre bribe de force et de capacité que vous possédiez et qu'ainsi il ne reste plus rien que vous puissiez qualifier de vôtre, savez-vous ce qu'Il fait en cet instant béni? Il fait de votre petitesse une plénitude. Plus rien alors ne reste à désirer ou à accomplir. A l'instant précis où votre abandon devient total, Cela qui est éternellement révélé, la perfection sans faille, apparaîtra dans toute sa splendeur.

***

Le Pouvoir suprême (Mahâ-mâyâ) est lui-même directement présent sous toutes les formes dans lesquelles Il est adoré. Appelez-le à grands cris, Lui seul. Le Pouvoir suprême ne peut pas rester indifférent à l'affliction de ses enfants. C'est le même Un qui porte des coups si durs et qui console par son étreinte amoureuse.

***

Ce corps-ci n'a rien à dire sur la santé ou la maladie. Le remède réellement suprême et universel pour toutes les maladies, c'est de se maintenir dans le souvenir constant de Dieu. Mettez toute votre confiance en Lui.

***

Si vous vous écorchez la main et que cela saigne, en blâmerez-vous votre main? et si vous ne pouvez même pas supporter cela, comment pourrez-vous jamais connaître la Béatitude du Soi?

*
* *

A une vieille femme qui perd la vue :

Le temps est venu que s'ouvrent vos yeux intérieurs. Dieu vous y aide en permettant que vous deveniez aveugle. Vous le savez bien : jamais vos yeux extérieurs ne vous ont permis de voir ce qui vraiment en vaut la peine. Ce qu'ils vous permettent encore de voir ne peut que vous distraire. Ce que vous allez voir avec les yeux de la sagesse est infiniment plus beau que tout ce que les yeux ordinaires peuvent percevoir. Cependant, tant que vous ne désirerez pas les fermer, les yeux de la sagesse ne s'ouvriront pas. Vous ne seriez pas la première de mes amies à acquérir par la cécité la vision vraie.

*
* *

Un aveugle : Comment puis-je obtenir la vision de Dieu? S'il vous plaît, dites-moi quel est le chemin le plus facile?

Mâ : Cherchez-Le pour Lui seul.

— *Quelle voie est la meilleure, celle de la dévotion ou celle de la connaissance?*

— Accrochez-vous au nom de Dieu, répétez-le jour et nuit et laissez-le vous imprégner de Sa douceur.

— *Lorsque j'avais encore l'usage de mes yeux, je lisais beaucoup. Maintenant c'est impossible. Comment pourrai-je comprendre?*

— Tournez-vous vers Dieu. Il vous fera comprendre.

— *Donnez-moi votre bénédiction.*

— Priez Dieu et vous sentirez Sa bénédiction.

*
* *

Vous ne vous assoupissez pas lorsque vous regardez un film. Les distractions tiennent votre mental en éveil. Pendant le sommeil on se repose de l'activité que l'on exerce à l'état de veille. En sommeil profond, dans une ignorance apparente, l'homme accède à Son être vrai. Une fois que s'est produite la révélation totale de notre être vrai, nous n'avons plus besoin de dormir pour y accéder. Dans la mesure où s'intensifient les exercices pour parvenir à la révélation totale, le besoin de sommeil diminue.

*
* *

Par leur nature même, les désirs du monde qui envahissent le mental le rendent confus. C'est pour cela que l'effort est nécessaire. Il faut constamment vous entraîner au *dhyâna* et au *japa* jusqu'à ce qu'ils vous absorbent complètement. Il faut manger, dormir, etc., avec modération. En voyage vous ne prenez que l'indispensable. Vous n'emportez pas tout ce qui se trouve chez vous. De même, si vous devenez un pèlerin sur le chemin de Dieu, vous ne devriez prendre que la quantité exacte de nourriture et de sommeil qui vous permettra de vivre en la présence de Dieu. Il est dit que l'on devient ce que l'on mange. Retirez donc votre mental des choses extérieures et tournez-le vers l'intérieur.

*
* *

Question : Si je vais en Europe, ne devrais-je manger ni viande ni poisson? même si cela semble nécessaire?

Mâ : Si vous pensez que cela vous aidera à réaliser Dieu, vous pouvez en manger.

— *Je ne comprends pas très bien.*

— Le résultat dépend de ce que vous faites et de la façon dont vous le faites. Si vous n'avez pas l'habitude de manger de la viande et du poisson, n'en prenez pas! Si des étrangers le font, laissez-les faire. Lorsque le climat d'un pays rend souhaitable un régime carné, et que les habitants de ce pays le suivent parce qu'ils sont nés dans ce pays et y ont grandi, ils ont raison. Aucune objection en ce qui les concerne. En revanche, vous devriez vous en tenir à vos propres règles. N'y a-t-il pas eu de grands hommes dans les pays où l'on mange de la viande et du poisson? Si un mets ou une boisson vous aident à chercher Dieu, prenez-en. Si vous voyagez à l'étranger, cela ne veut pas dire que vous deviez renoncer au régime végétarien. Les adorateurs de Dieu dans d'autres pays offrent aussi leur nourriture à Dieu avant de manger. Ceux qui se mettent à manger de la viande et du poisson parce qu'ils sont à l'étranger le font par gourmandise.

*
* *

Un jour, Mâ accepte de se laisser nourrir par un homme qui reconnaît n'avoir jamais observé de restriction en matière de nourriture.

— Peu importe, lui dit Mâ, donnez-moi quelque chose *et après avoir mangé des fruits elle lui dit :* A partir de maintenant, tout ce que vous mangez, offrez-le tout d'abord à Dieu.

— *Mais, je mange toutes sortes de choses.*

— Ça ne fait rien, tout ce que vous mangez, vous devez en premier lieu le consacrer à Dieu.

Et cette méthode modifia complètement ses habitudes.

*
* *

On discute beaucoup sur la nécessité d'une nourriture pure pour arriver à un développement spirituel. Pour moi, la véritable nourriture, c'est l'assimilation de pensées pures, la dévotion à la Vérité ou à Dieu. Vous aurez beau prendre chaque jour les repas les plus parfaitement sattviques, quelle nourriture votre âme retirera-t-elle de ces monceaux d'aliments purs si votre esprit reste constamment absorbé dans des pensées matérielles?

*
* *

Efforcez-vous toujours de rester en plein air et laissez votre corps aussi nu que possible. Laissez-vous souvent attirer par l'appel des hautes montagnes et par celui de la mer, et quand vous y êtes, dites ce que vous pensez, sans réticence. Si ce n'est pas possible, essayez de regarder le ciel libre le plus souvent que vous pourrez, et vous sentirez que vos chaînes tombent, que votre âme s'ouvre.

∴

Sous quelque forme qu'elle se présente, la faiblesse est un péché. C'est pour cela qu'il vous est très nécessaire d'acquérir et de conserver la vigueur physique et mentale.

∴

Soyez plein de vie partout où vous irez, et nul ne vous semblera étranger.

∴

Être toujours de bonne humeur favorise la recherche spirituelle. Le découragement crée des obstacles sur la Voie. Celui qui veut rester en Sa présence doit être libre de tout lien. Lorsqu'on oriente le mental vers l'intérieur, il faut se concentrer sur la révélation de l'Un suprême qui pénètre tout.

∴

L'Être suprême est Joie incarnée, et c'est pourquoi toutes les créatures aspirent à la joie. Cherchez toujours à vivre dans la joie, à exprimer la joie dans vos pensées et dans vos actes; sentez Sa présence joyeuse dans tout ce que vous voyez ou entendez; cela vous apportera un réel bonheur. La tristesse est fatale à l'homme; bannissez-la de toutes vos pensées.

∴

Essayez d'être attentif à tout ce qui vous donne une vraie joie; elle vous rapprochera de Dieu.

*
* *

Riez tant que vous pourrez; cela relâchera toutes les articulations crispées de votre corps. Il faut que votre rire vienne du plus profond de votre cœur; il doit vous secouer de la tête aux pieds, si bien que vous ne sachiez plus quelle est la partie du corps qui réagit le plus violemment.

Mais si l'âme est assoupie, votre rire ne sera que sur vos lèvres. Je voudrais vous voir rire avec votre bouche, avec votre cœur, avec tout le souffle de votre vie! Pour y arriver, ayez foi en vos propres facultés et essayez d'établir des rapports harmonieux entre le moi intérieur et le moi extérieur. Ne multipliez pas vos besoins, mais menez une vie simple et sans tache. Établissez une parfaite identité entre votre propre avantage et celui du monde; et de toute votre énergie, consacrez-vous exclusivement à Dieu. Alors votre rire répandra de la joie partout.

*
* *

La naissance de tout ce qui existe dans le monde, arbres, plantes, insectes, reptiles, tous autres êtres vivants, est votre naissance, leur mort votre mort. Au niveau où tout est contenu en vous et où vous êtes présent en toutes choses, il n'y a que Lui et Lui seul.

*
* *

Les insectes, les mouches, les araignées et les hommes appartiennent tous à une même famille. Personne ne sait ce qu'ils étaient, sont et seront et comment ils ont été réunis.

*
* *

Question : Si une personne qui vit seule désire avoir un chien ou un chat, cette présence lui sera-t-elle une aide puisque dans son essence, chaque être est Dieu sous une forme particulière, ou au contraire l'affection de cette personne sera-t-elle orientée vers l'extérieur au lieu de se tourner vers Dieu?

Mâ : Si un homme ou une femme vit seul et désire avoir un chien de garde, aucun mal à cela, car il est peu probable qu'il ou elle s'attache à l'animal. Mais s'il s'agit d'un animal que l'on aime et à qui l'on consacre tout son temps, la méditation en souffrira. Ce à quoi l'on pense, on le devient. Il vous faut déjà satisfaire aux besoins de votre nature physique; si vous prenez un animal, vous aurez encore plus à faire.

Cela me rappelle une histoire, encore qu'elle ne réponde pas tout à fait à ce que nous avons dit. Un *sâdhak* se plaignit à son gourou d'être incapable de se concentrer dans sa méditation. Le gourou essaya toutes sortes de moyens, mais en vain. Finalement, il demanda à son disciple : « Qu'aimez-vous le plus? — Mon buffle, répondit le *sâdhak.* — Très bien, déclara le maître, asseyez-vous et concentrez-vous sur votre buffle. » Le disciple prépara la nourriture et l'eau de l'animal et alla s'enfermer dans sa chambre. Il lui était relativement facile de méditer sur son buffle; il continua donc jusqu'à en oublier toute autre chose et à s'absorber en *dhyâna.* Le jour suivant, le gourou vint voir comment allait son disciple, mais il ne put le trouver nulle part. Il l'appela plusieurs fois, frappa à la porte, mais ce n'est qu'après un long moment que le disciple sortit de sa méditation : « Ouvre la porte et sors, cria le gourou. — Comment pourrais-je sortir? répondit le disciple, mes cornes ne passeront pas la porte! »

Ainsi, voyez-vous, ce que vous pensez, vous le devenez. C'est pourquoi l'on dit qu'il vaut mieux méditer sur le Soi (Atman) que sur une forme. Cependant s'il n'existe aucun autre moyen de se concentrer, on peut utiliser celui-là. Le disciple ayant appris la concentration sur un point réussit plus tard à passer au-delà de la forme du buffle et il atteignit finalement l'union réelle.

— *Je ne sais toujours pas si je puis prendre un animal ou non.*

— Pratiquez la méditation pendant quelque temps et voyez comment vous vous sentez. Plutôt que de vous occuper d'un chien ou d'un chat, tournez vos pensées vers le Divin.

*
* *

A des enfants de cinq ou six ans :

Vous êtes mes amis, n'est-ce pas? Alors écoutez-moi bien. Voulez-vous faire quelque chose pour votre amie? D'accord? Alors rappelez-vous bien ce que je vais vous dire. Tout d'abord dès que vous vous réveillez le matin, faites un *pranâm* à Dieu, inclinez-vous jusqu'au sol devant Lui, priez-Le de faire de vous un bon garçon ou une bonne petite fille et dites-Lui : « Mon Dieu, je ne sais pas où Vous êtes, faites que je Vous trouve! » Le soir, avant d'aller vous coucher, faites encore un *pranâm*, et si vous avez fait quelque chose de mal pendant la journée demandez à Dieu de vous aider à faire mieux le lendemain.

Deuxièmement : essayez d'obéir à vos parents et à vos maîtres.

Troisièmement : étudiez bien, intéressez-vous à vos leçons et tâchez de bien les apprendre.

Quatrièmement : faites tout ce que vous pouvez pour dire toujours la vérité.

Cinquièmement : riez et jouez, courez et sautez à cœur joie.

Et si vous avez bien fait les quatre premières choses que je vous ai demandées, il n'y a pas de mal à ce que vous soyez un peu insupportables!

*
* *

A des enfants plus âgés, Mâ dit fréquemment :

Combien de temps pouvez-vous me consacrer? Ne répondez pas tout de suite, réfléchissez et voyez combien de temps vous pouvez me donner. Cinq minutes par jour, dix minutes? Pas seulement une fois par hasard, mais chaque jour de votre vie. Très bien. Pendant ces cinq minutes pensez à Dieu. Choisissez le moment de la journée qui vous convient le mieux. Si vous pouvez rester tranquille, tout seul, c'est encore mieux. Mais si ce n'est pas possible, pensez à Lui n'importe quand, que vous soyez couché dans votre lit, debout, en train de marcher ou de prendre votre bain, peu importe, mais surtout, n'y manquez jamais. Ces quelques minutes chaque jour appartiennent à Dieu, quelles que soient les circonstances, même si vous êtes dans le train ou l'autobus.

*
* *

A des étudiants :

De même que tous les jours vous consacrez un certain temps à vos devoirs quotidiens, réservez un petit moment à la contemplation de Dieu; pendant une heure, une demi-heure ou au moins dix ou cinq minutes, pensez à Dieu. Dix minutes sur vingt-quatre heures que vous accorderez à Dieu à un moment précis, ce n'est pas beaucoup. Peu importe où vous êtes et dans quelle position. Là où vous vous trouvez, méditez en silence sur Son nom, sur celui de Ses noms qui vous plaît le plus. Si c'est impossible, observez tous les jours à la même heure quelques minutes de silence, videz votre esprit et ouvrez-le afin que les forces cosmiques puissent pénétrer les moindres recoins de votre être.

*
* *

Votre fille vous implore tous, vous mes pères et mères, de faire une chose. Vous souhaitez ardemment être soulagés du poids de vos souffrances. Vous n'ignorez pas qu'un malade doit à la fois suivre un régime et prendre les médicaments appropriés; votre médicament à vous, c'est de répéter le nom de Dieu et de méditer sur la signification de ce nom; quant au régime à suivre quotidiennement, c'est la maîtrise de soi. Pratiquez les deux ensemble un jour donné chaque semaine ou chaque quinzaine ou au moins chaque mois. Plus vous en ferez, mieux cela vaudra. Pendant cette journée consacrée à la dévotion vous devriez observer les règles suivantes :

1° Observez la Vérité en paroles, en pensées et en action.

2° Nourrissez-vous et habillez-vous avec la plus grande simplicité.

3° Que pendant cette journée votre mental reste serein et préfère l'Éternel au temporel; avec une dévotion ardente fixez constamment votre attention sur Ses formes, Ses messages et Ses gloires révélés dans la Gîtâ.

4° Essayez de penser sans cesse que si Dieu envoie toutes les afflictions de la vie c'est pour vous permettre de trouver votre Soi.

5° Soyez prêts à servir ce jour-là vos parents, vos maîtres, vos enfants, votre femme, vos voisins; voyez en eux autant de possibilités de servir qui sont des moyens de servir Dieu.

6° Renforcez en vous la conviction que vous reposez dans la Vérité, que vous grandissez dans le sein du Seigneur et qu'en perdant votre ego vous trouvez Dieu chaque jour davantage.

7° Souvenez-vous que joies et chagrins de ce monde ne sont qu'ombres fugitives de votre propre Soi; jouer avec les forces divines procure une paix et une joie sans fin.

8° Laissez votre mental jouer librement avec Lui; réjouissez-vous des beautés de toutes Ses formes, tous Ses attributs, toutes Ses grâces, et de ce que les Shâstras ou les saints de tous les pays disent à Son sujet.

9° Lorsque vous avez l'impression de ne pas avancer spirituellement, pensez que vous en êtes seul responsable; fortifiez votre volonté de plus en plus avec un sens de plus en plus pur et de plus en plus élevé de votre ego; dites par exemple : « Je dois crier Son nom », « Je dois L'adorer », « Je dois apprendre à L'aimer ». Cette orientation exclusive de l'ego vers Dieu vaut mieux qu'un ego replié sur lui-même.

10° Et pendant toute la journée rappelez-vous sans cesse que la répétition de Son nom est assez puissante pour laver de tous les péchés — s'il y en a — de cette vie-ci ou des vies antérieures.

*
* *

L'esprit paisible, vous pouvez pratiquer des exercices spirituels tout en restant dans le monde. Alors seulement se détachera ce à quoi il faut renoncer. Et ce qui jamais ne pourra être abandonné, ce qui ne peut pas s'en aller — CELA seul restera!

*

Ne restez pas là sans rien faire; efforcez-vous d'aller de l'avant. Si vous vous sentez enclins à travailler, faites-le dans l'esprit que tout est une expression de CELA. On peut consacrer son service à son pays, à sa femme comme divinité présidant aux destinées du foyer, à ses enfants représentant Gopal et Kumârî, à son mari comme Seigneur, car c'est l'Unique qui apparaît sous tous ces aspects. Ne consacrez pas tout votre temps à manger et à dormir.

*
* *

Ceux qui ont adopté l'état du chef de famille devraient être des modèles du genre et vivre selon les préceptes du *dharma.*

*
* *

Question : Le chef de famille en difficulté peut-il prier Dieu de l'aider?

Mâ : Plusieurs attitudes sont possibles. Il y a ceux qui s'en remettent totalement à Dieu. Ils disent : « Mon Dieu, quoi que Vous fassiez, dans quelque situation que Vous me mettiez, il en est bien ainsi. » Mais l'attitude prise varie selon l'état d'esprit des gens. Certains se trouvent au point où ils ne peuvent pas s'empêcher de prier. D'autres, en face de difficultés et de malheurs, sont déçus par Dieu et cessent leurs pratiques religieuses. En revanche, certaines personnes se tournent vers Dieu surtout lorsqu'elles ont des problèmes et Le prient avec bien plus de ferveur que quand elles sont heureuses. En toutes circonstances, Il est le grand guérisseur, et beaucoup d'êtres en difficulté recourent à Lui. Vient ensuite un autre état où l'adorateur n'éprouve aucun besoin ou inclination de L'appeler à son secours dans l'adversité, le chagrin, la malchance. Il est toujours bon d'invoquer Dieu. Mais quels que soient votre mobile, la raison pour laquelle vous priez, en tout cas commencez à prier, que ce soit pour alléger votre peine ou pour parvenir à l'Illumination, ou même pour obtenir richesses et abondance. Le sage vit toujours dans la pensée de Dieu.

*
* *

Question : Pendant la méditation et la prière, comment libérer notre esprit des préoccupations de travail, de responsabilités familiales : mari, enfants, etc.? Que faire en pareil cas?

Mâ : Laissez le travail s'accomplir tout seul sans vous en préoccuper. Travaillez sans avoir l'impression que c'est vous qui travaillez. Considérez que c'est le travail de Dieu, effectué par votre intermédiaire, et que vous êtes Son instrument. Alors votre esprit sera calme et paisible. C'est cela la prière et la méditation.

*
* *

Question : J'éprouve toujours le sentiment que tout dans le monde est stérile et sans raison — comme si l'on était dans l'atelier d'un revenant. Comment échapper à ses griffes?

Mâ : Qui est le revenant? Que représente le travail de l'homme dans le monde? Le revenant n'existe que parce que vous pensez à lui. Sinon, chaque homme *(jîva)* est Shiva et chaque femme Gaurî. Lorsque vous brûlez d'entreprendre une *sâdhanâ*, vous ne pouvez vous en passer. Même dans l'antre de ce revenant vous pouvez très bien vous engager dans une *sâdhanâ*. Selon votre intérêt, vous préférez tel travail à tel autre. Sur le chemin spirituel, chacun doit accomplir sa tâche. Le Seigneur des hommes apparaît sous les traits de chaque être humain pour accepter d'être servi par vous. La femme doit voir en son mari une incarnation du Seigneur et le servir dans cet esprit. Les petites filles de la famille doivent être considérées comme des incarnations de la Vierge mère et les garçons comme autant de petits Gopals qui ont besoin de votre amour et de votre affection. Pourquoi appeler tout cela l'atelier d'un revenant? Servez Dieu dans tout votre travail et il ne restera rien qui vous fasse penser à un atelier de revenant. Le chef de famille doit se consacrer à servir, et tout service doit être offert à Dieu. Que le mari adore en sa femme Lakshmî qui préside aux destinées de la maison. Vous verrez alors comme la vie deviendra heureuse et joyeuse.

Pour pouvoir garder cette attitude de serviteur de Dieu dans toutes vos actions, vous avez besoin chaque jour, à heure fixe, de vous retirer dans votre oratoire pour méditer, prier, faire du *japa*, lire les Écritures, exactement comme une montre a besoin d'être remontée régulièrement. Ainsi vous parviendrez peu à peu à remplir toutes vos tâches en les offrant à Dieu.

— *J'ai conscience d'être incapable de faire mon travail. Est-ce un signe de progrès spirituel?*

— Vous sentez-vous incapable de faire le travail ou de surmonter les difficultés qui se présentent? Cette impression de mécontentement est salutaire car elle fait penser à Dieu et vous aide donc à avancer.

— *Si je fais quelque chose de mal, cela est dû, selon les Shâstras, à quelque mauvaise disposition mentale* (samskâra). *La question se pose alors : d'où vient cette première disposition mauvaise?*

— C'est justement pour le découvrir que l'on pratique toutes les ascèses. Commencez par méditer et invoquer le saint nom de Dieu et vous verrez qu'un jour la réponse à votre question viendra toute seule.

***

Question : La vie d'aujourd'hui, la société nous oblige à chaque instant à accepter des compromis, à mentir. Comment le dharma *peut-il rester intact? Chacun souffre de cette situation.*

Mâ : Une telle souffrance doit persister. Là où il y a souffrance, la Vérité viendra elle-même sauver la Vérité. Si la souffrance n'est pas seulement individuelle mais universelle, le résultat sera correspondant.

*
* *

Question : L'homme ne peut pas vivre s'il ne compte pas chaque sou. D'autre part ce n'est qu'en étant complètement désintéressé que le cœur de l'homme reste pur. Ainsi, si l'on veut vivre, on doit être sans cœur et si l'on veut rester intègre on ne peut pas survivre.

Mâ : Voulez-vous faire une chose? Abandonnez tous ces calculs. Tournez-vous vers l'UN. Si la nécessité s'impose de faire des comptes, quelqu'un d'autre viendra s'en occuper. Qui tient les comptes de Kâlî?

*
* *

Un Anglais : Je suppose que mon cas est sans espoir car je ne peux consacrer chaque jour qu'une heure ou deux à la méditation, bien que j'essaie de faire tout mon travail pour Dieu.

Mâ : Le nombre d'heures importe peu; ce qui compte, c'est l'intensité avec laquelle votre cœur et votre esprit se fondent en Dieu.

*
* *

Question : Puis-je rentrer chez moi?

Mâ : Oui, préparez-vous à rentrer chez vous. Mais votre demeure actuelle est temporaire. Comme il est étrange que tout le monde éprouve le besoin de rentrer chez soi! Les gens ignorent que ce n'est pas leur vraie demeure, mais une simple auberge de passage que vous serez appelé à quitter sans préavis.

*
* *

Tant que vous ressentez quelque désir pour les conforts et les agréments de la vie, une soif pour l'argent ou un attachement aux choses de ce monde, vous ferez mieux de vivre la vie de famille.

*
* *

Bien des gens pensent qu'on ne peut pas arriver à la perfection spirituelle en menant la vie de famille. Qu'y a-t-il de vrai là-dedans? Quelles admirables occasions de culture spirituelle on rencontre dans toutes les familles! L'amour et l'affection entre parents et enfants, mari et femme, frères et sœurs, parents et amis, la bénédiction que nous apportent les pauvres et les malheureux, tout cela nous aide infiniment à édifier une vie spirituelle. Plus votre âme subit les épreuves que sont les plaisirs et les douleurs, plus elle se purifie et plus s'affine votre esprit de sacrifice pour les autres. Dans un cœur battu par tous les courants changeants de la vie de famille, il s'élève une aspiration profonde pour l'aide divine, beaucoup plus que l'on n'en trouve généralement dans la vie d'un ermite centré sur lui-même.

*
* *

Question : Sans aucun doute il me faut remplir mes devoirs d'épouse et de mère. Cela aussi est un présent de Dieu.

Mâ : Très certainement. Tout est Sien et tout est Lui. Quel que soit le travail que vous fassiez chez vous, offrez-le-Lui. Toute forme n'est que Lui et il faut donc tout Lui offrir. Ce qui importe, c'est d'être constamment conscient de Lui, de penser à Lui dans tout ce que l'on fait.

*
* *

Question : Vous dites souvent que nous devrions constamment penser à Dieu, se plonger en Lui, mais si l'on essaie de le faire, les travaux de la maison en souffriront. Si un enfant vient vous demander quelque chose, il faut s'en occuper tout de suite; si des invités arrivent, on doit leur réserver bon accueil. Que doit donc faire une femme qui tient sa maison?

Mâ : Si vous êtes perdue en Dieu, pourquoi vous soucier des choses de ce monde? Quoi qu'il arrive, vous êtes plongée en Dieu.

— *Mais ma famille me reproche d'être moitié ici, moitié là et donc de ne rien mener à bien dans aucun domaine?*

— Non, ce n'est pas à moitié que vous êtes « là », c'est beaucoup moins qu'à moitié; le peu d'attention que vous accordez au monde spirituel vous laisse vous occuper fort bien de votre maison, mieux que vous ne le feriez sans cela. Réservez quelques heures à la méditation, et le reste du temps faites votre travail en l'offrant à Dieu. Si vous pensez à Dieu tout le temps et si vous voyez Dieu en tous, votre travail sera excellent et tout le monde sera content. Lorsqu'un homme se préoccupe surtout d'accumuler des richesses, il cache le peu qu'il possède, et même lorsque son trésor augmente, il doit le dissimuler avec soin. De même, choyez dans votre cœur le peu de richesse intérieure que vous avez acquise et extérieurement occupez-vous de servir votre famille. Il n'y a pas besoin d'étaler le peu que vous avez acquis, mais lorsque vous serez véritablement immergée dans l'Un et que par conséquent vous ne pourrez plus vous occuper de votre travail, personne ne vous en blâmera; tout au contraire les gens sentiront en vous la présence divine et ils ne seront que trop désireux de vous servir — même si vous ne vous occupez pas des gens que vous recevez. Ils ne vous en voudront pas, car ils seront heureux d'être en votre compagnie. Mais cet état-là est tout différent de celui dans lequel vous êtes maintenant, car alors pour vous le monde n'existera plus.

*
* *

A une femme qui se plaint de ne pouvoir pratiquer certains rites religieux dans son milieu familial qui y est hostile :

Chez vous, vous jeûnez déjà le mardi, vous jeûnez et célébrez un culte le jour de Shivarâtrî. Essayez donc un jour par mois, du matin au soir, de voir une manifestation de Dieu en chaque membre de votre famille, mari, beau-père, beau-frère.

Ce jour-là vos enfants seront Krishna et Kumârî Devî; l'hôte, le mendiant, le colporteur, vous les traiterez comme des formes de Nârâyana. Chagrins et ennuis qui pourraient survenir, accueillez-les comme des messagers du Seigneur. Si vous faites cela d'abord un jour par mois, puis une fois par semaine, vous trouverez plus facile d'adorer Dieu. Vous constaterez que la joie que vous ressentirez ce jour-là se répercutera sur toute la semaine.

*
* *

A une Européenne :

Pour les hindous, la femme est toujours la disciple et la *sahadhârminî* de son mari. Vous devez le suivre et l'aider. Il est votre gourou.

Je serai toujours avec vous. La distance n'a aucune importance.

*
* *

Question : Considérez-vous le sans-forme plus proche de la Vérité que le Dieu avec forme?

Mâ : La glace est-elle autre chose que de l'eau? La forme est Lui tout autant que le sans-forme. Prétendre qu'il n'y a qu'un Soi (Atman), que toutes formes ne sont qu'illusion, impliquerait que le sans-forme se rapproche plus de la vérité que Dieu avec forme. Mais ce corps-ci déclare : tout ce qui a forme ou n'en a pas est Lui et Lui seul.

— *Que pensez-vous de ceux qui affirment qu'une seule religion est la bonne?*

— Toutes les religions mènent à Lui.

— *Je suis chrétien.*

— Moi aussi, je suis chrétienne, ou musulmane, tout ce que vous voudrez.

— *Aurais-je raison de devenir hindou, ou bien ma voie est-elle le Christianisme?*

— Si vous êtes destiné à devenir hindou, cela se fera de

toute façon. Vous ne pouvez pas vous demander : « Qu'arrivera-t-il en cas d'un accident de voiture? » Lorsque l'accident se produira, vous verrez bien.

— *Si je ressens le besoin impérieux de devenir hindou, dois-je répondre à ce désir ou le chasser de mon esprit puisqu'il est dit que chacun naît dans la condition la plus favorable pour lui?*

— Si vous ressentiez réellement le besoin impérieux de devenir hindou, vous ne vous poseriez pas la question, vous le feriez. Pourtant le problème se présente aussi sous un autre aspect. Il est vrai que vous êtez chrétien, mais vous avez aussi en vous quelques traits hindous. Sinon vous ignoreriez jusqu'au nom de l'Hindouisme. Tout est en tout. De même qu'un arbre porte des graines et qu'une seule graine peut être à l'origine de centaines d'arbres, ainsi la graine est contenue dans l'arbre et la totalité de l'arbre est en puissance dans une petite graine.

— *Comment puis-je trouver le bonheur?*

— Tout d'abord, dites-moi si vous accepteriez de faire ce que ce corps-ci vous dira.

— *Oui.*

— Vraiment? Très bien! Supposez que je vous demande de rester ici, en serez-vous capable?

— *Non.*

— Voyez-vous, un bonheur extérieur à vous, qui dépend de votre femme, de vos enfants, de l'argent, de la réputation, des amis ou de n'importe quoi d'autre ne peut pas durer. Mais découvrir le bonheur en Lui, qui est partout présent, qui imprègne tout, qui est votre propre Soi, voilà le vrai bonheur.

— *Ainsi, vous dites que je trouverai le bonheur en trouvant qui je suis?*

— Oui. Vous trouver vous-même, comprendre qui vous êtes réellement, c'est trouver Dieu, car rien n'existe en dehors de Lui.

— *Tous les individus sont Dieu, dites-vous, mais certains ne le sont-ils pas plus que d'autres?*

— Bien sûr pour celui qui pose cette question! Mais en réalité Dieu est partout totalement et également présent.

— *N'y a-t-il aucune substance en moi propre à mon individu? N'y a-t-il rien en moi qui ne soit pas Dieu?*

— Non, même en « n'étant pas Dieu » il n'existe que Lui seul, partout.

*
* *

Question : Seriez-vous d'accord si je déclarais qu'il existe une hiérarchie dans le monde spirituel et que le Christ y serait en quelque sorte votre frère aîné?

Mâ : On trouve tout dans le Christ, le frère, le père, le fils, le Bien-aimé et l'on y trouve aussi Mâ.

*
* *

Une Européenne : J'ai lu dans un livre sur la méditation qu'il est bon pour un débutant de se concentrer sur un objet concret ou un symbole, une croix par exemple ou un calice ou la lumière d'un cierge puisque la concentration sur le Suprême est très difficile.

Mâ : C'est là tout ce que suggère cet ouvrage? Pourquoi ne pas se concentrer sur Jésus-Christ?

— *Cela je n'ai pas eu le courage de le faire. Le Christ est trop saint, trop sublime. Je ne pourrais que faire fausse route, je ne me sens pas assez pure.*

— Tout ce que vous percevez, vous le devez à une lumière. Sans lumière, rien ne peut être vu. Or, il n'existe qu'une seule lumière. Qu'il s'agisse d'un homme ou d'un animal ou de n'importe quoi, c'est grâce à cette même lumière qu'il voit. La lumière extérieure prend naissance dans la lumière intérieure — dont même un aveugle est conscient. La lumière du Soi est présente partout et en tout. Que vous adoriez le Christ, Krishna, Kâlî ou Allah, vous adorez en fait la Lumière unique qui est aussi en vous puisqu'elle imprègne chaque chose. Tout tire son origine de la Lumière. En essence, tout est Lumière.

⁂

Un prêtre catholique français : Qu'est-ce que Mâ considère comme le plus essentiel dans la vie?

Mâ : C'est essayer de découvrir « qui » je suis, de savoir ce qui a fait naître le corps que je connais; et c'est la quête de Dieu. Mais tout d'abord, il faut éveiller le désir de se connaître. Lorsque l'on a découvert son Soi, l'on a trouvé Dieu, et lorsqu'on a trouvé Dieu on a trouvé son Soi, l'unique Atman.

— *Beaucoup de gens y parviennent-ils?*

— Beaucoup arrivent à une certaine perfection *(siddhi)* ou libération *(mukti)*. Mais la réalisation complète est très, très rare — une sur dix millions.

— *Mâ pense-t-elle être parvenue à la réalisation complète?*

— Je suis ce que vous croyez que je suis!

— *Alors cela signifie que Mâ pense qu'elle y est parvenue, sans quoi elle aurait répondu non. Quand êtes-vous parvenue à cette réalisation?*

— Quand n'étais-je pas?

— *Sans aucun doute vous pouvez voir ce que sont les gens intérieurement. Pouvez-vous me dire si j'ai avancé sur le chemin ou si je ne suis qu'un débutant?*

— Beaucoup de gens posent ce genre de question, mais généralement ce corps-ci n'y répond pas. Toutefois, en certaines occasions, il se peut que ce corps déclare à quelqu'un « Vous avez atteint tel ou tel état». Cela dépend du *kheyâla* de ce corps.

— *Mâ connaît-elle le Christianisme, et qu'en pense-t-elle?*

— Si le Christianisme revendique une position spéciale et se situe « à part » de toutes les autres religions, il rompt avec elles. Nous reconnaissons Jésus-Christ, mais dans le cadre de l'unité de toutes les religions. Lui-même est au-dessus de toute distinction.

— *Mon premier devoir de chrétien est de chercher Dieu mais ussi d'aimer mon prochain comme moi-même. Il y a tant de pauvreté dans l'Inde. Mon devoir est de servir le pauvre. Qu'en pense Mâ?*

— L'Hindouisme enseigne exactement la même chose. Servir Dieu dans tous les êtres humains est certainement un chemin qui conduit à la purification du mental *(chitta shuddhi)*.

— *Vous dites « un chemin » alors que pour nous c'est le seul chemin. Existe-t-il d'autres moyens d'accéder à la perfection?*

— Innombrables sont les chemins, et le service en est un.

— *Le progrès technique représente-t-il une aide ou une entrave à la vie spirituelle?*

— En elles-mêmes, les inventions techniques ne sont ni bonnes ni mauvaises. Aujourd'hui, les gens volent en avion. Au temps jadis, les gens volaient aussi mais dans des chars spéciaux *(pushpaka ratha)*. C'est le jeu sempiternel de ce monde. Il faut adopter tout ce qui peut vous aider dans votre quête et rejeter tout ce qui l'entrave.

— *Prenez par exemple l'invention de l'imprimerie. Les livres peuvent faciliter la recherche.*

— Si quelqu'un désire ardemment trouver Dieu et Dieu seul, il porte son livre dans son cœur. Il n'a pas besoin de textes imprimés. Mais rien n'empêche d'utiliser les inventions modernes dans la mesure où elles favorisent la quête de Dieu.

***

Dans la bouddhéité, la compassion subsiste même après l'entrée dans le Nirvâna. De même, quelle que soit la chaleur que le feu nous transmette, son pouvoir de brûler n'en sera pas diminué pour autant. En Dieu que vous concevez comme l'Absolu, rien n'est perdu. Il est le Soi qui ne dépend de rien que de Lui-même et ainsi Il se suffit à Lui-même et Il est libre.

***

Tout sans exception est une incarnation de la Béatitude. Le Soi une fois trouvé, quoi de plus naturel que de jouir de la Béatitude du Soi.

*
* *

Le chemin de la renonciation est en fait celui de la béatitude. Béni est l'homme qui poursuit son pèlerinage vers Dieu. Seule la route qui mène à Dieu est une vraie route; toutes les autres sont de fausses routes, parsemées à chaque pas d'ennuis et de difficultés.

*
* *

Dans la mesure où l'on aime Dieu, on se détache des objets des sens. Se concentrer sur Dieu, c'est se mettre sur Son champ d'attraction. *Vairâgya* (détachement) signifie se dégager des objets des sens. Lorsqu'on se sent attiré par Dieu on perd tout intérêt dans les objets des sens. La renonciation se fait toute seule. On n'a pas besoin de renoncer à quoi que ce soit. C'est cela le dépouillement vrai, authentique. Tous vous renoncez à la Béatitude la plus haute et vous vous imaginez que c'est du renoncement! Le renoncement suprême, c'est renoncer au Suprême.

*
* *

En vérité, la pleine jouissance de la vie ne s'obtient que si l'on part d'un esprit de sacrifice sans réserve.

*
* *

Ce n'est pas dans le monde extérieur que vous trouverez la paix. Creusez au plus profond de vous-même et vous trouverez la perle inestimable.

*
* *

La paix n'accompagne certes pas richesse et prospérité. Alors, où trouver la paix? Comment pourrait-il y avoir paix tant que l'on n'aura pas compris : « Ma propre nature vraie est Paix, Connaissance, Conscience divine? » Pour découvrir votre Soi vous devez vous révéler à vous-même. C'est merveilleux!

⁂

Même si l'on possède tout ce que peut donner le monde, obtient-on la paix? Votre être vrai est Connaissance et Paix. Tant que vous ne les aurez pas trouvées, vous ne serez pas en paix. La nature même du monde est de vous consumer de désir. Du monde vous recevrez les choses du monde, jamais la Paix suprême. Il est donc indispensable que s'éveille votre vraie nature. Vous ne pouvez pas demeurer sous la férule du désir.

⁂

La paix est-elle possible dans l'insatisfaction? Des désirs nouveaux surgiront toujours. Les objets des sens sécrètent un poison et n'apportent jamais une paix réelle. Comment parvenir à la paix quand on est pris dans la ronde incessante du *samsâra?* La dualité engendre toujours chagrins, conflits, douleurs. Le chagrin naît du désir. Vous ne serez jamais en paix tant que vous ne vous serez pas fixé dans votre être vrai.

⁂

L'homme semble être l'incarnation du désir. C'est au désir qu'il pense et il reçoit ce qu'il souhaite. Contemplez votre être vrai, sinon apparaîtront désir, action mauvaise, impuissance, malheur et mort.

⁂

Si vous connaissez le véritable Art de vivre, l'art de vous remettre à la grâce de Dieu, vous apprendrez à trouver la joie même au milieu de toutes les adversités, car vous saurez que plaisirs et tristesses, comme la nuit et le jour, se succèdent naturellement dans la grande ordonnance de l'univers.

*
* *

La grâce divine *(kripâ)* implique une descente en l'homme de quelque chose, sans cause intelligible, qui arrive au moment voulu par Sa grâce. Lorsqu'un enfant plongé dans ses jeux oublie sa mère, celle-ci, poussée par son amour maternel, ne s'en penche pas moins sur lui et le prend sur ses genoux. L'amour de la mère se manifeste avant que l'enfant ait eu le temps de penser à elle. La grâce divine touche l'homme exactement de la même façon. Vous allez certainement me dire que la descente de la grâce divine est le résultat de bonnes actions dans les vies antérieures. D'un certain point de vue cela peut être vrai, mais d'un autre on peut dire que Dieu est absolument libre de tout enchaînement de causalité, il ne faut pas chercher Ses mobiles. Rechercher Ses raisons nous trouble souvent, et malgré cela Sa compassion s'étend également sur tous les êtres. Mais celui qui acquiert une vision plus haute commence à sentir le doigt de Dieu. Ayez quelque chose sur quoi vous reposer. Essayez d'établir avec Lui un contact vivant et vous sentirez le flot de Ses bénédictions se déverser dans votre âme — de même que pour remonter du puits un seau plein d'eau, il faut tirer sur la corde.

*
* *

En vérité, la volonté du Tout-puissant est tout. Devenez les alliés de cette grande volonté. Vous devriez tous aspirer à la réalisation du Soi et demander à Dieu Sa grâce.

*
* *

La grâce de Dieu se déverse partout et en tout temps. L'homme recevra l'illumination selon son degré d'abandon à Dieu. Le devoir de l'homme consiste à prier Dieu sans relâche.

*
* *

Sans l'intervention de la grâce divine, l'homme ne peut jamais pratiquer d'ascèse.

*
* *

Continuez votre ascèse, et pour le reste Il la rendra parfaite. L'illumination parfaite résulte de la grâce parfaite. Vous recevrez selon vos efforts.

*
* *

Là aussi l'on a droit à une pension de retraite, mais celles qu'offre le monde s'éteignent avec vous, tandis que cette retraite-là ne finit jamais. Impossible de dire par quelle grâce divine il en est ainsi. S'il est au monde une chose qu'il faille désirer, c'est bien cette grâce-là.

*
* *

Question : Mâ, si votre grâce s'étend jusqu'à nous, l'illumination peut nous parvenir sans que nous ayons à fournir d'efforts.

Mâ : En effet, la grâce de Dieu peut accomplir des prodiges, mais une faveur si exceptionnelle n'est accordée qu'à un nombre infime d'individus, un sur dix millions.

*
* *

Toute la manifestation n'est qu'un déploiement de la puissance divine de Dieu; c'est Lui en tant que *vibhûti*. Les non-dualistes parlent du Soi unique (l'Atman) mais... qui se manifeste dans la dualité? Personne d'autre que Lui, l'Unique. Sur le chemin de la recherche spirituelle, il doit forcément se produire une réalisation ou une autre.

*
* *

Les sages et les Écritures ne cessent de le répéter : Celui qui est possédé par l'idée de Dieu ne pourra faire autrement que Le trouver. Il ne faut pas relâcher ses efforts tant que l'on n'est pas parvenu au but. N'est-ce pas Dieu, la Vérité, qui Se trouve en vous? N'abandonnez donc pas la méditation, la contemplation de votre Soi. Il est vous-même et vous pourrez Le trouver. C'est cela la Béatitude, la Béatitude totale. Où sont alors tristesses et découragements? Lui seul EST.

*
* *

Vous avez déjà consacré bien trop de temps aux choses de ce monde; maintenant tournez votre esprit vers l'Éternel. Peu à peu, voyez-vous, la voie va se dessiner clairement et la pensée des choses de ce monde vous abandonnera également. Elle est condamnée à disparaître. Lentement le voile de l'ignorance se soulèvera aussi. L'Un qui est, est éternel; ce qui est fugitif sera forcément détruit.

*
* *

Amour est un des noms de Dieu. Il réside Lui-même en toute chose, à tout moment, partout. C'est seulement lorsque l'homme — fidèle à sa vocation — aspire à l'Unique avec une intensité ininterrompue que Sa présence se manifeste.

*
* *

Le Seigneur est toujours tout proche. Il vous faut chasser l'idée qu'Il est loin. En vérité, Il est en nous et hors de nous, dans chacun de nos nerfs et de nos muscles, en chaque plante et en chaque pierre, dans le monde et au-delà du monde.

*
* *

L'Un qui a créé ce monde est tout autour de vous. Appuyez-vous sur Lui dans tous les domaines.

*
* *

« Il est. S'il n'était pas, où serais-je? Il est en contact étroit avec moi. » Si vous adoptez cette attitude, vous Le verrez, vous ne verrez que Lui. Si le « je » subsiste, alors que je puisse être Son serviteur; ainsi rien ne me séparera plus de Lui. Pour parvenir à cet état d'esprit, faites du *japa* sans interruption. Plus vous penserez à votre Bien-aimé (Ishta), plus votre foi croîtra. Ne laissez pas votre esprit errer dans tous les sens, mais concentrez-vous sur un point. Pourquoi craintes et anxiétés existeraient-elles? Simplement parce que j'imagine qu'Il est loin de moi. Il vous tient. Pourquoi avoir peur? Si vous vous accrochez à l'Un en qui n'est pas de crainte, comment pourrait-il même être question de peur?

*
* *

Si vous voulez parler, parlez de Lui; si vous avez envie d'écouter, écoutez Ses louanges; si vous désirez travailler, offrez-Lui votre labeur. Considérez votre corps comme Son temple — gardez-le pur et propre comme vous le faites pour votre autel familial. Entretenez les pensées saintes qui purifient le mental et l'âme. Essayez de voir dans le miroir sans tache de votre mental la réflexion de votre vrai Soi, votre vrai « Je ». Découvrez qui est ce « Je ». Toute votre quête doit viser ce but. Vous entendez souvent répéter : Gardez sans tache le miroir de votre mental. Faites-le et Il se révélera le moment voulu. N'en doutez jamais. Avec le peu qu'Il vous a donné dans cette vie-ci, que vos jours s'écoulent dans la joie, puisque vous avez avec Lui un contact intime. Au fur et à mesure que vos doutes s'effaceront, vous vous rapprocherez de Lui. Le temps viendra où vous Le trouverez partout et où vous ne ferez plus qu'un avec Lui.

*
* *

Comme les graines ne sont visibles que dans la fleur ouverte, comme ces graines à leur tour contiennent en puissance l'arbre, ainsi Il réside en nous. La pratique d'une ascèse le mettra en lumière. En d'autres termes, si le voile de l'ignorance peut être détruit, l'Un qui irradie sera réalisé.

*
* *

Connaissez-vous l'origine de la tristesse? Elle vient tout simplement de ce que l'on croit que Dieu est loin. L'action mauvaise a la même origine. Reléguer Dieu à une grande distance de nous, c'est cela mal agir; penser que Dieu est loin constitue en soi une mauvaise action.

*
* *

Lui, l'Ami suprême ne déçoit jamais. Du point de vue humain, on peut répudier son fils mais à cet ami-là on ne renonce jamais.

*
* *

La nature même de Dieu veut que la porte pour parvenir à Lui soit toujours ouverte. Si la masse d'énergie et de temps dépensée à poursuivre des buts matériels était consacrée à la quête du Seigneur, le chemin de la connaissance du Soi s'ouvrirait sûrement tout seul.

*
* *

On trouvera certainement Dieu si on L'invoque et le Soi (Atman) se réalisera si l'on s'agrippe à la Mère suprême (Mâtâ).

∴

Le *satsang* consiste en réalité à vivre en présence de Dieu, qui est Vérité. Cherchez refuge auprès de Lui, sous Sa protection. Vous verrez s'évanouir fautes et imperfections. Vos défauts se transformeront sûrement en vertus. Il est à la fois père, mère, bien-aimé. Il est tout en tout; voilà l'idée que vous devez cultiver. Existe-t-il rien qu'Il ne puisse donner? Lorsque votre désir sera suffisamment intense, la Lumière viendra forcément. La question de savoir si le chemin sera court ou long ne doit pas se poser dans votre esprit. Vous devez être bien décidé : « La réalisation doit m'être accordée. » Consacrez-y toute votre force et toute votre énergie; alors seulement vous réussirez. Que c'est merveilleux! Si l'on s'accroche à Lui tout se produit spontanément.

Renoncez à ce qui est transitoire. Fixez-vous cette idée en tête : « Je suis l'Atman. » Pour se libérer des constantes allées et venues, du cercle des naissances et des morts, il faut rechercher l'aide d'un gourou. D'où vient-on? Où va-t-on? Lui seul est partout. Chercher refuge en Lui, c'est se libérer.

∴

Question : Comment puis-je être un avec Dieu (Ishvara)? *Je suis un homme mortel. Après la libération je deviendrai indestructible, immortel. Ces deux aspects ne sont-ils pas contenus en Dieu* (Paramâtman)?

Mâ : Lorsqu'on aura réalisé l'unité, la dualité aussi sera connue dans son intégralité. Devenu immortel, l'être humain mortel sera pleinement compris lui aussi. Les discussions sont inévitables tant que la vision réelle n'est pas intervenue. D'un certain point de vue, le Paramâtman s'est subdivisé, et, en tant que monde, il a été, il est et il sera en mouvement continuel. Mais sous un autre angle, il est indestructible à jamais et il n'y a jamais eu et il n'y aura jamais de monde. En réalité, la question d'être ou de non-être ne peut pas se poser.

*
* *

Question : Nous vous entendons souvent dire : « Pensez à Dieu. » Mais il est certainement impossible de se faire une idée de Dieu sans forme. On ne peut penser qu'à ce qui a un nom et une forme, qui donc ne peut être Dieu.

Mâ : C'est certainement vrai. Dieu est au-delà de pensée, forme et description et pourtant je répète : « Pensez à Lui. » Pourquoi? Puisque vous êtes identifié à votre ego, que vous vous considérez comme l'auteur de l'action, que vous dites : « Je puis faire ceci et cela », que vous vous mettez en colère, que vous êtes avide, etc., il vous faut tourner vers Lui la conscience que vous avez de vous-même. En effet, Il est sans forme, sans nom, immuable, insondable. Et pourtant, Il est venu à vous sous la forme de Shabda Brahman (le son éternel qui est la première manifestation de la Réalité suprême, à la racine de toutes les créations à venir) et d'Avatâra Shabda (Descente de Dieu sous forme du Verbe). Ces formes sont Lui, Lui-même et en conséquence, si vous vous cramponnez à Son nom et contemplez Sa forme, le voile qui est votre « je » s'estompera, et alors resplendira Celui qui est au-delà des formes et des pensées.

Vous croyez vous être engagé dans une ascèse, mais en réalité c'est Lui qui fait toutes choses; sans Lui rien ne peut se faire. Et si vous vous imaginez que vous recevrez une récompense pour ce que vous faites, c'est tout aussi faux, car Dieu n'est pas un commerçant; avec Lui pas de marchandage.

*
* *

Dieu, le Soi, imprègne toutes choses. Où n'est-Il pas? Il est dans toutes les formes et dans le sans-forme, dans tous les noms et dans le sans-nom, en tous lieux et en toutes circonstances, à tout instant. Lorsque s'éveille le désir de Réalisation, ce désir même est une manifestation réelle de Lui, l'Un indivisible. Puisque, en fait, tous les noms sont des noms de Lui, on peut Le saisir par n'importe lequel. Il faut commencer par un vif désir d'atteindre le but. Le seul fait que l'on a pour but la réalisation du Soi équivaut à chercher et à trouver.

*
* *

Que signifie *âtma-darshan*, la perception directe du Soi? Avoir compris que le voyant, le vu et la vision représentent des modifications créées par le mental, surajoutées à la conscience unique qui emplit toute chose, cela s'appelle *brahma-sthiti*. Lorsqu'il n'est pas question d'action ou de non-action, c'est *âtma-sthiti* (l'être est établi dans le Soi). Pour ceux qui adorent Dieu avec forme, *âtma-darshan* signifie Le voir partout, ainsi qu'il est dit : « Partout où se porte mon regard, Krishna apparaît. » Si l'on perçoit quoi que ce soit d'autre que Krishna, on ne peut parler d'une vraie vision. Dans la plénitude du *darshan* parfait, le Bien-aimé reste révélé.

*
* *

Question : Comment prouver que Dieu imprègne toute chose?

Mâ : Un maître ou un professeur interroge ses élèves. Pourquoi? Les interrogations sont faites pour le bien des étudiants et non pour celui de l'enseignant. Le but des examens est de rendre les élèves attentifs à leurs faiblesses. Avant de mettre Dieu à l'épreuve, vous devez d'abord vous étudier soigneusement vous-même; vous devez observer vos pratiques, et c'est Dieu qui est l'examinateur. L'examinateur est au-delà de l'examen. Le test a pour but votre bien : que vous vous connaissiez vous-même. Beaucoup de gens pratiquent une *sâdhanâ* pour parvenir à réaliser Dieu, mais ne prêtent aucune attention à leurs propres faiblesses telles que colère, cupidité, etc. C'est pour cela qu'ils s'égarent. Ainsi épreuves et examens sont pour l'étudiant non pour le professeur.

*
* *

Dites qu'il existe ou qu'il n'existe pas, ou qu'il est au-delà de l'existence et de la non-existence, ou même qu'il est encore au-delà, dites ce que vous voudrez!

*
* *

Appelez-le l'Unique ou le Deux ou l'Infini, de quelque façon que vous L'appeliez, c'est très bien.

*
* *

Pour le Suprême, il est possible d'être tout, et en même temps rien.

*
* *

Il existe un état dans lequel peu importe qu'Il prenne une forme ou n'en prenne pas. Ce qui est, c'est Lui.

*
* *

Dans cet état de parfait équilibre, il n'y a plus rien qui soit séparé de Lui. Ce qui est, c'est Cela.

*
* *

Lui seul se trouve à la surface et dans les plus grandes profondeurs; dans le mouvement, Il est le mouvement spontané; bien qu'Il reste sans mouvement Il est mouvement perpétuel.

*
* *

Celui qui a créé l'univers est Lui-même présent en chaque circonstance et dans toutes les situations. L'action, sa cause réelle et son exécutant sont réellement Lui — c'est pour le comprendre que yogins et *rishis* accomplissent yoga et *tapasyâ*. L'Un apparaît Lui-même comme le Nom, le *mantra*. Il faudrait constamment entretenir en vous Sa pensée et sentir Sa présence.

*
* *

Question : Quelle est la meilleure voie pour parvenir à la connaissance du Soi?

Mâ : Toutes les voies sont bonnes. Cela dépend des *samskâras* de l'individu, du conditionnement, des tendances qu'il a ramenées de ses vies antérieures. On peut bien se rendre au même endroit en avion, en train, en voiture ou à bicyclette; de même il y a plusieurs moyens appropriés aux différentes personnes. Mais la voie la meilleure, c'est celle que trace le gourou.

— *S'il n'existe que l'UN, pourquoi tant de religions différentes dans le monde?*

— Puisqu'Il est infini, on peut Le concevoir d'une infinité de manières différentes, et des chemins sans nombre conduisent à Lui. Il est tout, Il est toutes les sortes de croyances et aussi l'incroyance de l'athée. Lorsque vous croyez en l'incroyance, vous croyez encore. Vous parliez de refus de croire, donc vous admettez la croyance. Il est en toutes formes et cependant Il est sans forme.

*
* *

Question : La Vérité est une. Pourquoi lorsque l'on adhère à une doctrine particulière, toutes les autres nous semblent-elles fausses?

Mâ : Beaucoup de chemins mènent à la Vérité, mais la Vérité elle-même est une, et ne connaît aucune distinction. Selon ses goûts et son tempérament, l'homme adopte le chemin qui lui convient le mieux.

*
* *

Comment pouvez-vous imposer une limitation à l'Infini en déclarant : « Ceci est la seule vraie voie »?

*
* *

Hindous, musulmans et toutes les autres communautés du monde n'en forment qu'une seule. Toutes elles adorent l'Être suprême et invoquent Sa grâce. *Kîrtan* et *namaz* sont une seule et même chose.

*
* *

Toutes les pensées religieuses coulent dans une seule direction, comme tous les fleuves se jettent dans le même océan; et nous sommes tous un.

*
* *

Dieu imprègne toute chose; dans chaque forme, dans chaque secte, chaque religion, il n'y a que Lui. Vous avez beaucoup de chance si vous désirez ardemment aimer Dieu; c'est par Sa grâce. L'amour de l'homme ne devrait se tourner que vers Dieu; alors seulement viendront paix et béatitude. Cherchez toujours refuge à Ses pieds. Seul l'homme possède le privilège de réaliser Dieu. Le chemin de la Vérité lui est ouvert.

*
* *

Cheminer sur la route que l'on ne peut abandonner et qui mène à la réalisation de son Soi propre, c'est cela le *dharma*. Le chemin de l'illumination est différent pour chacun. Où que vous soyez, c'est là qu'il vous faut commencer le voyage. Car là même il n'y a que Lui et nul autre. Il vous tient et ne vous abandonne jamais.

*
* *

Question : Les chemins de la connaissance, de la dévotion, de l'action et du yoga sont-ils accessibles à tous?

Mâ : Bien qu'ils soient accessibles, leur secret essentiel nous reste caché. Sur chaque chemin il y a de profonds secrets, inconnus de tous et que ne révèle aucun livre. Que vous choisissiez la voie de connaissance ou de *bhakti*, des cérémonies védiques, des pratiques tântriques ou du yoga de l'action désintéressée tel que l'expose la Bhagavad-Gîtâ — derrière les exercices extérieurs le principe essentiel reste un mystère à moins que le gourou ne le révèle ou qu'une *sâdhanâ* soutenue et prolongée ne le fasse comprendre. Beaucoup de secrets jalousement gardés se révéleront à celui qui persévère dans son ascèse. Tout ne peut pas être révélé à tout le monde, et ce qui ne peut l'être est appelé secret. « Secret » ne signifie pas qu'il s'agisse d'une *sâdhanâ* mauvaise ou méprisable. Dans le royaume du mental, ce ne sont pas tous les secrets qui peuvent être compris. Mais une fois que l'on est parvenu à l'état où le mental est pacifié, aucun mystère ne peut subsister; là tout se révèle. Puis il existe aussi un état où il n'est plus question de révélation ou de non-révélation. Lorsque le but est atteint, tout s'éclaire complètement et parfaitement. C'est le cas sur le plan du supranaturel, tandis que dans ce monde-ci, l'on avance pas à pas vers un but, et des réalisations partielles viennent peu à peu. Les cérémonies religieuses de ce monde représentent une préparation au sacrifice final et total qui conduit à la réalisation complète et y rend apte. Si cette sorte de cérémonie est célébrée avec grande assiduité et grand enthousiasme, c'est pour que se produise le vrai festival intérieur. L'action menée à bien dans les limites du temps, même si elle touche à la perfection, ne déclenche pas une réalisation sans limites. Tout ce qui reste mystérieux dans ce que ce corps-ci vient de dire peut germer dans le cœur de chacun si l'on met en pratique le *mantra*-semence donné par le gourou. Pour que cette graine germe et croisse, nous disposons de plusieurs voies d'approche qui correspondent aux aptitudes et à la situation de chacun. Il faut en adopter une. L'adorateur sur le chemin de l'amour réalisera Dieu comme Amour et Béatitude. Celui qui suivra le sentier de la connaissance réalisera le Brahman comme Connaissance suprême. Celui qui pratique le Karma-yoga réalisera le Brahman comme conscience ou recevra la grâce de la Mère du monde. De même qu'un individu peut être père, mari, fils, etc., le Brahman est Être, Conscience et Béatitude. Au bout de la voie choisie, quelle qu'elle soit, on trouvera l'Un qui est tout en tous. Le yoga doit conduire à l'union éternelle qui est au-delà des oppositions entre union et séparation; alors on trouvera l'Éternel. Il existe aussi un état sublime final où éternel et fugitif sont dépassés, où ne se pose plus la question d'un au-delà de l'au-delà.

***

Lui seul sait à qui Il se révèle et sous quelle forme. L'homme ne peut pas comprendre comment et par quelle voie Dieu attire à Lui avec une force énorme chaque individu en particulier. Le chemin diffère pour chaque pèlerin. Très souvent Il détruit le malheur par le malheur et annihile le chagrin par le chagrin. Avancer dans cet esprit signifie pour chacun suivre sa propre route, c'est-à-dire le chemin qui conduit à la réalisation du Soi, au Suprême, au But ultime.

***

Si vous voulez trouver la paix, vous devez suivre votre propre chemin, contempler la forme qui vous touche le plus et qui vous aidera à atteindre le but suprême. Comment la réussite finale pourrait-elle être proche tant que le gourou intérieur n'aura pas été trouvé?

*
* *

Le fidèle, l'ardent adorateur de Dieu, l'ascète, le grand yogin, tous sont des pèlerins qui avancent dans la quête suprême : la révélation de leur Soi qu'ils ont oublié, de Son contact, du but qui leur est commun.

*
* *

Question : Si le changement constant est la loi du monde, que peut-on gagner à célébrer un grand sacrifice rituel (yajna)?

Mâ : De même que nous éprouvons de la satisfaction à manger, de même les Dévas ressentent du plaisir lorsque des sacrifices sont célébrés. Dans la vie du monde *(prakriti)*, création, préservation et destruction continuent leur œuvre à tout moment. C'est Dieu qui maintient l'univers tout entier, mais les gens n'en ont pas l'expérience directe. S'ils pouvaient voir Dieu, ils sauraient par eux-mêmes que partout est Dieu et Dieu seul. De même qu'il y a de l'eau dans les vagues de l'océan et que les vagues ne sont en fait que de l'eau, si vous fixez votre attention sur les vagues, vous ne remarquez plus l'eau. Ce que nous voyons dépend de notre façon de voir. De même qu'il existe un monde naturel *(prâkrit)*, il existe aussi un monde supranaturel *(aprâkrit)*. *Prâkrit* impliquant un changement continuel est par conséquent transitoire. Une fleur par exemple change continuellement et est toujours en état de développement. La transition est de sa nature.

Toute bonne action représente une offrande. Tout ce qui arrive dans le monde est en essence une offrande et un sacrifice. En fait, l'acte quotidien de manger représente aussi une offrande. En essence tout est sacrifice. Le sacrifice est ce qui actionne l'univers tout entier. Que signifie *ahûti* (offrande)? Un acte de sacrifice à Dieu. Sacrifiez-vous à Dieu. L'homme était tout d'abord un enfant, puis il devient un adulte et dans un âge avancé il se prépare à être sacrifié à la mort.

Déposez sur l'autel du sacrifice votre nature animale. Donnez votre tête à Dieu. Ce faisant, l'homme obtient tout. Donner veut dire devenir.

*
* *

Questionnée sur le but d'une cérémonie religieuse (yajna) *à Bénarès, Mâ :* D'après ce qu'on me dit, ce *yajna* est accompli par amour de Celui qui est, l'unique Bien-aimé des hommes, des bêtes, des arbres, des plantes, des fleurs, en fait de tout ce qui vit et appartient à l'univers, par amour de Celui qui ne peut jamais faire de mal à qui que ce soit ou à quoi que ce soit. Alors à qui profitera cette cérémonie? Pouvez-vous me le dire? Elle n'a certainement aucun motif ou but précis. Qu'arrive-t-il lorsqu'il y a des nuages dans le ciel? Il pleut. Qui en bénéficie? Tout le monde sans distinction.

*
* *

Que signifie accomplir une véritable *pûjâ?* Se donner complètement à l'objet de son adoration. Lorsque ce don de soi devient total, Dieu Se révèle! Le trouver signifie se trouver; se trouver signifie Le trouver.

*
* *

Pourquoi mettez-vous une guirlande de fleurs fraîches autour du cou des dieux devant qui vous faites une *pûjâ?* Pourquoi n'offrez-vous pas une guirlande en pensée? Comment survivrait un corps physique qui ne recevrait pas une nourriture physique? Les sacrifices matériels sont donc également nécessaires. En procédant fréquemment à des offrandes de cette sorte, on en arrive à l'offrande intérieure.

Normalement, des dons matériels sont offerts au cours de ces sacrifices, mais celui qui ne s'y sent pas enclin peut présenter une offrande en pensée. La *pûjâ* physique doit nécessairement s'accompagner d'une *pûjâ* mentale. C'est quand l'adorateur s'identifie avec l'objet de son adoration qu'une *pûjâ* est efficace. Consacrez mentalement tout votre être aux pieds de lotus du Seigneur.

*
* *

Le feu, qu'est-il en réalité? Le feu est présent en chacun de nous. Il n'existe aucune différence entre le feu que vous voyez devant vous et le feu qui se trouve à l'intérieur de vous. On peut tout aussi bien alimenter une lampe au pétrole qu'à l'essence. Le feu est contenu en puissance dans le bois, mais si on ne l'allume pas, le repas ne cuira pas! Naturellement le yogin peut préparer de la nourriture même dans un plat en bois.

L'eau aussi peut devenir une offrande.

*
* *

Le but des cultes *(pûjâ)* consiste à faire se révéler le Bien-aimé (Ishta). En revanche, pour se trouver soi-même, pour la Réalisation du Soi, il faut adorer Celui pour qui la question de non-dualité ne se pose pas. Célébrer un culte pour Dieu est un mode d'adoration désintéressé *(nishkâma pûjâ)*.

*
* *

Question : A quel niveau une fête devient-elle un rite?

Mâ : Tant qu'on parle de niveau, rien n'est résolu. Lorsque aucune question ne peut plus se poser alors tout change! On ne distingue plus entre plonger profondément et flotter à la surface de l'eau; c'est toujours le même état.

*
* *

Question : Dans un certain passage, la Gîtâ nous demande de nous engager dans le karma et d'accomplir des rites de sacrifice, et dans un autre passage elle nous demande de renoncer au karma. Comment concilier ces deux injonctions contradictoires?

Mâ : A vous de juger à quel point vous en êtes, quand il faut accomplir des rites et quand il faut y renoncer. Abandonnez-vous à Sa merci. Ce sont là deux étapes différentes qui ont chacune ses devoirs et responsabilités propres. S'il vous est demandé de vous en remettre totalement à Lui, vous est-il possible de le faire complètement tout de suite? Vous devez entraîner votre esprit et votre corps par des pratiques constantes et vous purifier par des exercices spirituels. Lisez chaque jour la Bhagavad-Gîtâ.

*
* *

Bien que brahmane, D. B. avait cessé de répéter la Gâyatrî [1]. Je l'ai persuadé de recommencer.

*
* *

Il faut observer dans la vie toutes les règles et les pratiques qui tendent à rendre purs le corps et l'esprit.

*
* *

Question : Kâlî, Dourgâ, Chandî, Krishna, sont-ils des personnalités distinctes? S'ils ne font qu'un, pourquoi revêtent-ils des formes différentes?

Mâ : Oui, Dieu est un, de même que l'homme est un, mais est vu sous différents aspects. Ainsi Kâlî, Krishna et les autres sont un en tant que Brahman, mais dès qu'intervient la manifestation extérieure (Shakti) ils sont différents. Les hommes varient de caractère et de tempérament et se manifestent donc sous des formes différentes. Dans Sa Bonté, Dieu vous montre la forme particulière sous laquelle vous Le réaliserez. Mais, en essence, Dieu est un. Il n'y a qu'un Atman, avec

1. Gâyatrî : invocation au soleil que les brahmanes doivent répéter chaque matin.

forme et sans forme, et tous deux ne sont que l'Atman. « Avec forme » *(sâkâra)* Le désigne en tant que forme. L'eau et la glace sont de toute éternité la même substance; de même, si Dieu vous apparaît sous différentes formes, Il n'en est pas moins un. Sur le plan de l'action Il apparaît multiple, mais comme Atman Il est l'Un sans second.

⁂

Question : Quelle différence y a-t-il entre le sâdhak *et une Incarnation divine?*

Mâ : Le *sâdhak* est limité par beaucoup de règles qu'il s'impose. Une Incarnation dépasse ces limitations, bien qu'elle puisse s'y astreindre quand elle veut. Il est difficile pour les gens ordinaires de voir la différence. Mais il est vrai également qu'à moins qu'Elle ne révèle son identité, personne ne peut reconnaître une Incarnation pour ce qu'elle est.

⁂

Le monde est la manifestation de *bhâva*, de l'amour divin. Toute chose créée en est l'expression matérielle. Si vous parvenez une fois à vous élever à cet amour divin, vous ne verrez plus dans l'univers que le jeu de l'Unique. En se coupant de cet amour divin l'homme tâtonne et ne voit pas le but réel de la vie.

⁂

On ne L'invoque jamais en vain. Tant qu'Il n'aura pas répondu, continuez de L'appeler. N'est-ce pas à votre propre Soi que vous faites appel, ce Soi que vous devez réaliser. La prière incessante parvient à Celui qui est le tout, qui n'est pas divisé. Celui que vous priez, c'est votre propre Soi, le cœur de votre cœur, votre si précieux Bien-aimé. Cette prière, qui fait s'évanouir le conflit entre renonciation et plaisir, doit vous devenir chère. Plusieurs sortes d'actions conduisent à la mort et au malheur, et écartent de la bonne direction. Les ténèbres s'épaississent. Pourquoi, personne ne peut l'expliquer. C'est Sa *lîlâ*. On récolte ce que l'on a semé.

***

Question : Comment la graine prend-elle naissance?

Mâ : C'est Lui qui s'exprime sous forme de graine. La graine n'existe pas sans Lui.

— *Quel est le secret de Son jeu dans le Bhâgavata-Purâna* [1]*? Pourquoi entre-t-Il dans la danse cosmique?*

— Ces questions surgissent dans tous les domaines de la vie : « D'où? comment? quoi? pourquoi? » Que faire pour résoudre cette énigme? Lorsque vous voyez une chose de vos propres yeux, vous ne posez plus de questions à son sujet. La vision directe de Dieu, voilà ce qu'il faut. L'ignorant ne pose pas de question, et aucune question ne vient troubler non plus l'équilibre mental de celui qui est parvenu au but. Mais pour celui qui cherche, questions et problèmes sillonnent sa route. Bhagavân (Dieu) et Bhâgavata (son expression) ne font qu'un. Toutes les expressions de Sa *lîlâ* en formes et manières d'être se trouvent dans le Bhâgavata-Purâna.

***

Toute action implique la question « pourquoi? » Que faut-il faire pour trouver la solution? Passer des examens, obtenir un titre universitaire? Ici, passer un examen signifie « dévoiler ». Si le voile est déchiré, le « pourquoi » disparaît. C'est pour cette raison qu'on vous demande de lire le Bhâgavata-Purâna.

Question : Pourquoi s'exprime-t-Il comme Il Le fait dans la râsa-lîlâ? *Cela n'affecte-t-il pas Sa dignité?*

Mâ : Ce corps ici n'a aucune opinion personnelle à vous

1. Bhâgavata-Purâna — l'un des dix-huit *purânas* les plus importants; il traite des avatars de Vishnou, plus particulièrement et en grand détail de la vie de Krishna.

offrir. Dans ces jeux, Bhagavân joue une pièce avec Lui-même. Certains les appellent Sa Mâyâ ou pouvoir d'illusion. Il se divise en deux, car on ne peut jouer avec soi-même; il faut être deux ou davantage. S'Il prend Lui-même ces diverses formes, c'est pour accroître encore Son plaisir en jouissant de l'union, de la séparation et de la ré-union. Sa partenaire dans le jeu est Sa propre *svarûpa*, Shakti ou Mâyâ-Shakti, qui est toujours présente en Lui et Lui est soumise. On prétend que pendant la *lîlâ* de Râma, les sages désiraient l'union avec Lui. Mais Il leur promit une telle union quand Il s'incarnerait en Krishna. Pour le Divin, ce sont toutes des activités créatrices; ainsi Il s'amuse, dans Son jeu. Il possède le pouvoir absolu de faire ce qui Lui plaît. Tout n'est que Sa propre image.

***

Vous dites que les *rishis* demandèrent à Râmachandra de jouer à nouveau Sa *lîlâ* sous la forme de l'avatar Vâmana. Mais Râmachandra répondit : « Non, pas comme Vâmana; le rôle cette fois sera tenu par l'avatar Krishna. » En vérité, tout appartient à Dieu, et ainsi Lui-même monte Sa pièce avec uniquement Son propre Soi.

***

Là où est Dieu est aussi Mâyâ. Or, quand n'était-Il pas? Par conséquent Mâyâ non plus n'a pas de commencement. Quelle en est la fin?

***

Savez-vous comment opère Mâyâ? Elle jette un voile d'ignorance sur toute connaissance que vous pouvez avoir et vous fait errer autour d'un objet qui vous est familier sans vous permettre d'en prendre conscience jusqu'au moment fixé par elle, et cela en dépit de tous vos efforts.

*
* *

Tant que l'homme se trouve en pleine Mâyâ il lui est difficile de comprendre d'où surgit Mâyâ. Aspirez à Le connaître; en vérité se connaître soi-même c'est Le connaître. Le Soi une fois trouvé, tous les problèmes sont résolus.

*
* *

Tout est *vibhûli* [1] de Dieu, Sa Màyâ, Sa *lîlâ*, Son propre jeu. Dépenser à des fins du monde ce qui a été reçu spirituellement au cours de ce jeu n'est pas correct.

*
* *

Question : Dans un hymne, la Mère du monde est louée comme dispensatrice de la jouissance et de la libération. Accorde-t-Elle toutes deux en même temps ou bien à certains la jouissance et à d'autres la libération?

Mâ : La Mère peut donner tout et Elle donne tout. Selon la capacité de recevoir de chacun, Elle lui mesure exactement ce qui lui revient selon ses besoins et ses mérites. C'est pour cela qu'on l'appelle Mère. Chacun peut désirer ce qu'il veut, il le recevra. Si ce n'est aujourd'hui, ce sera demain. Celui qui est avide de plaisirs humains les trouvera, et le chercheur de vérité qui désire la libération y parviendra sans aucun doute, un jour ou l'autre.

— *Pourquoi alors, pourquoi certaines gens l'ont-ils recherchée en vain tout au long de leurs vies?*

— S'Il s'est manifesté comme désir, Il se révélera certainement aussi comme réalisation de ce désir. Mais le désir doit devenir intense. Les demi-mesures n'aboutiront à rien! Voyez! L'accomplissement s'est déjà fait! Vous êtes en réalité l'Atman resplendissant en soi. Désir et accomplissement, tout en fait est contenu en vous.

1. L'unique forme suprême révélée dans tous les objets des sens.

⁂

Lorsqu'il est dans les bras de sa mère, l'enfant ne risque pas de tomber. Il se peut que dans Son jeu infini la Shakti divine permette que l'enfant tombe, mais alors Elle prépare toujours le terrain de sorte qu'il ne se fasse aucun mal.

⁂

Il n'existe qu'un seul mal, encore qu'il ne soit pas réel mais illusion de Mâyâ : c'est l'absence de Dieu.

⁂

Pour l'individu, il y a un voile de l'ignorance.
Mais il y a aussi une porte qui conduit à la connaissance.

⁂

Un Européen : Dans l'histoire d'un peuple, d'une famille ou d'un individu, il y a toujours des destructions dont on ne voit pas la raison. Comment cela est-il compatible avec un Dieu que l'on voudrait non seulement craindre mais aimer?

Mâ : Croyez-vous que Dieu soit le créateur du monde et par conséquent Son Seigneur?

— *Admettons-le.*

— Bien. Si Dieu est le Seigneur du monde, Il peut en faire ce qu'Il veut. Supposez que vous avez planté de magnifiques fleurs dans votre jardin, mais que vous décidiez de les remplacer par des arbres fruitiers; n'enlèverez-vous pas les fleurs? Si vous avez une jolie maison, mais que vous désiriez en construire au même endroit une plus grande et plus belle, vous serez obligé de démolir la première. Cette liberté dont vous disposez pour de petites choses, Dieu la possède pour de grandes choses. Il est dans la destruction aussi bien que dans la création. L'histoire des nations, des familles et des individus représente le grand jeu *(lîlâ)* qu'Il joue et met en scène.

— *Et le mal dans le monde?*

— Lorsque vous avez réalisé Dieu, bien et mal deviennent deux façons de vous habiller. Bien et mal n'existent plus pour vous lorsque s'est réalisée votre union avec Dieu.

— *Faut-il donc que je cesse de combattre le mal autour de moi?*

— Servez les êtres humains autant que vous le pouvez, mais ne vous identifiez pas avec leurs désirs et leurs besoins. Vous devez aller au-delà et chercher Dieu.

— *Où repose la source du mal? Si Brahman est tout en tout, ainsi que l'enseigne l'Hindouisme, le mal proviendrait aussi de Lui et se manifesterait en Lui?*

— La distinction entre bien et mal découle de la pensée et de l'expérience humaine et ne commence que lorsqu'on pénètre dans le monde des dualités.

*
* *

Question : Lorsque des fourmis tombent à l'eau, nous les sortons de là. Dieu aussi n'aurait-Il pas pitié de nous et ne nous élèverait-Il pas?

Mâ : Dieu distribue Sa grâce de deux façons; Il accorde faveurs et défaveurs. Dans le monde bien et mal coexistent. Quant à savoir quel sera le chemin le meilleur et le plus approprié à chacun, c'est Dieu qui le choisira. Sous les apparences de la maladie, de *kriyâ*, du travail, on peut déceler la grâce de Dieu. Au bout du chagrin apparaît la lumière. On peut encore considérer cela d'une autre façon; en vous envoyant l'adversité, Dieu la détruit. Lorsqu'Il vous rend malade, Il vous purifie. Dieu est le seul vrai médecin qui vous purifie à l'intérieur et à l'extérieur. Regardez encore tout cela sous un autre angle : Qui blesse qui? Qui est malade? Cette maladie que vous voyez est une fiction. Dieu seul est présent partout, Lui et Lui, et nul autre que Lui.

*
* *

Restez toujours calme et n'oubliez pas que tout ce que fait Dieu à n'importe quel moment est bénéfique. Pourquoi s'inquiéter si, au cours des événements, les circonstances changent? Tout ce qui se passe à tout instant arrive par Sa volonté.

*
* *

Quelle que soit la situation où Dieu vous place à n'importe quel moment, rappelez-vous que c'est ce qu'il peut y avoir de mieux. Entraînez-vous à traverser la vie en remettant votre fardeau entre Ses mains; Il est le Protecteur, le Guide; Il est le Tout en tout.

*
* *

Un Swami : Selon les Écritures, l'enfant qui est dans le sein de sa mère possède la connaissance de son être véritable, mais il l'oublie dès qu'il voit le jour. Comment se fait-il qu'au moment de la naissance la force vitale (prâna) *se subdivise en quatre?*

Mâ : C'est à vous de savoir ce que disent vos Écritures. Ce corps-ci jette des idées pêle-mêle. L'autre jour, avant de partir en voiture, il a fallu gonfler un pneu. Tant qu'il était à plat, le pneu semblait rétréci, diminué mais dès qu'il fut gonflé il s'arrondit et l'air s'y répartit régulièrement. De même, pour certains *sâdhaks* qui pratiquent le *japa*, le *kîrtan*, la méditation, etc., le *prânâyâma* vient tout seul, et tout à coup le corps vibre et se redresse; le pouvoir divin commence à jouer et les postures yoguiques se manifestent spontanément. Quand cet état devient permanent, le *prâna* cesse d'être divisé en quatre parties, tout se fond dans une béatitude que rien ne trouble et la connaissance s'éveille.

On peut y parvenir non seulement par le Hatha-yoga et par d'autres genres de *tapasyâ* mais aussi par la pratique du nom de Hari. Le Nom est lui-même Dieu. Il faudrait prêter grande attention au nom de Dieu. Grâce à la répétition continue du *kîrtan* de « Hari bol » d'autres *mantras* aussi sont prononcés spontanément et la façon de s'asseoir change. Quelque chose d'approchant se passa pour ce corps-ci lorsqu'il a joué le jeu en pratiquant une *sâdhanâ*. Quand la *bhakti* apparaît, un corps purifié peut faire — et fait en réalité — une expérience similaire. Le corps de celui qui poursuit son ascèse en se conformant strictement aux règles fera certainement l'expérience de la vibration et du tremblement. Suivent alors d'autres réalisations divines. Les *nâdîs* subtiles du corps ne sont plus séparées les unes des autres, c'est la même force qui coule en toutes. Afin de rompre tous les liens, les nœuds du cœur se dénouent automatiquement, chacun de la façon appropriée. Peu importe l'ascèse que vous avez adoptée, dès que le « commutateur » de la *mûlâdhâra* est tourné, vibration et tremblement surviennent, suivis éventuellement par des visions de lumière et des sons divins de toutes sortes.

Tant que l'enfant est dans le sein de sa mère, son pouvoir intérieur est uni à celui de sa mère et ainsi il y a connaissance de la réalité. Par le yoga de la méditation, de la recherche du Kriyâ-yoga ou d'autres, l'être doit retrouver l'état de l'enfant dans le ventre de sa mère. Le *sâdhak*, le *bhakta*, le yogin doivent devenir des enfants-yogins dans le sein de la Mère divine. Alors le *prâna* ne sera plus divisé. Tout au long de la route il n'y aura plus qu'un seul but, une aspiration, une expérience intérieure, une Réalisation.

Peu importe où le pneu plat sera regonflé, il redeviendra tendu et sera partout rempli d'air. Lorsqu'on pratique de la bonne façon *prânâyâma*, *kîrtan*, méditation, l'esprit ne vise plus qu'un seul but, le corps et le *prâna* se trouvent renforcés, ou, si l'on veut prendre les choses par l'autre bout, on peut dire que, quand le mouvement du *prâna* est calmé, l'esprit devient centré sur un seul but. Alors le *prâna* s'écoule uniquement par la *sushumnâ*. A cet instant le souvenir s'éveille. L'on est parvenu à l'état de Connaissance.

Dans le sein de sa mère, l'enfant n'a aucun contact avec le monde extérieur. Aucune entrave n'existe alors et la circulation du sang n'est pas conditionnée par le fonctionnement de la respiration, mais suit uniquement la circulation sanguine de la mère. La vue du monde extérieur, la respiration de l'air extérieur détruisent la concentration de l'homme, et le souvenir de sa vraie nature s'évanouit. Il faut que le *sâdhak* se protège contre les obstacles du monde extérieur en retrouvant dans le secret de son cœur la protection de la Mère divine. Le souvenir perdu renaîtra alors et la Mère prendra sur Elle le poids de ses fardeaux.

Ce corps-ci a beaucoup parlé aujourd'hui, encore que seules les grandes lignes du secret aient été esquissées. Celui qui est prêt saisira parfaitement.

***

L'empire du mental est limité par le corps. Même si vous désirez tourner votre mental vers l'intérieur, renoncera-t-il à cet empire? Diviser, vagabonder constitue son mouvement naturel. Mais votre unique devoir est de vous rendre compte de ceci : Toi seul es au-dedans et au-dehors, dans le désir et dans le vide, en fait dans toutes les circonstances, quelles qu'elles soient. Pour détruire l'indésirable *(anîshta)*, il faut centrer toutes les pensées du mental sur l'invocation du Bien-aimé, de l'unique désiré (Ishta).

***

Qui suis-je? Dans cette recherche efforcez-vous de rejeter le mental à l'arrière-plan, comme un simple témoin. Essayez de découvrir votre Soi. Aussi longtemps que possible, plongez-vous dans la méditation, soyez tout à fait tranquille, stable et totalement concentré.

***

L'homme devrait faire un effort pour pratiquer une *sâdhanâ*, c'est-à-dire pour retourner dans sa vraie demeure. Si le mental n'est pas orienté de la sorte, il en résultera sottises, chagrins, souffrances. On dirait que le mental est obligé de chercher l'assouvissement de ses désirs, ce qui provoque des souffrances. Il est devenu incontrôlable, mais cette maladie peut être soignée par la répétition du Nom divin ou du *mantra*.

*
* *

Aucun résultat ne peut être atteint sans concentration soutenue sur un point unique. Notre mental est ce qu'il y a de plus agile dans la création. Laissez le mental suivre son rythme rapide pour avancer vers le but unique qui est Dieu. Il resplendira. Tant qu'Il ne se sera pas révélé à vous dans les paroles de la Gîtâ, poursuivez sans répit la lecture des textes sacrés.

*
* *

Certaines personnes prétendent que méditation et *japa* ne peuvent être accomplis mentalement. Commencez cependant à méditer et à faire du *japa* avec votre mental. De grands yogins peuvent créer n'importe quoi par la puissance de la pensée. Commencez donc à méditer avec votre pensée. Si vous continuez fidèlement et régulièrement, le jour viendra où Dieu vous apparaîtra face à face. Une assiduité à cette pratique concrète fera que finalement Dieu Se révélera.

*
* *

Si vous décidez aujourd'hui de cultiver la terre, vous devez commencer par acheter un terrain, puis vous sèmerez et plus tard seulement vous récolterez. C'est le mental qui a pris la première décision; la cause crée l'effet.

*
* *

Question : Comment calmer l'agitation du mental?

Mâ : Tant que votre mental s'occupera des choses de ce monde, le désir que vous en avez ne sera jamais comblé. Seule la vraie nourriture peut apaiser le mental. Dès qu'il est parvenu à la richesse suprême de la réalisation de Dieu, le mental est parfaitement tranquille. Il n'y a que Dieu partout.

Lui seul EST. Lui seul et nul autre. Il incombe à l'homme de pourvoir le mental d'une alimentation pure. Ne laissez pas traîner votre mental dans la fange. Une fois souillé, il est secoué par le désir.

*
* *

Question : Mon mental ne reste jamais tranquille. Que faire?

Mâ : Jusqu'à présent je n'ai pas remarqué que votre mental soit agité. Est-il vraiment agité par la quête de Dieu? Vous verrez, lorsqu'il aura été vraiment bouleversé par cette recherche du Réel, alors seulement il pourra se calmer.

*
* *

C'est le propre du mental d'être capricieux et distrait, tant que l'on n'est pas parvenu à une certaine profondeur. Ceux que possède l'aspiration divine ne doivent-ils pas rester constamment en Sa présence pour découvrir le pur amour? Tous les instants sont précieux; n'en laissez échapper aucun.

*
* *

Question : Chaque jour je vous écoute, je prête grande attention à ce que vous dites. Combien de fois ne vous ai-je pas entendu parler de Dieu! Alors pourquoi ne puis-je penser à Lui dès que je me plonge dans mon travail?

Mâ : L'inconstance est une des caractéristiques du mental. Pendant des vies et des vies vous avez accepté de laisser votre mental se tourner vers l'extérieur. Le mental en a si bien pris l'habitude qu'il vous faut maintenant renverser le mouvement et le tourner vers l'intérieur, car tant que votre mental n'aura pas pris cette orientation vous ne pourrez pas trouver Dieu. Faites donc l'impossible pour que votre mental regarde vers l'intérieur; à ce moment-là, Dieu qui trône dans le lotus de votre cœur Se révélera. Le mental qui erre à l'extérieur s'éloigne de Dieu. La pratique continue d'une ascèse entraîne le dégoût de toute conversation mondaine et l'on n'y trouve plus d'intérêt. Tant que vous ne serez pas entré dans le courant qui vous conduit vers le dedans, vous devez donc poursuivre vos efforts pour tourner votre mental vers l'intérieur. Le mental ne peut regarder dans deux directions à la fois. C'est un mauvais système; essayez de réaliser l'Unique. Adorez Dieu, mais pas pour vous mettre en valeur. Renforcez-vous dans vos pratiques. Quel en sera le résultat? Votre ascèse ne pourra plus être interrompue. Plus tard, vous dépasserez pratique et non-pratique et vous réaliserez l'unité.

*
* *

Un pandit : Je ne suis qu'un érudit. On apprend comme un perroquet. Mais de la Réalité, je ne sais rien du tout.

Mâ : Si l'on reste fixé sur la différenciation, comment savoir quoi que ce soit de l'identité?

— *Faut-il changer de vêtement pour parvenir à l'identité?*

— Non, pas de vêtement mais de lunettes; ou si vous préférez, c'est votre vue qu'il faut corriger.

*
* *

Question : Sans cesse le doute assaille mon esprit. Est-ce bon ou mauvais signe?

Mâ : Tout normalement le doute surgit pour ceux qui avancent sur le sentier conduisant à Dieu, et il en sera ainsi tant que vous n'aurez pas atteint l'état où il est impossible de douter. Les problèmes qui se posent appellent une solution. En cours de *sâdhanâ*, des doutes surgissent. Celui qui n'a pas encore commencé d'apprendre ne se pose aucune question, comme aussi celui qui a brillamment terminé son étude. Lorsque des questions apparaissent, soumettez-les inlassablement à votre gourou. Quoi que vous dise votre gourou, acceptez-le et appliquez-le sans critique.

En même temps continuez vos pratiques spirituelles. De même que vous mangez, buvez, dormez et accomplissez régulièrement votre devoir professionnel, il vous faut prier Dieu avec une régularité semblable afin qu'Il vous libère de vos doutes. Un effort soutenu fera jaillir la flamme et vous en serez réchauffé. Une fois allumé, le feu de la connaissance réduira tout en cendres. Celui qui donne peu recevra peu, mais c'est déjà mieux que rien. Lorsque vous priez pour obtenir une chose en particulier, votre prière sera exaucée mais vous ne recevrez pas tout ce que vous pourriez recevoir. Brûlez tout au feu de la connaissance ou bien consumez tout par une dévotion intense.

*
* *

Question : Qu'est-ce que chitta shuddhi?

Mâ : C'est lorsque le mental s'est vidé et que, tel un miroir bien propre, il reflète le Soi.

*
* *

Il existe un état où les problèmes n'ont plus besoin d'un règlement particulier. Vous avez certainement au cours de votre vie pris une décision sur un certain nombre de questions après mûre réflexion. Mais maintenant, vous devez comprendre qu'aucune solution n'est jamais définitive; en d'autres termes, il vous faut dépasser le niveau du certain ou de l'incertain. La solution apportée par le mental à un problème est obligatoirement choisie d'un certain point de vue et par conséquent votre solution s'expose à des contradictions puisqu'elle ne répond qu'à un aspect seulement. En réalité, qu'avez-vous alors résolu? Vous trouverez une solution totale et définitive pour chaque question particulière considérée selon l'éclairage sous lequel elle se présente et vous comprendrez aussi qu'il est un stade où pour tous les problèmes (réels ou possibles) il n'existe qu'une seule solution universelle où il ne reste plus de place pour la contradiction. La question ne se posera plus de savoir s'il y a solution ou non-solution : que l'on dise « oui » ou « non », tout est CELA.

***

Question : Comment quelque chose qui n'est pas mentionné dans les Shâstras *peut-il se produire?*

Mâ : Le but essentiel des Écritures est d'expliquer la réincarnation, le karma et des doctrines similaires. Quant à savoir si quelque chose peut se produire qui n'y est pas mentionné, rappelez-vous simplement qu'Il est infini. De votre union avec cet infini jaillissent vos actions, vos sentiments, vos pensées, aujourd'hui ou demain, sous quelque forme qu'Il lui plaise de revêtir. Ceci, les Shâstras ne vous l'apprendront peut-être pas. Et pourtant, eux aussi sont infinis. Que la Loi de la création de Dieu est donc belle! Ne connaissez-vous pas ce sentiment de délice, de béatitude profonde, que l'on éprouve lorsqu'on a un nouvel aperçu de Lui, l'éternellement Nouveau!

Réfléchissez un peu : l'Infini est contenu dans le fini et le fini dans l'Infini, le Tout dans la partie et la partie dans le Tout — dès que l'on est entré dans le grand courant. Celui qui atteint et Celui qui est atteint sont une seule et même chose. Ce n'est pas seulement de l'imagination. Par des voies toujours nouvelles Il est perçu sous des formes constamment nouvelles. Une fois que l'on est engagé dans ce courant ininterrompu, il n'est que naturel que le yoga, cette union secrète de l'individu avec le Tout, devienne le Yoga suprême.

Tout est contenu dans les Écritures et pourtant tout n'y est pas. Imaginez que vous allez à Dehra Dun par le train. Au long de votre voyage vous traverserez de grandes gares, des villes, des villages. Tous figurent dans le guide. Peut-on décrire par le menu détail tout ce qui se trouve entre deux gares, mentionner tous les arbres et les plantes, les oiseaux et les autres animaux, et jusqu'aux minuscules fourmis? Il en est de même pour les Écritures, qui n'ont pas pu tout dire. Infinie est la diversité de la création, infinis sont ses modes d'existence, ses mouvements changeants et ses états statiques, qui se révèlent à chaque instant. En outre, il est impossible de noter tout ce dont un chercheur de vérité a l'expérience.

D'autre part, il est certain que la réalité va bien au-delà des pensées et des paroles. On ne dit que ce qui peut être exprimé par des mots. Mais ce que la parole ne peut décrire c'est CELA qui est.

Les réalisations que vous pouvez avoir à certains niveaux se situent évidemment sur la voie que vous suivez. Dans le cas d'une Réalisation complète, penser « ceci n'est pas mentionné dans les Écritures » aurait-il un sens? Les Écritures décrivent certainement les principales étapes que vous pensez pouvoir être traitées à fond, mais on y trouve aussi les nombreuses choses que vous ne pensez pas y être. Les expériences spirituelles se déclencheront d'elles-mêmes, selon les progrès du *sâdhak*. Mais là où l'Illumination est totale, il n'est plus question d'expériences, importantes ou non. Lorsque vous parviendrez au bout de la route, l'Illumination totale arrivera forcément. Quelqu'un qui a un doute sur un point donné, parce que ce point ne figure pas dans les Écritures, peut-il avoir atteint le but de son pèlerinage? Affirmations et négations n'ont de sens que pour celui qui est encore en route, car les chemins sont innombrables et ne peuvent être limités par ce qu'en disent les Écritures. Là où il s'agit de l'Infini, la diversité des voies d'approche est également infinie, et, de même, les révélations tout au long des chemins sont d'une diversité sans fin. N'est-il pas dit : « Il y a autant de doctrines que de sages »? A moins que l'on ait un point de vue original on ne sera pas classé au nombre des sages.

C'est là un aspect de la question. Passons à un autre. Au niveau où l'on peut dire que tout est possible, il n'y aurait aucun sens à dire que quelque chose qui ne se trouve pas dans les Shâstras ni dans aucune autre Écriture ne se passe et ne se passera donc jamais. Le but de toute cette recherche ardente ne peut être que la révélation de Cela qui s'est déjà révélé. Pourrait-on éprouver une telle soif de quelque chose qui n'existe pas, qui ne peut exister et n'existera jamais?

*
* *

De même qu'une divinité vous apparaît et vous donne un message, de même les paroles de la Gîtâ viendront à votre secours. Vous me direz : « Comment de simples paroles peuvent-elles venir à notre secours? » Eh! C'est pour cela que l'on parle d'Écritures sacrées. En travaillant pour Dieu on parvient à un certain niveau et ce travail est le plus grand de tous.

*
* *

Vous savez qu'avant de lire la Gîtâ, il faut lui célébrer un petit culte.

Si vous continuez de pratiquer jour après jour, vous parviendrez graduellement au stade où vous serez totalement abandonné à Dieu — ce qui est l'accomplissement suprême. Ce corps-ci vous le répète : lisez tous les jours la Gîtâ et faites quelques exercices spirituels; les réponses à vos questions se présenteront d'elles-mêmes à votre esprit. Si votre désir de Le connaître est sincère et honnête et vient directement du cœur, la solution arrivera inévitablement.

*
* *

Le *prârabdha karma* existe. Mais il y a aussi un stade de réalisation qui est au-delà du *prârabdha* et où ne se pose pas la question de liberté ou d'impuissance. L'inondation balaie tout sur son passage.

*
* *

Acceptez d'un cœur joyeux toutes les conséquences, bonnes ou mauvaises, de ce que vous avez fait.

*
* *

On recueille les fruits de ses actions, et pourtant la contemplation de Dieu efface en nous toute crainte. Que vous soyez en compagnie de saints, de chercheurs de vérité, ou bien dans la solitude, partout, invoquez-Le, sans quoi vous ne pourrez pas être libéré du voile de l'ignorance. Est-il possible de tricher avec Dieu? Si vous essayez, c'est vous qui en serez la victime.

*
* *

L'homme naît afin d'épuiser son karma et d'échapper au cycle des naissances et renaissances. Mais l'homme qui possède un pouvoir supranormal, c'est-à-dire celui en qui s'est éveillé le pouvoir divin, peut aussi modifier son karma. Le gourou se manifeste de l'intérieur. Lorsque survient une quête vraie, authentique, l'illumination réelle se produit forcément. Il ne peut en être autrement. Celui qui est apparu sous les traits du gourou est révélé ou bien Se révèle Lui-même.

*
* *

En fait, le chemin de la réalisation de Dieu est simple et droit. Le *mantra* donné par le gourou est certainement le meilleur, et s'il est répété correctement il doit déclencher la Réalisation. Que les voies de Dieu sont merveilleuses! Lorsque le pouvoir transmis par le gourou commence d'opérer, l'action ne porte plus de fruits. Celui qui entre dans le feu se brûlera certainement. Bien que tous noms et toutes formes soient Lui, l'Un est aussi sans nom et sans forme. Pour l'homme qui s'attache au Nom, Dieu est vraiment présent dans tous les noms et toutes les formes. Et pour le *sâdhak* attiré par l'absolu, Il est au-delà de tout nom et de toute forme.

*
* *

Faites un exercice, que ce soit méditation *(dhyâna)* ou répétition d'un *mantra (japa)*. Les impressions et dispositions accumulées au cours d'innombrables vies tissent un voile d'ignorance qui cache la vraie nature des choses; essayez de vous en débarrasser.

*
* *

Plutôt que d'être le maître du monde vous devriez en devenir le serviteur. En elle-même la position de maître crée des troubles et des complications. Mais si vous pouvez vous considérer comme serviteur, il n'y aura plus de conflit. « Ce monde appartient à Dieu et je ne suis que Son serviteur. Je me conformerai à Ses injonctions et je ne ferai que Le servir. » Pour l'individu qui entretient constamment cette attitude d'esprit, aucun nouveau lien ne se forme; bien que vivant dans sa famille il parviendra à épuiser son *prârabdha-karma*. C'est Dieu Lui-même qui harmonisera tout.

*
* *

Question : Il y a de bons et de mauvais samskâras. *Faire de bons* samskâras *peut-il aussi dresser une barrière?*

Mâ : Les mauvais empêchent les bons d'opérer. Toutefois, au bout du compte, bien et mal n'existent pas.

*
* *

Question : Toutes nos activités sont-elles dues au destin?

Mâ : Dans le monde du destin tout dépend du destin. Ce qui doit arriver arrive. A un certain point de vue, il faudrait dire, tout est ce qui doit être. Ce qui existe dans la Réalité se manifeste dans le monde matériel.

— Le progrès spirituel dépend-il aussi du destin?

— Mais oui! L'astrologie le montre très nettement. L'astrologie peut prédire l'avenir d'un homme si l'on connaît l'heure exacte de sa naissance. Certains ont pu le vérifier par une perception directe. Si un yogin prédit un événement grâce à sa vision yoguique, c'est autre chose. Supposez que quelqu'un qui marche dans la rue soit victime d'un accident. Il était écrit que cela devait arriver et par conséquent cela s'est produit. Un astrologue pouvait le savoir. Toutefois, au-delà de ce stade, il se peut que le pouvoir du gourou modifie le cours des événements prévus par le sort. Il existe aussi un niveau qui échappe au destin et un plan où la destinée joue, mais où elle peut être neutralisée par une constellation planétaire contraire qui modifie alors le cours des événements prévus par le destin. Le pouvoir d'une divinité invoquée dans ce cas peut aussi vous sauver. Le feu de la connaissance qui consume tout se révèle. Là tout est possible, l'impossible devient possible. En fait Dieu est lumineux en Soi. Toujours et partout Il est.

*
* *

Question : Une mauvaise position des astres nous crée-t-elle un obstacle?

Mâ : On prétend qu'elle peut même provoquer la mort. Mais tout dépend du karma. Ne souhaitez jamais le mal. Aucune parole néfaste ne devrait jamais être prononcée. Dans le monde, bons et mauvais présages existent. C'est le jeu de Dieu qui est au-delà des uns et des autres. Il ne faudrait prononcer que des mots de bénédiction. Un *sâdhak* devrait être tout particulièrement attentif à ce qu'il dit. Jamais au grand jamais ne devrait-il permettre à sa bouche d'articuler une malédiction. Le *sâdhak* ne doit parler de rien d'autre que de Dieu seul. Tout le reste est vain et porteur de chagrin.

*
* *

Il faut vivifier et entretenir la pratique spirituelle qui balaiera les impuretés accumulées au cours des vies successives et qui tend à dévoiler le Soi inné, irradiant, illuminé qui gît latent dans les profondeurs de l'être. Que signifie servir? Accomplir une action qui purifie l'esprit.

*
* *

Pour un être parvenu à la réalisation du Soi, le monde et ses dualités n'existent plus, le corps n'existe plus. S'il n'y a pas de monde, il ne peut évidemment pas y avoir de corps.

Question : Mais tout de même, le corps existe sûrement?

Mâ : Qui dit que le corps existe? Il n'est pas du tout question de nom et de forme. Se demander si un être parvenu à l'Illumination voit quelque chose en dehors de lui est ici hors de propos. C'est précisément parce que l'on éprouve des désirs que l'on croit en la réalité du corps. Puisque à ce stade il n'existe plus ni monde ni corps, il ne peut plus y avoir d'action; cela tombe sous le sens. Pour vous rendre cela plus clair encore : après la réalisation du Soi il n'y a plus ni corps, ni monde, ni action — pas la moindre possibilité de tout cela. On ne peut même plus penser : « Cela n'est pas. » Utiliser des mots revient alors exactement au même que de ne rien dire; tout est uniquement CELA. Là il ne peut tout simplement pas être question de vouloir parler, ou ne pas parler. Essayez de le comprendre. Qu'appelez-vous réellement « vie dans le monde » après la réalisation du Soi? Oui, bien sûr, tout ce qu'explique la Bhagavad-Gîtâ est vrai. Et pourtant tout ce qui a été dit reste juste, car ce corps-ci répond exactement dans la ligne de pensée et dans l'esprit de la question posée. En conséquence, que pense ou ne pense pas ce corps-ci? Toute ligne d'approche doit conduire à un but; et au-delà se trouve l'inatteignable. Et là où la distinction entre l'atteignable et le non-atteignable n'intervient plus, se trouve CELA même. Pour ce corps-ci le problème de la divergence d'opinions ne se pose pas.

*
* *

Vers qui se sent-on attiré? De qui est-ce la manifestation? Réfléchissez-y bien! Si tout est Sa manifestation, alors de qui est cette Mâyâ? Efforcez-vous de vous découvrir vous-même, que ce soit comme l'éternel serviteur du Seigneur ou comme l'Atman. Vous êtes immortel, vous êtes la béatitude du Soi. Alors pourquoi faut-il passer par la naissance et par la mort? Il n'existe que le Soi qui repose en Soi.

*
* *

Une veuve a perdu sa fille âgée de douze ans : « Depuis sa mort, je ne puis plus retrouver la paix. Elle était tout ce que j'avais, si belle et si pleine de promesses. Pourquoi devait-elle me quitter? Je veux que mon enfant revienne. Que dois-je faire? »

Mâ : Tout d'abord, votre chagrin provient de ce que vous pensez : Moi, Je. Vous dites : « *Ma* fille est morte » et vous en souffrez. Mais qui êtes-vous? Découvrez-le! Elle était le fruit de vos entrailles, et tant que vous vous identifierez avec le corps, vous aurez de la peine. C'est inévitable. Beaucoup de garçons et de filles meurent aussi, jeunes et beaux, sans que cela vous affecte profondément. Seulement vous pensez que cet enfant était le vôtre et que vous l'avez perdu.

Il faut que vous appreniez une autre chose encore : tout chagrin provient du fait que l'on se tient à l'écart de Dieu. Avec Lui toute peine disparaît. Que vos pensées se tournent vers Lui. Rappelez-vous que votre fille est maintenant avec Lui. Plus vous penserez à Dieu, plus vous serez proche d'elle. Si vous devez verser des larmes, qu'elles soient destinées à Lui.

De même que certaines fleurs tombent sans porter de fruits, de même certains êtres meurent jeunes. Pendant un certain temps, Dieu vous a confié la garde de cet enfant et puis Il l'a rappelée à Lui. Maintenant c'est Lui qui S'en occupe. Un jour vous aussi vous la rejoindrez. D'ici là, que votre esprit soit avec Dieu et vous serez aussi avec votre fille.

Comment savez-vous que votre fille n'est pas beaucoup mieux là où elle est maintenant? Que d'ennuis et de chagrins la vie ne vous a-t-elle pas apportés! En auriez-vous souhaité autant pour votre enfant?

Et puis, au niveau où il n'y a plus que le Soi, la question de naissance et de mort ne se pose plus. Qui naît, qui meurt? Tout est l'Un. Ce même esprit qui s'identifie au corps peut être tourné vers l'Éternel, et à ce moment la douleur éprouvée par le corps ne nous atteint plus. Puisque le corps doit forcément souffrir parfois, l'on souffrira tant que l'on s'identifie à lui. Ce monde oscille sans cesse entre joie et tristesse et ne peut jamais offrir cette sécurité, cette stabilité que Dieu seul peut donner. Comment pourrait-il y avoir à la fois le monde et l'Un? Tant que l'on est sur la route ils semblent être deux, Dieu et le monde, mais lorsqu'on est parvenu au but, il ne subsiste que l'Unique.

Ce qu'est cette vie du monde, vous l'avez bien vu. Qui est à vous? Seul votre gourou, votre Ishta. En Lui vous trouverez tout et tous. Moi, je suis votre enfant.

Quelques mois plus tard, la femme revint, rajeunie : « J'ai surmonté mon chagrin. Lorsque Mâ m'a dit : " Moi je suis votre enfant " sa voix était la voix de ma fille. J'ai la conviction que mon enfant est heureuse là où elle est. »

* * *

Un couple qui a perdu son fils demande à Mâ pourquoi l'enfant est mort prématurément.

Mâ : Tout dépend du karma de chacun. Votre karma voulait que vous serviez votre fils pendant quelques années et son karma à lui était d'accepter vos soins. Ceci terminé, Dieu l'a enlevé. C'est le grand jeu divin. Pertes et deuils font partie de la vie dans le monde.

— *L'heure de la mort est-elle déterminée d'avance?*

— Dans le domaine régi par les lois de la nature, l'heure de la mort est fixée et ne peut être changée. Mais elle peut l'être par la volonté ou la grâce de quelqu'un qui a dépassé ces lois. En général toutefois, le destin se réalise d'une façon ou d'une autre.

— *Où trouver la force nécessaire pour supporter tous ces chagrins?*

— Rappelez-vous que l'Atman de votre enfant et votre propre Atman ne font qu'un. L'Atman qui jamais ne naît ni ne meurt EST éternellement. Le corps nous quitte comme un vêtement usé. Essayez de ne pas être attachés au corps et de ne pas pleurer à cause de lui. Pleurez pour Dieu seul. Souvenez-vous de Lui, répétez Son nom saint, contemplez-Le et lisez régulièrement des Écritures saintes comme la Bhagavad-Gîtâ, le Bhâgavata-Purâna, le Râmâyana ou d'autres, et vous serez réconforté. Votre chagrin s'adoucira. Que votre vie soit consacrée à Dieu. L'état de chef de famille est aussi l'un de ceux où l'on peut se développer spirituellement. Les souffrances sont là pour vous rappeler de tourner votre esprit vers ce qui est réel. Un homme dont les six fils étaient morts trouva beaucoup de réconfort dans le Bhâgavata-Purâna.

***

Une Américaine désespérée de la mort de son mari aurait préféré quitter le monde à sa place.

Mâ : Nous ne devons jamais oublier que nous sommes les enfants de Dieu et qu'il n'est donc que juste de Le contempler et d'essayer de Le réaliser. Dieu n'apporte aucune peine. Il est le seul Père, Mère, Ami, Bien-aimé et Mari. Mais il existe sans doute beaucoup de chagrin dans le monde. Un être bien-aimé nous quitte et nous en sommes très durement frappés. Nous serons heureux aussi longtemps que nous nous souviendrons que nous sommes les enfants de Dieu et que nous tournerons nos pensées vers Lui. Mais si nous l'oublions, Il se rappelle parfois à nous exactement comme une mère affectueuse donne une claque à son fils pour son bien. Le monde consiste en une série de dualités où alternent joies et tristesses. Celui qui ne cherche pas le Suprême ne pourra trouver ni paix ni béatitude durables. Le corps de votre mari a disparu mais son Soi (Atman) est un avec vous pour l'éternité. Il n'est pas séparé de vous. De même que vous jetez des vêtements usagés pour les remplacer par des neufs, ainsi le corps doit mourir. Pour que vous puissiez réaliser CELA qui est éternel et ne peut jamais être perdu. Votre mari ne vous a pas réellement quittée; seul son corps est parti pour que vous perdiez votre attachement et trouviez le Soi en qui vous êtes un avec lui.

Il est naturel que l'être humain pleure. Les larmes que vous versez pour des choses du monde ne font qu'augmenter votre attachement, et les impuretés s'accumulent de plus en plus. Par contre, pleurer pour Dieu efface toutes les imperfections. Vous devriez toujours vous souvenir que Dieu vous a enlevé votre mari pour vous montrer le chemin de *brahmacharya*, afin que vous puissiez réaliser l'Être vrai de votre mari et comprendre ainsi que vous ne faites qu'un avec lui éternellement. Joies et tristesses appartiennent au mental et ne peuvent être dépassées que si le mental se fond dans l'Un. Pour trouver la joie vraie et durable, l'homme doit contempler le Suprême. Le bonheur ne peut pas durer s'il dépend de quelque chose, qu'il s'agisse d'une personne, d'argent, de confort, de célébrité. S'il nous manque le confort auquel nous sommes habitués, nous en sommes troublés. Mais si nous acceptons joyeusement tout ce qui nous arrive, nous nous sentirons toujours bien.

*
* *

Question : Est-il bon d'appeler sans cesse un mort par son nom, de garder sa photo et de se souvenir de lui?

Mâ : S'affliger de la mort d'un être cher, regretter la perte des joies humaines qu'il nous apportait est mauvais pour le mort et pour le vivant. Par contre, si le souvenir devient un acte d'hommage, si par exemple une femme dont le devoir est de considérer son mari comme Dieu, pense à lui, conserve sa photo dans cet état d'esprit, ce souvenir peut être bénéfique pour tous les deux.

Une fois un couple vint me voir, dont la fille unique était morte quelques jours avant de se marier. Ils étaient brisés de chagrin et vivaient exclusivement de son souvenir. Ce corps-ci leur dit : « De même que certaines fleurs tombent sans porter de fruits, de même votre fille est partie jeune et pure, libre de tout attachement. Considérez-la comme la servante du Seigneur, mettez dans une pièce une image de Dieu près de sa photo, brûlez-y de l'encens, et réservez-la au culte et à la méditation. » Or, ni le mari ni la femme n'étaient particulièrement religieux, mais en prenant ainsi leur deuil ils se développèrent dans cette direction. Ce corps-ci leur dit alors : « Votre fille est devenue votre gourou. C'est elle qui vous a fait vous tourner vers Dieu ». Toute la famille en a bénéficié.

***

Une vieille femme : Comment se fait-il que je ne pense jamais que je vais mourir? Je pense parfois à la mort des autres, jamais à la mienne?

Mâ : La mort vous effraie et c'est pour cela que vous évitez d'y penser. Mais si vous ne pouvez pas croire que vous mourrez c'est aussi parce qu'en réalité vous êtes immortelle. Seul le corps meurt.

***

Question : Les cérémonies pour les morts leur sont-elles vraiment bénéfiques? Si oui, pendant combien de temps?

Mâ : Oui, elles sont bonnes, et pour toujours, même si le mort a repris un corps. Ces prières, de nature spirituelle, ne peuvent pas manquer d'élever l'âme, qui après tout ne meurt jamais, reste la même d'une vie à l'autre et progresse continuellement vers Dieu jusqu'à se fondre en Lui et atteindre ainsi sa libération *(mukti)* qui est la Béatitude suprême éternelle.

***

Beaucoup d'actions provoquent de grandes souffrances après la mort — qui ne résout rien. De l'obscurité, l'homme ne peut que s'enfoncer dans une obscurité plus grande.

***

Question : J'ai lu l'autre jour qu'un homme a été trouvé mort. Il avait laissé une lettre expliquant que la femme qu'il aimait étant morte, il préférait la rejoindre que de vivre sans elle. Peut-on vraiment par le suicide s'unir à une personne décédée?

Mâ : Jamais! Le suicide entraîne dans une nuit profonde dont il est excessivement difficile de se dégager à moins qu'un être disposant de grands pouvoirs surnaturels ne prenne pitié du suicidé et le libère. Dans cet état d'obscurité totale, on ne peut rencontrer personne. Le suicide est un crime des plus hideux. L'homme est né afin de récolter le fruit de ses actions dans des vies antérieures. Essayer de s'y soustraire par le suicide est pure folie et ne fait que prolonger indéfiniment les souffrances. Personne ne peut s'ôter la vie s'il a toute sa raison; on ne l'a jamais lorsqu'on se suicide. Le suicide ne résout aucun problème; au contraire il crée des complications sans fin et empêche l'individu de payer ses dettes karmiques.

— *Et le meurtre*[1]*?*

— Indubitablement, le meurtrier sera appelé à souffrir pour son crime.

— *Et la victime?*

— Évidemment, il est regrettable d'être assassiné! Mais n'oubliez pas que c'est la conséquence d'un mauvais karma. C'est une mort qui fait mal augurer de l'avenir.

*
* *

Question : Qu'en est-il de satî?

Mâ : C'est tout autre chose. Pour accomplir un vrai *satî* la veuve doit être parfaitement forte dans son corps et son esprit. Si elle souffre en entrant dans le feu, ce n'est pas un vrai *satî*.

*
* *

Ce que l'on pense au moment de la mort est très important. A ce moment-là, l'on ne contrôle plus ses pensées, qui vont là où elles ont l'habitude d'aller. C'est pourquoi il faut pratiquer

1. Voir aussi p. 164.

la présence de Dieu tant que l'on est en bonne santé de sorte que cette pensée vienne tout naturellement lorsqu'on est faible et malade. Une vieille femme qui a vendu de l'huile toute sa vie agonise. Ses enfants réunis autour d'elle la supplient de répéter le nom de Dieu, mais elle, à moitié inconsciente, ne fait que redire ce qu'elle n'a cessé de répondre aux mendiants : « Je ne vous en donnerai pas une goutte, pas une seule goutte » et ainsi elle meurt.

⁂

Mourir, c'est changer de vêtement.

⁂

Désirs et appétits insatiables constituent le contenu de votre corps subtil. Le parfum d'une fleur vous arrive en bouffées puis disparaît; ainsi en va-t-il des naissances et des morts. Mais d'un autre point de vue il n'y a ni naissance ni mort. Au moment de la mort du corps physique, le corps subtil formé de ces désirs et appétits flotte sans plus avoir de support, ce qui fait que l'homme renaîtra selon son karma. L'ego ou le sens du « moi » qui est inextricablement lié aux désirs va et vient, tandis que pour l'Atman il n'est pas question d'aller et de venir. L'homme possède un corps grossier, un corps subtil et un corps causal. La racine du corps causal est l'Atman. Tant que l'homme ne l'aura pas réalisé, il passera par des naissances et des morts. L'Atman irradie par lui-même. Aller et venir n'existent que pour l'individu. Pour réaliser votre Soi, il vous suffit de retirer le rideau.

⁂

Sans aucun doute la réincarnation est un fait. L'œil opéré de la cataracte voit à nouveau. De même, une concentration profonde sur le Divin écarte le voile qui obscurcit notre vision, purifie le mental et l'oriente vers le Soi; alors la signification des *mantras* et des divinités dont ils sont la forme sonore se révèle à nous et les impressions de vies antérieures surgissent devant nous. Tout comme à Dacca vous pouvez vous représenter ce que vous avez vu à Calcutta, vous pouvez projeter une image plus nette de vos vies passées sur l'écran actuel de votre mental. Quand je vous vois, je peux obtenir une série d'images de vos vies antérieures.

*
* *

Question : Comment savons-nous que l'on renaît après la mort? Dès que le corps cesse de respirer, nous mourons. Comment peut-on dire que nous renaissons?

Mâ : Cela, c'est l'ignorance. Pourquoi chercher si loin? Personne ne sait de quoi sera faite l'heure qui vient. Et pourtant la connaissance existe. Ceux qui ont percé le voile de l'ignorance nous parlent de l'Atman éternel.

*
* *

Question : Est-ce que l'homme qui meurt en prononçant le nom de Dieu sera libéré de la ronde des naissances?

Mâ : Tout dépend de l'état où il est parvenu. S'il est dans l'état d'esprit voulu, le solde de son karma peut bien sûr se consumer instantanément. Cela peut aussi se produire par la grâce du gourou.

*
* *

Une fois que l'on est entré en contact avec un grand être spirituel (Mahâpurusha) toute chute est impossible. On ne peut s'approcher du feu sans en ressentir la chaleur. Ceux qui recherchent la compagnie d'un Mahâtmâ le font afin de se libérer de la ronde des naissances et des morts; la question de naissance et de mort ne se pose plus. Celui qui naît devra mourir, et s'il y a mort, il y aura renaissance.

*
* *

Tant que vous avez à pourvoir aux besoins du corps, le travail est une nécessité.

*
* *

Aussi longtemps que vous verrez ce monde des sens, la création existera pour vous. Le conflit persistera tant que prévaudront en vous les notions de « vous » et « moi », de bonheur et de malheur, de lumière et d'obscurité. Mettez l'accent sur les actes qui expriment votre vraie nature, sur tous les devoirs qui incombent à tout être humain. Lorsque vous aurez renoncé aux actions motivées par les sens ou par des impulsions extérieures, votre Soi intérieur *(antarâtman)* s'éveillera. Alors vous pourrez fixer votre regard sur l'Être suprême et être libéré des chaînes de cette vision qui perçoit le monde des dualités.

*
* *

Si toute action est accomplie dans la conscience de Dieu *(bhagavad-buddhi)*, c'est-à-dire en considérant que Dieu seul est l'acteur, le travail et l'acte de travailler, et si cette attitude vient d'elle-même, spontanément, on peut espérer que l'ego lâche prise.

*
* *

L'action est nécessaire pour arracher le voile de l'ignorance. Pour exécuter votre travail, utilisez à plein l'intelligence qu'Il vous a donnée. Sa grâce est sans motif et sans cause. En vérité tout est Lui et Il agit selon Son bon vouloir. Là où il y a un motif à l'action il y a désir d'accomplissement et jouissance du résultat. On dit : « J'ai agi, et donc j'ai recueilli les fruits. » Mais les fruits de quoi? On dit : « L'action est à moi, et aussi les conséquences sont à moi. » Or, Dieu est chacun de nous et il n'y a qu'un Soi. Au début, l'individu ne le réalise pas, et c'est pourquoi des questions se posent.

*
* *

Tant que le désir d'action reste fort en vous, continuez d'agir. Cela vous fera du bien. Mais un moment viendra où ce désir aussi s'affaiblira; un désir d'activité intérieure prendra alors sa place.

*
* *

S'engager dans l'action pour jouir d'un état est une chose, l'exécuter comme yoga en est une autre. L'action orientée vers la Quête suprême est appelée yoga, celle visant à des fins du monde est appelée *bhoga*. Celui qui s'engage sur le chemin de l'action comme yoga avance vers la libération. Quel que soit le courant dans lequel il puisse entrer, il devrait toujours, entraîné par ce courant, s'appliquer grâce aux pratiques yoguiques à se libérer de l'action. Dans le domaine où l'individu est toujours libre, dans le transcendantal et au-delà, aucune question ne peut se poser. Avant tout, attachez-vous exclusivement à l'action accomplie en yoga, dans quelque courant que ce soit; alors seulement vous réussirez à vous libérer de l'action. Être un yogin signifie être éternellement uni, et de ce fait éternellement libre.

*
* *

L'action dépend de notre propre et libre volonté et pourtant elle n'en dépend pas. Que veut dire « dépend de notre propre et libre volonté »? Seule Sa volonté à Lui est Volonté. Celle qui vous permet d'effectuer un travail doit être appliquée à contempler Dieu. Alors seulement vous découvrirez ce qu'est la grande Volonté. Ce qu'il faut, c'est la Volonté suprême qui vous emmène au-delà du vouloir et du non-vouloir.

*
* *

Il n'existe pas de critérium absolu du devoir; c'est le milieu qui en détermine la nature et la valeur.

*
* *

Si votre idéal est le service, soyez constamment engagé dans le service de Dieu. Les attachements vous maintiennent dans le domaine du transitoire. Vraiment Sa Loi est magnifique.

*
* *

Quand vous faites un travail manuel, il vous faut mentalement répéter Son nom. Ce que font vos mains constituera les *mudrâs* qui soutiennent la répétition de Son nom. Soigner un malade ou faire n'importe quoi d'autre — tout est Le servir, travailler pour Lui. Que ce soit là votre attitude.

*
* *

Vie religieuse ne signifie pas paresse. Ce qu'il faut, c'est vivre constamment dans la présence de Dieu. Il ne faut négliger aucun devoir pour pratiquer son ascèse.

*
* *

Remplissez vos devoirs quotidiens avec droiture, amour et bonne volonté; essayez de vous élever peu à peu. Maintenez dans toutes vos activités humaines un contact vivant avec le Divin et vous n'aurez rien à négliger. Votre travail sera bien fait et vous serez sur la bonne lancée pour trouver le Maître.

De même qu'une maman apporte tous ses soins, toute son affection à nourrir et à élever ses enfants pour qu'ils deviennent beaux et vigoureux, de même la Mère divine, par des touches subtiles, façonne votre vie intérieure de telle sorte que vous atteigniez à votre pleine stature.

Quel que soit le travail que vous ayez à faire, faites-le dans un seul but avec toute la simplicité, la joie et le contentement dont vous êtes capable. C'est seulement ainsi que votre travail portera ses meilleurs fruits. Le moment viendra bien où les feuilles mortes de la vie se détacheront tout naturellement et où d'autres apparaîtront.

N'entreprenez aucun travail qui ne puisse servir à votre *sâdhanâ*, afin que le temps que vous y consacrerez ne soit pas perdu. Par un effort soutenu tout peut être accompli. Vous ne devez reculer devant aucun effort pour fixer votre mental. Que de vies ont été gaspillées à manger, boire et dormir! « Je suis immortel », tel est le thème qui devrait orienter votre vie...

*
* *

Seule peut être qualifiée d'action celle qui mène à Dieu. Toutes les autres activités jalonnent le chemin de la mort.

*
* *

Il faut que l'homme s'emploie à modeler ses désirs sur la volonté de Dieu. En tout ce que vous faites, remettez-vous entièrement à Lui. Accomplissez parfaitement votre travail, tout est Lui, et Lui appartient. Essayez d'exécuter votre tâche dans cet esprit.

*
* *

En tout dans votre vie, remettez-vous-en à Lui avec une absolue confiance. Où que vous vous trouviez, priez-Le avec l'ardeur la plus intense. La peur du péché ne doit pas exister. Il est toujours avec vous dans toutes les formes. Tout ce qui vous arrive, toutes les facilités et les obstacles qui se présentent à vous sont voulus par Lui. Lorsqu'Il vous fait faire quelque chose, Il l'accomplit Lui-même. Il fait, Il sait, Il entend. La seule tâche qui vous incombe, c'est de toujours avoir confiance en Lui.

*
* *

La compassion qui vient naturellement et celle que l'on cultive sont une seule et même chose. En réalité, « être » et « agir » ne font qu'un, mais considérés du point de vue empirique du monde, ils sont en fait différents. En essence, celui qui agit ne fait qu'un avec celui qui devient. L'homme n'a une volonté propre que dans la mesure où il est séparé de l'Être essentiel. Il y a donc la puissance suprême d'un côté et la volonté personnelle de l'autre. Le pouvoir qui inspire l'action de l'individu est un moyen de réaliser le pouvoir suprême. Mais si l'on saisit l'essence, être et faire ne font qu'un. C'est parce qu'on les croit distincts que tout le monde agit.

*
* *

Question : Quelle est la voie du rishi (rishi-panthâ)?

Mâ : La voie du *rishi* est destinée aux fils et filles du *rishi*. Le chef de famille qui se conforme aux règles de vie édictées dans les Shâstras parviendra automatiquement, par la grâce de Dieu, au but de la vie. L'action qui n'est pas spontanée provoque troubles et gêne, alors que ce qui se produit sans difficulté devrait être considéré comme survenant spontanément. Ici, dans l'âshram, ni tension, ni préoccupation, ni harcèlement, tout s'accomplit par la volonté de Dieu.

Tension et préoccupations accompagnent toujours l'agitation, le désir et le trouble. Si la vie dans l'âshram est vécue conformément à ses règles propres, rien de tout cela n'existera. L'ardeur constante à rechercher la réalisation de Soi n'est pas ressentie comme un effort. C'est du *tapasyâ*. La tension fait éprouver un malaise. Même si le *tapasyâ* soumet le corps à quelque inconfort, le mental et le cœur sont pleins d'enthousiasme et de joie. Réaliser Dieu signifie réaliser son Soi. Comment une tension pourrait-elle subsister lorsque l'on s'engage dans la quête de ce qui est essentiel pour soi-même? La *sâdhanâ* qui est pratiquée pour que l'Atman puisse se révéler ne peut être ressentie comme une tension ou une gêne. Le *tapasyâ* est l'expression de soi-même; et pour que cela puisse devenir évident, il doit être facile et naturel, libre de toute tension. Travailler sous la férule de quelqu'un d'autre peut paraître une corvée alors que « mon » propre travail effectué sous « ma » propre impulsion ne pourra jamais être fastidieux.

*
* *

Vous dites parfois que l'égoïsme [1] est la racine de tout mal, mais en fait ce n'est pas vrai. L'ego peut aussi être appelé force de volonté ou effort personnel. L'égoïsme est la cause de la naissance et de la mort, mais il peut aussi travailler pour notre salut. L'ego crée un vide entre l'homme et Dieu, et pour combler ce vide on a besoin de la force de volonté qui est la puissance de l'ego. L'homme qui a fondu son ego dans la Volonté universelle peut compter sur l'action du Divin, mais celui qui a un fort sens de personnalité doit mettre dans ses actes beaucoup d'effort personnel. Tant que la puissance de l'intelligence est active en vous, il faut employer toutes les forces de l'ego pour déterminer le cours de votre action selon la pureté et la dévotion. Peu à peu l'ego se détachera de tout karma et tous ses soucis diminueront jusqu'à ce que finalement il se dissolve.

Question : Peut-on trouver une justification au travail professionnel ou à d'autres activités de ce monde?

Mâ : S'occuper de choses du monde agit comme un poison lent qui, sans qu'on y prenne garde, conduit peu à peu à la mort. Pourrais-je conseiller à ceux qui sont pour moi des amis et des parents de s'engager sur cette route? Je ne peux pas.

1. Il faut ici entendre « égoïsme » non seulement au sens que nous donnons habituellement à ce terme, mais aussi au sens philosophique de sentiment de l'ego, conscience d'une individualité distincte de celle de Dieu, de celles des autres hommes et de celle de la nature, sens de l'individuation. Ce sentiment de séparativité est dans la philosophie hindoue considéré comme la cause des naissances et par conséquent des morts successives.

Ce que ce corps-ci répète, c'est : « Choisissez le chemin de l'Immortalité, celui, quel qu'il soit, qui, s'adaptant le mieux à votre tempérament, vous conduira vers la réalisation de votre Soi. » Néanmoins, tout en continuant à travailler dans le monde, essayez ceci : Quoi que vous fassiez tout au long de la journée, accomplissez-le comme un service. Servez Dieu en tous, voyez des manifestations de Lui en tout être et en toute chose et servez-Le dans tout ce que vous entreprenez. Si vous vivez dans cet état d'esprit, le chemin de la Réalité s'ouvrira devant vous.

*
* *

A une personne âgée qui travaille sans répit :

Plus vous entreprendrez de travaux pour le monde, plus s'épaissira pour vous le voile qui cache l'Atman. Pour qui faites-vous tout ce travail qui comme un lierre se développe sans cesse? Consacrez du temps à la contemplation du Soi *(âtmachintâ)*. Découvrez qui vous êtes. Naturellement, si c'est Dieu que vous servez sous la forme de l'homme, ce service peut aussi être une *sâdhanâ*.

*
* *

Vous avez passé toute votre vie à acquérir des connaissances pour vous enrichir ou pour quelque chose d'analogue. Vous consacrez vos forces à des fins de ce monde. Apprenez aussi à servir un peu pour l'amour de Dieu, de sorte que votre pensée puisse se concentrer sur Ses pieds de lotus.

*
* *

Dans ce monde, personne n'est seul; on ne peut vivre sans l'aide des autres. Chacun s'attend donc à ce que son prochain l'aide et ait quelques égards. Le puissant et le faible, le grand et le petit, tout le monde est sur un pied d'égalité.

*
* *

Il n'est rien dans ce monde que l'on doive mépriser. Les voies et les formes de Sa manifestation n'ont pas de fin.

*
* *

Question : Celui qui adore Krishna parviendra à Le réaliser. Supposez qu'un homme adore Dieu en toute humilité et serve son prochain. Ne le réalisera-t-il pas?

Mâ : Si, dans la mesure où il voit Janârdana en tout être et que dans son prochain il serve Dieu. Dans ce cas son esprit en sera purifié *(chitta-shuddhi).* Mais s'il sert les hommes comme êtres humains, ce résultat ne sera pas atteint, car dans ce cas son ego l'emporterait. Il serait fier de tout ce qu'il a fait de bien, et cela lui serait néfaste.

*
* *

De même que la vache mange les excrétions de son veau en le léchant constamment pour le nettoyer, de même Dieu efface les fautes et les défaillances de Ses enfants pour les rendre purs et saints. Essayez de vous adonner gratuitement au service d'autrui, d'un cœur parfaitement pur.

*
* *

Quand vous avez besoin de quelque chose, n'acceptez d'autrui que le moins possible, mais lorsque vous avez à donner à quelqu'un, donnez tant qu'il voudra.

*
* *

En réalité, nul homme n'est absolument nécessaire à un autre. Il est commode d'avoir quelqu'un à côté de soi, mais lorsqu'on n'a personne, il ne faut pas pour cela se croire abandonné.

⁂

Celui qui sert, celui qui est servi et le service lui-même ne sont que des manifestations différentes d'un même Divin.

⁂

Ne critiquez pas les autres, car cela rétrécit votre vision, avilit votre âme et ajoute au fardeau de péché qui pèse sur le monde. Cherchez toujours à voir le bon côté des choses. Le bien est vérité, et la vérité est vie; le mal est aussi irréel qu'une illusion, il est dû à votre propre perversité. Personne n'aime cultiver le mal.

Lorsque vous cherchez la société des hommes, rappelez-vous que votre but est de trouver ce qui en eux est beau et bon. Si vous restez fidèle à vos pensées et à vos actes, votre esprit s'emplira de joie et de pureté, votre intelligence et votre perspicacité se développeront. Alors vous verrez le bien en toute chose. Dieu seul est bon et parfait. Si vous cherchez toujours le bien en tout, votre cœur sera plein de ce qui est bon et noble. C'est avec des pensées pures que l'homme construit son corps supérieur. En fait, la satisfaction que l'on peut trouver en appréciant les mérites d'autrui est plus grande que celle que nous éprouvons à réfléchir aux nôtres. Cette dernière attitude nous rend orgueilleux et nous conduit à rechercher les faiblesses et les imperfections de notre prochain.

⁂

Celui qui a le sens du respect de soi-même sait respecter ce même sens chez les autres. Du respect naît la révérence, et de la révérence naît l'amour. Or, là où il n'y a pas d'amour, il serait difficile de trouver le Dieu d'amour!

*
* *

Question : Quel remède apporter aux problèmes sociaux?

Mâ : Ne vous découragez pas, tous ces problèmes ne sont que Ses formes qu'Il a choisi de prendre à cette époque désolante pour apparaître aux yeux de l'homme. Ne soyez pas effrayé, un tel éclatement est inévitable pour préparer la venue du nouvel ordre social qu'Il projette.

*
* *

Question : Supposez que je traite une affaire avec un associé qui me vole. Faut-il aller devant un tribunal ou hausser les épaules sans s'irriter?

Mâ : Certaines personnes pensent qu'il faut donner à cet associé une leçon, sans quoi il empirera; aussi vont-elles devant un tribunal.

On peut aussi se dire : « Qui me vole? » Toutes les formes, tous les êtres ne sont-ils pas des manifestations de Lui? Ce qui m'a été volé ne m'était évidemment pas dû. C'est Dieu qui me l'a pris.

Une troisième façon de traiter le coupable est illustrée par l'histoire du *sâdhu* qui, retournant chez lui, aperçoit un voleur qui emporte tout ce qu'il a pu trouver. Le *sâdhu* s'écrie : « Frère, attends donc, il y a encore telle et telle chose que tu pourrais désirer! » Le voleur ébahi devant la réaction du *sâdhu* en tomba à ses pieds et se fit moine lui aussi.

La quatrième façon d'envisager le problème est de se demander : « M'appartient-il de punir le voleur? » Un des adorateurs de Krishna, absorbé dans ses prières, marcha sur du linge fraîchement lavé. Le blanchisseur furieux se précipita sur lui armé d'un bâton. A ce moment-là, Krishna dînait avec Rukminî. Brusquement, il sursauta et sans un mot d'explication s'en alla en toute hâte, mais il revint bientôt. « Seigneur, lui demanda Rukminî, pourquoi êtes-vous parti si brusquement au milieu du repas et comment se fait-il que vous soyez revenu si vite? » Krishna répondit : « Un adorateur qui m'est très cher était sur le point d'être bâtonné, et c'est pourquoi je me suis précipité à son secours. Lorsque je suis arrivé, j'ai vu qu'il avait ramassé une pierre et qu'il s'apprêtait à la jeter sur son adversaire. Aussi suis-je revenu sans tarder. Puisqu'il se protège tout seul, il était inutile que j'intervienne. »

Une autre solution encore est celle du saint qui avait été injurié sans raison. Après réflexion il se dit : « Quelle terrible punition son injustice va-t-elle lui valoir! » Il donna donc une légère claque au grossier personnage pour diminuer le mauvais sort que l'offense allait entraîner inévitablement

Et enfin, s'il s'agissait de votre frère, diriez-vous qu'il vous a volé? Sortir quelque chose de sa propre maison n'est pas voler; on n'emporte jamais que son propre bien. Or, tous les hommes ne sont-ils pas frères et enfants d'un même Père? Alors, qui doit punir qui?

Il vous faut réagir de la façon qui vous convient le mieux.

— *Si l'on va devant les tribunaux, ne se fait-on pas du tort à soi-même, surtout si l'on est en quête de la Vérité?*

— Oui certainement, car en agissant ainsi, on flatte son ego.

— *Est-il bon pour celui qui s'est totalement abandonné à Dieu d'engager un procès lorsqu'on vous a pris ce qui vous appartient?*

Le fait que vous demandiez si vous devez aller en justice prouve que vous devriez le faire. Sur le moment vous penserez probablement qu'il vaudrait mieux ne rien entreprendre, mais plus tard, si vous avez besoin de ce qui vous a été volé, vous le regretterez. Toutefois, lorsque vous défendez vos droits, vous devriez le faire d'une façon strictement légale, en ne disant que la vérité, etc. Si vraiment vous vous étiez totalement abandonné à Dieu, vous ne poseriez pas cette question.

— *Certains prétendent que les voleurs ne volent que d'autres voleurs. Et tout de même je ne suis pas un voleur?*

— Vous appelez voleur celui qui a subtilisé ce qui vous appartient. Il existe pourtant un stade de développement spirituel où Dieu est perçu sous toutes les formes et sous toutes les actions. Que veulent dire alors « je » et « mien »? Découvrez qui vous êtes et ce qui vous appartient. Alors si quelqu'un vous enlève quelque chose, vous ne vous sentirez pas volé. S'il n'existe qu'un seul Atman, comment pourrait-il y avoir des voleurs?

Sur un autre plan, l'on peut dire que telle ou telle personne est un voleur, sans pour autant porter de jugement ni éprouver de ressentiment, car en même temps, l'on voit également que c'est l'Un qui s'exprime de cette façon aussi, et que la main de Dieu est dans tout ce qui arrive.

*
* *

Question : Doit-on faire attention en marchant de ne pas écraser une fourmi ou une autre petite créature?

Mâ : Cette attitude est très juste. Mais ce qui est mieux encore, c'est de se rappeler que toute créature est une manifestation de Dieu. Si l'on écrase de son pied un être vivant, il faut lui rendre l'hommage que mérite une forme de Dieu.

— *Le lait aussi est-il une sorte de sang?*

— On peut garder le bétail et boire du lait de vache. Mais il ne faudrait pas prendre du lait à la vache sans lui rendre hommage. Boire du lait n'implique pas de violence.

— *La violence est-elle un très grand péché?*

— Le grand pécheur est celui qui considère son propre corps comme son moi réel.

*
* *

Question : Est-il exact de dire que le cœur (hridaya) *est situé dans les divers centres* (granthi) *du corps humain?*

Mâ : Oui. Le Brahmagranthi, le Vishnugranthi et le Rudragranthi, en d'autres termes le *mûlâdhâra* (à la base de la colonne vertébrale), l'*anâhata* (dans la région du cœur physique) et l'*ajna-chakra* (entre les sourcils) sont les trois centres *(chakras)* de l'expérience yoguique du *sâdhak* et peuvent ainsi être désignés comme les lieux où se situe le cœur intérieur. A part eux, certains yogins sentent aussi leur cœur dans le *sahasrâra* (le lotus aux mille pétales au sommet de la tête).

*
* *

Question : Dans quelle partie du corps est situé le centre du cœur?

Mâ : Y a-t-il un endroit où il ne soit pas? Pensez à un arbre, depuis la racine jusqu'à son sommet, tout était contenu dans une graine. Une branche ne peut-elle pousser n'importe où sur l'arbre et donner fleurs et fruits? Les graines que vous semez se trouvent partout en puissance dans l'arbre.

— *Il existe dans le corps des centres de vision et d'audition. N'y a-t-il pas un centre spirituel où Dieu se révèle?*

— De même que dans l'arbre il y a des centres de circulation, de repos, d'expression, on trouve des centres semblables partout dans le corps.

— *Le mot « centre » ne signifie-t-il pas le cœur de quelque chose?*

— Alors disons que c'est le cœur! Partout où Dieu Se révèle se trouve le cœur. Il est un et plusieurs à la fois. Une personne dit « Mon cœur est ici » une autre : là. Mais en réalité ce que l'on appelle « cœur » est un.

*
* *

Question : Où les Écritures situent-elles le cœur?

Mâ : Ce corps-ci n'a pas étudié les Écritures. La place du cœur est unique. Si vous dites : « Le centre du cœur se trouve ici! » ce corps vous répondra : « C'est exact. » Habituellement, c'est au milieu de la poitrine qu'on le situe; chacun parle d'après le niveau qu'il a atteint. Chacun a toujours les expériences qui correspondent à son état d'avancement. Où Dieu n'est-il pas? Donc le cœur est aussi un et cependant multiple; vous pouvez dire l'un ou l'autre, à votre gré.

— *Cependant, lorsque le cœur cesse de battre, on meurt?*

— Le cœur qui cesse de battre et le cœur réel *(hridaya)* ne sont pas identiques. Vu sous cet angle, le corps vous reviendra dans la suite de votre évolution, quelle que soit la graine que vous ayez semée. Une fois encore, dans l'arbre, où la graine n'est-elle pas? De même où le cœur n'est-il pas? L'Un contient le multiple et le multiple contient l'Unique. En tout cas, votre cœur se trouve là où vous le ressentez.

*
* *

Lorsque, poussé par le désir de trouver Dieu, l'homme essaie d'éveiller la *kundalinî*, il est impossible qu'Il ne réponde pas. Si un individu aspire réellement et sincèrement à Dieu, est-il pensable qu'Il ne Se révèle pas. Les pratiques qui visent à éveiller la *kundalinî* ne doivent être entreprises qu'à seule fin de trouver Dieu. Soyez assuré qu'elles ne peuvent rester sans effet.

*
* *

A midi, alors que j'étais assise en posture yoguique, j'observai quelques centres vitaux ressemblant à des lotus *(chakras)* allant du centre le plus haut dans le cerveau *(sahasrâra)* et descendant tout le long de la moelle épinière jusqu'à son extrémité inférieure. Chacun d'eux était séparé du suivant de quelques pouces. Je distinguai clairement qu'en partant du point le plus bas et en remontant il existe toute une série de centres de plus en plus fins dont seuls les six principaux ont été dessinés ici. [Bhaiji et Bholanâth avaient trouvé Mâ assise venant de finir de dessiner plusieurs diagrammes sur le sol. L'un d'eux remarqua : « Mâ vient de dessiner les *shat-chakras.*»] Je ne les ai pas dessinés délibérément. Ma main s'est déplacée toute seule sur le sol et c'est ainsi que ces dessins se sont faits.

Il faut remarquer que c'est dans ces réseaux vitaux de *nâdîs* entrelacées que fonctionnent les impulsions héréditaires ou autres, les dispositions acquises, les émotions, les cycles de pensée, les notions de vie et de mort, etc. Tout cela chemine tout le long, depuis le lotus supérieur dans le cerveau, en réaction à des impulsions données par tous les organes des sens. Les courants de vie et de fluide vital *(prâna)* passent plus ou moins vite par ces canaux et orientent le déroulement de la vie et des pensées de l'homme. De même que la terre, l'eau, le feu, l'air et l'espace au-delà de l'atmosphère s'interpénètrent, de même ces six lotus principaux se trouvent dans le corps, apparemment les uns au-dessus des autres, mais fonctionnent en interdépendance mutuelle comme les maillons d'une chaîne vitale. Un peu de réflexion vous convaincra que lorsque vos pensées sont pures et imprégnées de béatitude, le jeu de la vie se déroule dans les centres supérieurs de votre corps. De même que l'on s'aperçoit qu'une source vive située au fond d'un puits ou d'un réservoir garde un débit constant, de même aussi que la sève dont dépend la vie d'une plante provient des racines les plus profondes qui sont sous terre, de même dans le lotus le plus bas de votre moelle épinière *(mûlâdhâra)* attend la source de forces vitales gigantesques dérivées en dernier lieu du soleil et qui sont à l'origine des courants de votre vie. Lorsque avec grande patience et sainteté vous luttez pour purifier votre corps physique et vos éléments plus subtils, les vibrations de vos pensées qui en résultent frappent des centres de plus en plus élevés, en relâchent la tension, et libèrent la force vitale qui est lovée au centre le plus bas et qui cherche à s'élever. Ainsi, toutes les léthargies, les besoins primaires et les *samskâras* de l'adorateur se dissipent peu à peu comme la brume devant les rayons du soleil. Simultanément avec ce déblocage, notre attachement aux objets des sens commence à se relâcher et la vie intérieure peut prendre forme.

Lorsque la montée de la force vitale parvient au *chakra* situé entre les deux sourcils, le flot intérieur du *prâna* coule avec facilité et pureté dans tout l'être humain. L'adorateur comprend alors un peu de la nature de l'ego, du monde et de la création. Si l'homme persévère longtemps dans cette voie, toutes les dispositions et tendances héritées avant la naissance s'affaibliront de plus en plus; son mental parviendra à des niveaux de contemplation toujours plus élevés et à des centres de plus en plus primordiaux de la force vitale.

Quand l'adorateur dépasse le centre vital situé entre les sourcils *(dvidala-chakra)*, son pouvoir mental se fond dans le supra-mental. Son ego se dissout en *mahâbhâva* et il trouve son refuge éternel en son *svarûpa*. Il entre alors en *samâdhi*, un état de béatitude perpétuelle.

Au fur et à mesure que s'ouvrent les *chakras*, l'adorateur entend différents sons intérieurs et il commence à percevoir le son du gong, des cloches, des flûtes, qui se fondent tous dans le rythme cosmique d'une grande voix de silence infini. A ce niveau-là, aucune pensée, aucun objet du monde extérieur ne peut plus distraire son attention. Peu à peu son être se dissout dans les profondeurs sans fin de la musique béatifique qui pénètre tout l'univers, et il trouve le repos éternel.

...

Les couleurs de ces lotus que vous trouvez sur les illustrations de ce livre [qu'un disciple lui présentait] ne sont que des colorations extérieures. La même substance dont est fait notre cerveau est aussi celle de ces lotus, mais leur teinte, leur structure et leurs fonctions diffèrent. Chacun d'eux a ses caractéristiques et ses qualités propres, tout comme les yeux ou les oreilles ou le nombril ou même les lignes de la main. Le jeu changeant des différents sons et couleurs se trouve en eux, ainsi que leurs symboles que l'on appelle les *mantras*-semences *(bîja-mantras)* : tous sont les résultats naturels du mouvement de la force vitale et du courant vital. Lors des premières étapes, quand des *mantras* sortaient de ces lèvres, accompagnés de modifications dans la respiration, il arrivait parfois que des questions comme « Que sont-ils? » traversent mon esprit. La réponse venait de l'intérieur et les structures intérieures de tous ces lotus devinrent aussi distinctement visibles que les illustrations que vous m'avez montrées. Quand une personne régulièrement prie, célèbre des *pûjâs*, accomplit des pratiques yoguiques, médite ou réfléchit sur les vérités les plus hautes de l'existence avec une concentration et une fermeté suffisantes, sa substance mentale en est purifiée, ses pensées s'affinent et les lotus s'épanouissent. Autrement l'être humain ne peut trouver aucun moyen d'échapper à la pression des besoins physiques qui se manifestent par la luxure, le désir de posséder et la colère.

Je n'ai rien lu dans aucun livre au sujet de ces lotus ni je n'en ai jamais rien entendu dire par personne. La description que j'en donne vient de mon expérience réelle.

***

L'infinie variété *d'âsanas* (postures yoguiques) doit être perçue directement. Lorsque se révèle un caractère divin dont un *âsana* est l'expression, cet *âsana* porte ses fruits. Sur le plan matériel aussi, l'homme se sent à l'aise et heureux lorsqu'il prend une posture qui correspond à son état d'âme du moment. Il ne faut pas oublier qu'à chaque instant l'homme doit obligatoirement se trouver dans une posture ou dans une autre. Ce qui existe à la racine des choses trouve ainsi son expression dans le physique. Lorsque cette racine des choses a été touchée, chaque *âsana* prend alors forme avec ses caractéristiques propres. C'est ce qu'on appelle la formation spontanée d'un *âsana*.

Dans la vie de tous les jours, ne prenez-vous pas automatiquement les postures qui correspondent à votre état d'esprit du moment. Ces postures se forment d'elles-mêmes pour exprimer votre humeur. Dans ce monde matériel, l'individu est obnubilé par l'idée ou la forme particulière qui l'attire à un point tel qu'il peut même être prêt à lui sacrifier sa vie. Tout ceci opère de diverses façons dans le monde physique, car l'homme est disposé à vivre dans le royaume du fugitif, dans un corps éphémère, c'est-à-dire qu'il désire se tourner vers l'extérieur, vers les ténèbres. Chez l'homme toujours pur, illuminé, libre, éternel, les innombrables noms, formes et attributs de Dieu sont éternellement réels. En lui se révèlent la nature du nom, la nature de la forme, et toutes les vagues d'humeurs, d'inspiration et d'extases d'origine divine. Il faut que l'homme soit tout entier absorbé en Lui, perdu en Lui, attaché à Lui, noyé en Lui, dépouillé de toutes choses; alors le monde entier apparaîtra comme l'expression extérieure de la Réalité intérieure, comme l'Un Lui-même, comme le champ de Son activité créatrice. C'est Lui seul comme action créatrice, l'Un avec action et aussi sans action, comme forme, qualité, idée, façon d'être, à la fois dans le monde et au-delà; c'est Lui et nul autre qui est éternellement en posture de *mahâyoga*, le yoga suprême. C'est l'Unique qui y est assis et c'est Lui également qui est l'*âsana*. Le réaliser dans le monde et au-delà du monde, c'est la mort de la mort; la mort est conquise, le temps aboli. S'orienter dans ce sens et uniquement dans ce sens doit être le but de tout être humain.

***

Mudrâ [1] et *pûjâ* sont liés. Les *mudrâs* naissent lorsque l'adoration entière devient adoration réelle. Quand Shrî Krishna instruit Arjuna, quel *mudrâ* prend-il? A tout moment chaque personne prend un *mudrâ* ou un autre. Pourquoi? Le *mudrâ* exprime son humeur ou son attitude d'esprit. La pose que l'on prend dépend de l'état d'esprit. Le *jnâna-mudrâ* [2] est un *mudrâ*. Dans une cérémonie religieuse, le fidèle adopte un *mudrâ* conforme à ce qu'il pense et sent. S'identifier à une divinité, c'est adorer Dieu. Il existe de multiples sortes de *mudrâs*. Le mouvement contient la stabilité et la stabilité contient le mouvement.

Mudrâs et *âsanas* sont aussi reliés. Il existe un *âsana* spécial pour prendre un repas. La faiblesse aussi s'exprime par une pose particulière. En regardant la pose d'une personne on peut découvrir ce qui se passe en elle. Si vous pensez à un objet des sens, vos poses et expressions subiront un changement. Le nombre des *âsanas* est infini comme celui des *mudrâs*. Si au cours d'une conversation on éprouve de la timidité en face de son interlocuteur on commence à se gratter la tête. Par vos *mudrâs* et *âsanas* essayez d'éveiller en vous la divinité que vous adorez.

1. Pose particulière du corps tout entier ou d'une partie du corps qui permet la manifestation d'une force naturelle supérieure *(deva-shakti)*.
2. *Mudrâ* de la connaissance. Le pouce et l'index se touchant par leurs extrémités et formant un cercle.

*
* *

Question : Un homme peut-il voir Dieu?

Mâ : Certainement. Il apparaît aux yeux des hommes. De même que vous me voyez devant vous et que vous me parlez, un homme peut avoir une vision de Dieu et converser avec Lui.

*
* *

Question : Est-il possible de contempler Dieu avec forme (sâkâra)?

Mâ : Très certainement.

— *Dieu est omniprésent.*

— Vâsudeva trône sur le lotus qui est dans le cœur de chacun.

*
* *

Question : Je perçois des éclairs passagers de lumière mais ils s'évanouissent. Pourquoi cela se répète-t-il?

Mâ : Même s'ils s'évanouissent chaque fois, ils reviendront.

— *Quelle est la meilleure méthode pour les rendre permanents?*

— Si vous ne pouvez rien faire d'autre, au moins recherchez le *satsang;* ou s'il vous est impossible de vous assurer la compagnie de saints et de sages authentiques, méditez, adorez, contemplez Dieu. C'est dans la mesure où vous vous entraînerez vous-même que vous progresserez sur le chemin de la spiritualité.

*
* *

Question : Certains prétendent que les visions provoquées par des pratiques spirituelles sont l'effet d'un mental dérangé. Est-ce vrai?

Mâ : Un mental dérangé provoquerait des visions? Bravo!

Dieu Se manifeste partout et il vous faut parvenir à la vision de Lui. Comment cette vision serait-elle due à un mental déséquilibré? La caractéristique de l'illuminé c'est de dépasser les paires d'opposés. Comment cela se pourrait-il avec un esprit dérangé? La vision de Dieu guérit même la folie.

*
* *

A un jeune homme qui avait des visions, en était très ému et pleurait abondamment.

Mâ : Ne perdez pas le contrôle de vous-même. Rien ne doit pouvoir subjuguer un chercheur de vérité. Il doit regarder tout ce qui arrive en spectateur parfaitement conscient et éveillé.

*
* *

Un juriste : Comment peut-on réaliser Dieu? Peut-on aussi Le voir?

Mâ : Désirez-vous vraiment voir Dieu? Combien de temps et d'effort avez-vous consacré à l'étude du droit? Combien de temps consacrez-vous et vous proposez-vous de consacrer à la réalisation de Dieu? Dieu est certainement plus grand que le droit.

*
* *

Vous dites qu'un homme qui possède des pouvoirs supernormaux peut faire n'importe quoi. Il n'en est pas ainsi à tous les niveaux. Seul Shiva est capable de digérer le poison [1].

*
* *

Tout comme un cerf-volant peut s'élever très haut dans les airs s'il est retenu par un fil ténu, le yogin grâce à son souffle

1. Allusion à l'épisode du barattage de l'océan de lait, pendant lequel Shiva but le poison craché par le serpent et qui aurait pu détruire le monde.

vital *(prâna)* et à un léger fil de *samskâra*, peut flotter dans les airs, devenir aussi petit qu'un grain de poussière ou prendre de gigantesques dimensions, et il peut même devenir invisible.

*
* *

Les yogins peuvent aussi vivre sans manger, car l'énergie indispensable à la vie du corps peut être produite par des pouvoirs yoguiques. Ils n'ont besoin d'aucune substance matérielle. Il faut encore ajouter ceci : les cinq éléments (éther, feu, air, eau, terre) se trouvent en chaque être. Chacun d'eux est en rapport étroit avec les autres. De même que dans une organisation un fonctionnaire doit être en rapport avec d'autres fonctionnaires, de même les éléments sont reliés les uns aux autres. Un adorateur accomplira le sacrifice du feu dans un but particulier et un autre uniquement pour l'amour de Dieu.

*
* *

Veillez à ne jamais vous contenter de l'étape à laquelle vous êtes arrivé. Certains adorateurs ont des visions, d'autres des réalisations, d'autres encore font l'expérience de la béatitude, d'un bonheur intense et pensent qu'eux-mêmes sont devenus Dieu. Sur le chemin spirituel on peut, avant de parvenir à la Réalisation authentique, être pris au piège de pouvoirs surnaturels. S'y laisser prendre constitue un obstacle grave.

*
* *

Utiliser des pouvoirs est tout autre affaire que de les voir se produire spontanément. Si le pouvoir est utilisé délibérément, le « je » subsiste et en conséquence, une chute peut en résulter. Tandis que dans le cas où les pouvoirs apparaissent spontanément, il n'en est pas ainsi.

*
* *

Pour vous, pèlerins de l'Éternel, ne pas suivre Son chemin vous porterait un grave préjudice. Ayant abandonné les objets des sens, ne vous empêtrez pas dans les pouvoirs surnaturels qui ne font que marquer une étape. Ils peuvent être bénéfiques ou maléfiques. Mais ils ne vous permettront pas d'atteindre le Suprême, l'Ultime. Le pouvoir obtenu ne doit pas être dissipé. Aspirez à la réalisation du Soi, sinon les obstacles surgiront et vous régresserez.

*
* *

Question : Quels sont les signes distinctifs du sâdhak?

Mâ : Lorsqu'un adorateur parvient à un certain niveau de pureté mentale, il peut se comporter comme un enfant, ou devenir insensible aux excitations de la vie comme un bloc de matière inerte, ou encore violer tous les canons de la vie sociale et se conduire comme un fou, ou parfois être traversé par des éclairs de pensées ou d'émotions sublimes et passer pour un saint. Mais à travers toutes ces apparences, sa pensée reste centrée sur son but essentiel. Si à ce moment-là il oublie son but final, ses progrès en resteront là. Mais s'il poursuit intensément ses efforts, toutes ses activités se concentreront sur son objectif suprême. Vous verrez toujours que s'il a l'air d'une masse inerte, indifférent aux appels extérieurs, il sera plein de joie et de béatitude dès qu'il regagnera le plan de conscience physique. Peu à peu, cette joie s'installant en lui, ses relations avec les hommes et les choses en seront toutes imprégnées et il sera aimé de tous. Sa vie intérieure et extérieure deviendra l'expression de l'unique Béatitude suprême.

A l'étape suivante, l'adorateur verra même fondre aussi le concept de l'existence universelle. Son mode de vie ne peut plus alors s'expliquer selon les normes habituelles du raisonnement humain. Là toutes les vibrations du mental sont suspendues et il semble que l'âme ait quitté son enveloppe mortelle. Toutefois, s'il existe un résidu suffisamment fort de *samskâras* pour lui permettre de subsister, il pourra encore vivre pendant quelque temps. Alors aucune circonstance de la vie ne peut plus le modifier, même si le fait qu'il conserve son corps donne l'impression qu'il reste sujet aux changements.

La seule différence entre un tel adorateur et un yogin qui renonce à son corps, c'est que ce dernier quitte son corps par un effort de sa propre volonté. Même au moment d'abandonner son enveloppe matérielle, il reste conscient qu'il a un corps et qu'il le quitte, tandis que l'homme qui renonce à son corps dans un état de *samâdhi* absolu n'est conscient ni d'un corps individuel ni d'un effort pour le quitter. Les *samskâras* de la vie et de la mort cessent de fonctionner en lui et le corps se détache tout naturellement dès que le karma de ses vies antérieures est épuisé.

***

Question : Le kîrtan *ou d'autres musiques religieuses provoquent chez certains un état de* samâdhi. *Quel genre de* samâdhi *est-ce?*

Mâ : Qui tombe en *samâdhi?* Celui qui entre en *samâdhi* devient un avec Dieu. Rester plongé en méditation une heure ou deux ne s'appelle pas *samâdhi*.

— *Shrî Râmakrishna Paramahamsa est aussi entré en* bhâva-samâdhi?

— En général, l'adorateur pour qui *bhâva* intervient pendant le *kîrtan* et qui se retrouve ensuite pris par les affaires du monde, doit bien comprendre qu'il ne s'agissait là que d'un éclair de lumière, rien de plus. Ce qui est obtenu par la répétition du nom de Dieu est très bon. En ce qui concerne l'état de Shrî Râmakrishna Paramahamsa, c'était tout autre chose. Ce corps-ci ne va pas parler de son *bhâva-samâdhi*. Un universitaire peut enseigner l'alphabet à de tout petits enfants sans pour autant perdre son statut d'universitaire; il en va exactement de même pour l'individu qui, une fois, a connu le vrai *samâdhi;* pour lui rien ne pourra le distraire de son état. Pour vous la notion de grand et de petit existe. Mais là, il n'est pas question du tout de petit ou de grand. On peut entrer en *samâdhi* alors même qu'on bouge. Toutes conditions sont égales pour celui qui est parvenu à l'état ultime. Certaines personnes peuvent reconnaître un tel surhomme lorsqu'elles le voient.

*
* *

Question : D'après le Vichar Sâgara *il semble que même après avoir atteint la Connaissance de la Vérité, on ne soit pas forcément libéré de l'illusion.*

Mâ : Il faut distinguer d'une part la Réalisation totale et définitive de la Lumière dévoilée, et d'autre part, ce qui est tout différent, une réalisation provoquée par telle ou telle cause qui la rend susceptible d'être à nouveau obscurcie. Au moment où le jeu d'une *sâdhanâ* s'est manifesté dans ce corps-ci, il put clairement percevoir ces différentes possibilités.

Vous devez comprendre que si un certain voile d'ignorance a été brûlé ou dissous, le chercheur aura, pendant un certain laps de temps, une vision à quoi rien ne fait écran. Puis cette vision se trouble de nouveau. Cela dit, quel sera le résultat de cette vision impermanente? L'ignorance sera devenue moins dense et la connaissance véritable aura gagné du terrain; en d'autres termes le retrait momentané de ce rideau aura eu pour effet de relâcher les liens de ce chercheur. Dans ces conditions, l'on paraît avoir atteint à la connaissance véritable; et en fait c'est aussi un état de réalisation, encore que bien différent de l'état final de réalisation du Soi. Là, par le pouvoir du gourou, le voile a été tout à coup dissous ou consumé — exactement comme dans l'histoire des dix hommes à qui le Mahâtmâ dit : « C'est toi qui es le dixième [1]. » Mais il existe

1. Mataji se rapporte ici à la parabole védântique bien connue : dix hommes doivent traverser une rivière à la nage. Pour être sûr que tous sont bien arrivés sur l'autre rive, l'un d'eux les compte et à sa consternation n'en trouve que neuf. Un autre vérifie que le premier ne s'est pas trompé et arrive au même résultat. L'un après l'autre, ils refont le même calcul sans pouvoir dire lequel d'entre eux manque. A un Mahâtmâ qui passait ils racontèrent ce qui leur arrivait. Il les fit mettre en ligne, frappa

une réalisation après laquelle le voile d'ignorance ne peut tout simplement plus revenir. C'est la véritable réalisation finale du Soi. L'éclair passe, mais la lumière du jour dure.

chacun de son bâton en lui demandant de compter. A leur joyeuse surprise ils se rendirent compte que personne ne s'était noyé. « Chacun d'entre vous avait oublié de se compter lui-même », expliqua le Mahâtmâ.

SOURCES

Words of Sri Anandamayi Ma. Translated and compiled by Atmananda (Varanasi, Shree Shree Anandamayee Sangha, 1961).

Ananda Vârtâ, revue trimestrielle, de mai 1963 à juillet 1970 (Varanasi, Shree Shree Anandamayee Sangha).

Aux sources de la joie. Traduction et préface de Jean Herbert (Gap, Ophrys, 1943).

Shree Shree Anandamayee Ma (On the occasion of Her 60th Jayanti Celebration) (Varanasi, Shree Shree Anandamayee Sangha, s.d.).

G.C. Sen Gupta, *Mother Anandamayee* (Dacca, S. Das, 1938).

Bhaiji, *Mother as revealed to me* (Varanasi, Shree Shree Anandamayee Sangha, 3rd edition, 1962).

Mother as seen by her devotees (Varanasi, Shree Shree Anandamayee Sangha, 2nd edition, 1967).

Bithika Mukerji, *From the Life of Sri Anandamayi Ma* (Varanasi, Shree Shree Anandamayee Sangha, 1970).

Arnaud-Desjardins, *Ashrams; les yogis et les sages* (Paris-Genève, La Palatine, 1965).

Madeleine Leboul, *Notes inédites.*

Souvenirs personnels de Jean et Josette Herbert.

INDEX ET GLOSSAIRE

(Les définitions marquées d'un astérisque sont celles données par l'âshram de Mâ Ananda Moyî.)

avec forme, dans la manifestation*, 142.
sama. Identique, 146.
samâdhâna. Achèvement, 85.
samâdhi. État dans lequel le mental ou bien est complètement concentré sur l'objet de sa contemplation *(savikalpa samâdhi)* ou bien cesse de fonctionner et où il ne subsiste que la Conscience pure Se révélant à Elle-même *(nirvikalpa samâdhi)**, 13, 17, 27, 29, 65 sq., 76, 82, 84-87, 100, 148 sq., 164, 259, 346, 353 sq.
samagra. Complet, 146.
Sâmkhya. Système philosophique hindou, 167.
samsâra. Cycle de vie dans le monde à travers une série continue de naissances et de morts. Il résulte de ce que l'on ignore la véritable nature du Soi et du karma, ce dernier provenant du moi qui dans son ignorance joue le rôle d'auteur de l'action*, 72.
samshaya. Incertitude, 73.
samskâra. Littéralement : « purification, consécration ». Le terme est employé dans trois acceptions différentes :
1. Rite célébré avec l'aide de *mantras* pour ramener un objet à son état de pureté originelle. Les *mantras* utilisés ont pour but de détruire les pouvoirs d'impureté qui obscurcissent l'objet en question. Lorsque ces impuretés ont été éliminées, l'objet se révèle dans sa véritable nature. Le terme est également employé dans le sens de réparer ou de restaurer un temple, une statue, etc.
2. Rite de purification en rapport avec la vie de l'homme dans la société brahmanique; par exemple l'octroi du cordon brahmanique, le mariage, les rites funéraires, etc. Ceci correspond à la notion chrétienne de sacrement.
3. Impressions, dispositions, traces psychiques laissées sur sur le mental après une expérience quelconque. Ces *samskâras* proviennent souvent de vies antérieures. Dans ce sens, *samskâra* est presque synonyme de *vâsana**, 19, 139 sq., 193, 275, 295, 320, 345, 351, 353.

samudra. Océan, 104.
samyama. Contrôle de soi, 255.
Samyam saptah mahâvrat. Semaine de jeûne et de prière dans les âshrams de Mâ, 37.
sandhi-kshana. Instant de transition entre une période et une autre dans le cours du temps. Les deux périodes correspondent à deux mouvements ou courants opposés dans le temps; l'instant *(kshana)* représente le point neutre de stabilité relative entre ces deux périodes. En dernière analyse, ce point est éternel et contient en soi le secret de tout ce qui existe et de tout ce qui est possible dans la création*, 67.
sankalpa. Mouvement mental volontaire, alors que *vikalpa* est un contre-mouvement du mental dû aux *samskâras*. Les deux constituent l'activité normale du mental sur le plan de la vie dans le monde. Le yogin s'efforce d'éliminer les *vikalpas* et de neutraliser les forces mentales par sa volonté. Il parvient alors à un état de pur *sankalpa*, libre de *vikalpa*. C'est un signe de stabilité et de libre arbitre. Ultérieurement, le yogin fait aussi disparaître les *sankalpas* et il se trouve alors dans l'état supramental *(unmani)**, 85.
sannyâsa. Renoncement. Dans l'ancien système hindou c'est le

DU MÊME AUTEUR

AUX ÉDITIONS ALBIN MICHEL

Aux sources de la joie
1996

« Spiritualités vivantes »
Collection fondée par Jean Herbert

au format de poche

DERNIERS TITRES PARUS

150. *Les Illuminations de La Mecque*, d'IBN 'ARABÎ, traduction sous la direction de M. CHODKIEWICZ.
151. *Le Silence foudroyant*, de THICH NHAT HANH, traduction de Z. BIANU.
152. *Comme un éclair déchire la nuit*, du DALAÏ-LAMA.
153. *Jung et la question du sacré*, d'Y. TARDAN-MASQUELIER.
154. *La Religion des Chinois*, de M. GRANET. Préface de G. Dumézil.
155. *La Saveur du Zen. Poèmes et sermons d'Ikkyû et de ses disciples*, traduits et présentés par M. et M. SHIBATA. (Inédit)
156. *L'Étincelle de l'âme, Sermons I à XXX*, de Maître ECKHART, traduits et présentés par G. JARCZYK et P.-J. LABARRIÈRE. (Inédit)
157. *Poèmes mystiques*, de HALLAJ.
158. *Sagesses de la mort*, de Z. BIANU.
159. *Polir la lune et labourer les nuages*, de Maître DÔGEN, anthologie présentée par J. BROSSE. (Inédit)
160. *L'Éveil subit*, de HOUEI-HAI suivi de *Dialogues du Tch'an*, traduits et présentés par M. et M SHIBATA.
161. *L'Imitation de Jésus-Christ*, traduit par P. CORNEILLE.
162. *Dieu au-delà de Dieu, Sermons XXXI à LX*, de Maître ECKHART, traduits et présentés par G. JARCZYK et P.-J. LABARRIÈRE. (Inédit)
163. *Zen et Occident*, de J. BROSSE.
164. *Dialogue sur le chemin initiatique*, de K. G. DÜRCKHEIM et A. GOETTMANN.
165. *Prendre soin de l'être*, de J.-Y. LELOUP.
166. *Transformation et guérison*, de THICH NHAT HANH.
167. *La Lumière du Satori selon l'enseignement de Taisen Deshimaru*, d'E. DE SMEDT.
168. *Job sur le chemin de la Lumière*, d'A. de SOUZENELLE.
169. *Le Chœur des prophètes. Enseignements soufis*, du Cheikh 'Adda BENTOUNÈS.
170. *Guérir du malheur*, de L. BASSET.

171. *Le Pouvoir de pardonner,* de L. Basset.
172. *L'Esprit du Ch'an, Aux sources chinoises du zen,* de T. Deshimaru.
173. *Passerelles. Entretiens avec des scientifiques sur la nature de l'esprit,* du Dalaï-Lama.
174. *Le Recueil de la falaise verte. Kôans et poésies du zen*, traduit et présenté par M. et M. Shibata.
175. *L'Islam au féminin. La femme dans la spiritualité musulmane,* d'A. Schimmel.
176. *Et ce néant était Dieu… Sermons LXI à XC,* de Maître Eckhart, traduits et présentés par G. Jarczyk et P.-J. Labarrière. (Inédit)
177. *L'Évangile de Marie*, de J.-Y. Leloup.
178. *Le Féminin de l'Être. Pour en finir avec la côte d'Adam*, d'A. de Souzenelle.
179. *Dictionnaire des symboles musulmans. Rites, mystique et civilisation*, de M. Chebel.
180. *Etty Hillesum*, de P. Lebeau.
181. *Bernard de Clairvaux*, de M.-M. Davy.
182. *Les Maîtres Zen*, de J. Brosse.
183. *Les Psaumes,* traduits et présentés par P. Calame et F. Lalou.
184. *La Rencontre du bouddhisme et de l'Occident,* de F. Lenoir.
185. *Moïse*, de J. Blot.
186. *Mahomet*, de S. Stétié.
187. *Le Rêve du papillon*, de Tchouang Tseu.
188. *Entre source et nuage*, de F. Cheng.
189. *Dietrich Bonhoeffer. Résistant et prophète d'un christianisme non religieux*, d'A. Corbic.
190. *La Voie de la perfection*, de B. Elahi.
191. *La Rose aux treize pétales*, d'A. Steinsaltz.
192. *Le Vin mystique,* de S. Stétié.
193. *Comprendre le Tao*, d'I. Robinet.
194. *Le Coran*, de J. Berque.
195. *Introduction au Talmud*, d'A. Steinsaltz.
196. *Épictète et la sagesse stoïcienne*, de J.-J. Duhot.
197. *La Spiritualité orthodoxe et la philocalie*, de P. Deseille.
198. *Confucius*, de J. Levi.
199. *Teilhard de Chardin*, d'É. de la Héronnière.
200. *« Moi je ne juge personne ». L'Évangile au-delà de la morale*, de L. Basset.

201. *L'Évangile de Philippe*, de J.-Y. Leloup.
202. *Essais sur le bouddhisme zen*, de D. T. Suzuki.
203. *Le Trésor du zen*, textes de Maître Dôgen commentés par T. Deshimaru.
204. *La Prière en Islam*, d'E. de Vitray-Meyerovitch.
205. *Cabale et cabalistes,* de C. Mopsik.
206. *Jacques, frère de Jésus*, de P.-A. Bernheim.
207. *Les Dits du Bouddha. Le Dhammapada.*
208. *À Bible ouverte. Le livre de la Genèse : de la Création à Caïn*, de J. Eisenberg et A. Abécassis.

Reproduction photomécanique
et impression Bussière Camedan Imprimeries
en janvier 2004.
N° d'édition : 22220. – N° d'impression : 035386/1.
Dépôt légal : février 2004.
Imprimé en France.